宿命に生き運命に挑む

橋本五郎

Hashimoto Goro

藤原書店

はじめに

「五郎ワールド」を中心にしたコラム集『範は歴史にあり』を出版してから八年が経ちました。この間、二〇一四年度日本記者クラブ賞をいただくことができました。受賞自体、とても名誉なことで光栄に思いました。それ以上に嬉しかったのは授賞の理由でした。こう書かれていました。

「政治記者として長い経験を重ね、読売新聞に毎月、コラム『五郎ワールド』を連載している。わかりやすく政治の世界を解き明かし、複雑な政治と読者との距離を縮めた。直近の政治だけでなく、老いや病、死といったどの人間も向き合うテーマをとりあげ、自分の死生観、人生観を穏やかに語っている。古今東西の古典や著作を豊かに引用し、歴史に学び、グローバルな広がりを踏まえ、温かい目線で読者の共感を呼んだ。政治コラムの新しい境地を開いた。

テレビ・ラジオ番組のレギュラー出演も多く、ソフトな語り口と的確なコメントで本質を突き、視聴者の理解を深めた。世の中の『なぜ』に答え、みずから主張するすべのない人の側に立ちたいという原点を四十四年間の記者人生で貫いてきた。新聞離れや活字離れが懸念される中、ジャーナリズムの成熟と新しい役割を示したことは日本記者クラブ賞にふさわしいと高く評価された」

過分なまでの評価で、この場でそのまま紹介するのはいささか面はゆいのですが、コラムに込めている私の思いを余すところなく指摘していただきました。そのことが何よりも嬉しかったのです。長年、政治記者をして痛感しているのは、政治とは人間の営みであり、政治を見るにあたっては何にも増して「人間」に対する理解がなければならないということです。それだけに一筋縄ではいかないのですが、コラムを書くにあたって常に肝に銘じなければならないと思ってきました。

『範は歴史にあり』のまえがきで、私が考えているジャーナリストの三要件を挙げました。第一は「健全な相対主義」です。誰かが百パーセント正しくて、誰かが百パーセント間違っていることなどあり得ません。物を見るにあたって、それぞれに大義があると思わなければいけないと思います。第二は「適度の懐疑心」です。自分は間違っているのではないかと自らを疑う気持ちが必要です。第三は『鳥の目』と『虫の目』です。大局的に物をみる「鳥の目」と、人々の喜び悲しみを大切にする「虫の目」です。

いくつかのテレビ番組でコメンテーターを務めていますが、その重要さを日々実感しています。二〇一八年は、いつにも増して、スポーツの世界のパワハラ、セクハラが話題になりました。アメリカンフットボール、ボクシング、レスリング、体操……。その多くはまず週刊誌で報道され、その記事がそのままテレビで紹介されます。その時点でもう流れが決まっています。正邪ははっきりしているのです。そんなに簡単に裁断出来るのだろうかと逡巡し、違う見方、多様な考え方があり得ることを伝えようと心がけてきました。それはコラムを書くにあたっての私の基本的な立場でもあります。

本書のタイトル「宿命に生き 運命に挑む」は、コラムでも紹介した小渕恵三元首相の揮毫、「宿命に生まれ、運命に挑み、使命に燃える」から拝借しました。みずからが背負った宿命を決して嘆くことなく、果敢に運命に挑戦し、自分が為すべきことを情熱を持ってやり遂げていく。そのことがいかに大切か、そしてまたいかに困難なことかを身にしみて感じています。コラムではできるだけそれを体現している人々を取り上げようと思ってきました。ご理解いただきたいと思います。

橋本五郎

〈編集部付記〉
本書は、著者の読売新聞の連載コラム「五郎ワールド」二〇一〇年一月九日～二〇一八年七月十四日掲載分からテーマ別に分類構成したものである。文中の年齢・肩書等は掲載時のものである。

宿命に生き　運命に挑む　　目次

はじめに　I

I　歴史との対話

原敬に見る「範は歴史」――権略之を事に施す可し …… 2010.2.13　16
大平正芳生誕一〇〇年――「在《ざい》素《そ》知《ち》贅《ぜい》」はいずこ …… 2010.3.13　20
真の宰相とは――「為君難《キミタルハカタシ》」への深い自覚 …… 2010.8.14　24
明治の元勲と代表選――「嫌われた政治家」の神髄、山県有朋 …… 2010.9.11　28
日本外交を考える――イーデンの栄光と挫折 …… 2010.10.9　32
真の偉大さとは――「大業」は千辛万苦から …… 2011.1.8　36
三六年言うなら三七〇年…… …… 2013.9.14　40
他国の靴をはく度量 …… 2014.10.11　44
遺書の前に立ち尽くす …… 2015.7.11　48
不作為は罪である …… 2015.8.8　52
事為さざれば成らず …… 2016.3.12　56
一を聞いて十を知るな …… 2016.4.9　60

「公共」への奉仕の尊さ……2016. 10. 8　64
帝室は政治社外のもの……2016. 12. 10　68
「維新の盛意」貫徹したか……2018. 2. 10　72
短を語らず　怒り遷さず……2018. 7. 14　76

II　現代政治を考える

1　政治今昔

ボクシングと政治――小沢氏はなぜ嫌われる……2010. 6. 12　84
遥かな「魂ゆさぶる政治」――説得の覚悟あるか……2011. 2. 12　88
謙虚さということ――君主は舟　人民は水……2011. 9. 10　92
改憲論議の今昔を思う……2013. 5. 11　96
「国の奴雁《どがん》」でありたい……2013. 7. 13　100
老いの花は残るべし……2016. 2. 13　103
柿の木のある家で集う……2016. 7. 8　107
「大統領の品位」いずこに……2017. 2. 11　110

「象徴天皇制」とは何か……2017. 4. 8　114
「自衛隊」正面から議論を……2017. 5. 13　118
「越後屋政治」に決別を……2017. 7. 8　121
支えてこそ支えられる……2017. 8. 12　125
政治家の原点を考える……2017. 10. 14　129
「老少不定」使命の大切さ……2018. 1. 13　133
「総理夫人」の心得とは……2018. 4. 14　137
「正直さ」が問われている……2018. 5. 12　141

2　大震災の政治学

後藤新平の「成功と失敗」に学ぶ……2011. 4. 9　146
初心忘れた原子力——仙台で国会開くべし……2011. 6. 11　150
復興提言への弁明——行蔵は我、毀誉は他人……2011. 7. 9　154
記者に何ができるか……2012. 3. 10　158
天からの試練に耐える……2013. 3. 9　162
「ふたば」に春が来る……2015. 3. 14　166

「ふたば」に三度目の春 …… 2017.3.10 170
お金持っては死ねない …… 2018.3.10 174

III 書物・知・ジャーナリズム

西田幾多郎の苦悩――哲学に「人生の悲哀」あり …… 2010.1.9 180
「中国人」になりきる …… 2011.10.8 184
「天平の業行」を想う …… 2012.4.14 188
「天使」はそこにいる …… 2012.5.12 192
「天命を知る」ということ …… 2012.12.8 196
私は私自身を作った …… 2013.2.9 200
人は練磨で仁となる …… 2013.10.12 204
一筋に生きる尊さ …… 2014.4.12 208
外務大臣たるの心得 …… 2014.5.10 212
政治の原点を考える …… 2014.7.12 216
わからないと言う勇気 …… 2014.9.13 220
善を行ふに勇なれ …… 2015.5.9 224

この世の「なぜ」に答える……2015.12.12 228
「知の共同体」は可能か……2017.6.10 232

IV 人・人・人

1 人に学ぶ

今道友信と岩元禎――「美しい魂」と「偉大な暗闇」……2010.11.13 240
「無用の物」何かせん――細川護熙……2012.8.18 244
頂の高さ見せつけよ――天野篤、及川秀子……2012.9.8 248
総理になるということ――中曽根康弘……2012.11.10 252
ゆずり葉に宰相を思う――中曽根康弘……2015.6.13 256
一日一〇〇回笑ってみよう――葉加瀬太郎……2015.10.10 260
「貯金」残さず「貯人」残す――山本保博……2017.12.9 264

2 父母、そして家族

母を恋うる詩――産んでくれてありがとう……2010.5.8 270
「ありがとう」の最上級形……2011.11.12 274

三八年前の母の手紙……2011.12.10 278
鷗外の「父なるもの」……2012.2.11 282
「羽生三原則」に学ぶ……2012.7.14 286
涙で読む「母への手紙」……2013.12.14 290
的つらぬくは心なり――後藤新平……2014.8.9 294
父なるものの強さ……2015.1.10 298
父の心はお前の側に……2015.11.14 302
「具者の兄」が贈った勲章……2016.11.12 306
母は守護神、妻も守護神――白川静……2017.11.11 310

3

追悼と追憶

尊敬する人々――「死の成熟」を共有する……2010.7.10 316
蛇の喉から光を奪え――多田富雄……2012.6.9 320
われ以外　皆わが師――川島廣守……2013.1.12 324
「気品の泉源」を求めて――服部禮次郎……2013.4.13 328
「高潔の友」を送る――五十嵐武士……2013.6.8 332

永遠の「哲学の巫女」――池田晶子……2014.2.8　336
偉大なる羅針盤失う――岩見隆夫……2014.3.8　340
深き叡智と他者への愛――粕谷一希……2014.6.14　344
「余命一年」を生きる――近藤彰……2015.2.14　348
一本の道とほりたり――竹田行之……2015.9.12　352
「大使の夫」になりたい――伊奈久喜……2016.5.14　356
「吏道」を求め続けた一生――香川俊介……2017.1.14　360

あとがき　365
主要人名索引　374
書名索引　379

宿命に生き　運命に挑む

I　歴史との対話

原敬に見る「範は歴史」――権略之を事に施す可し

「平民宰相」原敬（一八五六～一九二一）は年末には努めて自宅にいるようにしたという。政友会の党員の中には年を越すのに困っている者も必ずいるだろう。いつ誰が相談に来てもいいように、家で訪問客を待っていたというのである。

原は党員のために利権を斡旋《あっせん》する労をいとわなかった。原と党は異にしながらも親交のあった片岡直温が回想している。

原君は個人としては「寡慾清廉の人」だった。党首としては大胆に利権に近づくことを辞さなかった。君が利権を取るのは取るが為めにあらずして、与えんが為めであった。君は唇辺に微笑を浮かべてこう言った。「官位も与へぬ、金も遣らぬといふのでは、人は動かせるものでない。せめて利権でも……」

政治学者、岡義武の名著『近代日本の政治家』（岩波現代文庫）は政党政治家、原敬の魅力と限界、明と暗を余すところなく伝えている。

鳩山政権の真のキーマンである小沢一郎氏の政治について考えているうちに、小沢氏が同郷の先輩として尊敬しているという原敬に思いを馳《は》せた。

◇

原敬は大正七年（一九一八年）九月、六十二歳で首相の座を射止めた。「朝敵」の烙印《らくいん》を押された南部藩出身というハンデを背負いながら、農相秘書官を経て外務事務次官に上りつめた。政友会に参加して約一八年、総裁に就任して約四年で政権を担当することになった。

しかし、それまでの道のりは苦難に満ちたものだった。歴史家、萩原延壽さんの表現を借りれば、「盤根錯節に立ち向かう原の闘志と精励と機略は、感動的でさえある」。

政友会は、原にとって自己の分身だった。政友会の発展は国家利益の推進と確信した。「国家に貢献せんと欲すれば、益々党勢を拡張せざるを得ず」。そう総裁就任演説で述べた。

しかし、なりふり構わぬ党勢拡大は、多くの疑獄事件を生んだ。その当時、硬骨のジャーナリスト、馬場恒吾と交わしたやりとりは、原の政治を理解する好個の材料である。

馬場　政治の腐敗する原因は選挙に金がかゝるからだ。金の要らない政治を建設する必要がありましょう。

原　そんな馬鹿な事があるものか。みんな金を欲しがるではないか。金を欲しがらない社会を拵《こしら》えて来い。そうしたら金のかゝらぬ政治をして見せる。

その一方で、私生活において原は質素だった。東京・芝公園の借地に建てた古色蒼然《そうぜん》とした狭い家に住んだ。来客の待合室にあてられた六畳の小部屋の座布団は丁寧に繕われた継ぎはぎだらけのものだった。

◇

原は大正十年（一九二一年）十一月、東京駅頭で一青年に刺殺された。六十五歳の生涯だった。主亡き家を訪ねた馬場は、位牌の置いてある小部屋の畳がほとんどすり切れているのに気づき、涙したという。

家族宛ての遺言書には「余は殖利の考をなしたる事なし。故に多分の財産なし」と書かれていた。集めた金は遺言によりすべて党に返された。

「憲法政治は多数政治なり」とは、徹底したリアリスト原の信条だった。徳富蘇峰の追悼文は、原の政治の特徴を実にわかりやすく教えてくれる。

「君は理想家でなく、現実家であった。君には過去もなく、将来もなく、只だ現在のみであった。世界の公人中、恐らく君の如く、今日主義に徹底したものはあるまい」

◇

「権略とは手段なり、方便なり。但権略之を事に施す可《べ》し、之を人に施す可からず」

権謀術数とは手段だ。方便である。ただし、権謀術数は事柄に及ぼすべきであって、人に及ぼしてはならない。

『日本政党政治の形成』（東大出版会）で三谷太一郎さんは中江兆民の『一年有半』にあるこの言葉を巻頭に置いて原敬を論じた。「政治的リアリズム」の神髄を兆民は表現したのだ。その「事」とは何か。

原敬にあっては、明治憲法のもとで政党政治を実現することだった。原が陪審員制の導入に政治生命を賭けたのも、政党政治に組み入れるというリベラルな発想があったからだ。三谷さんの原に対する評価は、岡さんと比べて格段に高い。

「原敬の政治」で今の日本政治を類推することは慎まなければならない。しかし、政治とカネ、リーダーシップのあり方、さらに小沢氏の政治とどこが同じでどこが違うかを考える時、汲《く》めども尽きせぬものがある。私が『範は歴史にあり』（藤原書店）を出版したのも、政治に携わる人たちに、歴史に思いを馳せてもらいたかったからだ。

岡さんは、戦後、原敬が高く評価されるのはなぜかと自らに問いながら、こう答えた。

「党内派閥の争いの中に浮沈する戦後政党指導者たちのみじめな姿は、おのずと、政友会を率いて整然一糸乱れない統御力を示した原のあの手腕、あの颯爽たるリーダーシップを回想させるのであろうか。……ひとをして原敬を回想させる戦後政治のこのような貧困！」

岡さんが原敬論を書いたのは五〇年以上前だ。しかし、今なお十分に通用すると思われる。

（二〇一〇年二月十三日）

大平正芳生誕一〇〇年——「在素知贅《ざいそちぜい》」はいずこ

今から三〇年以上も昔のことである。東京都内のホテルで池田勇人元首相の十三回忌の催しが開かれた。その人は演台に両手を付きながら挨拶《あいさつ》した。

「かのシュムペーターでしたか。高度成長は神が人類に与えてくれた最後の恩寵《おんちょう》であると言いました。池田はたまたま、その時に総理として居合わせただけで、皆さんのお陰がなければ総理は務まりませんでした」

驚きだった。現役の政治家から「シュムペーター」が出て来たことに。「神の恩寵」という言葉が出て来たことに。そして何よりも、謙虚な姿勢に。

その人、大平正芳は当時自民党の幹事長だった。政治記者になってまもなく、総理番として福田赳夫首相に付いてホテルに入ったら、主催者を代表して挨拶していた。

このコラムを書くにあたって正確に再現しようと調べたが、かなわなかった。しかし、自分の中ではその時の情景も言葉も昨日のことのように鮮やかに思い出すことができる。

◇

一九八〇年六月十二日午前五時五四分、大平首相は帰らぬ人となった。その時、労働大臣、藤波孝生は衆参同日選挙の応援で夜行列車に乗っていた。

列車が水戸駅のホームに着いた。「労働大臣、窓から首を出して下さい。お伝えしたいことがあります」という構内放送が耳に入った。首を出したら告げられた。「先ほど総理大臣がお亡くなりになりました」

派閥は違うが、藤波は大平を深く尊敬していた。閣議が終わると、「お茶を飲んで行けよ」と呼び込まれ、官房副長官だった加藤紘一とともに話し込むこともしばしばだった。大平からは「政治は鎮魂だ」と何度も聞かされた。

大平の死に打ちのめされ、藤波は政治家を辞めようと思い、オホーツクへの旅に出た。自殺を心配する邦江夫人と一緒だった。オホーツクの海を見ながら一週間、あてどなく歩いた。網走で盆踊りに出会った。

オホーツク海を背負つて
盆踊り

一句できた。また帰って盆踊りするか。ようやく気持ちの整理が出来て、政治家を続けようと思った。

◇

大平に「新権力論」という小論文がある。一九七一年に新聞に掲載された。大平の政治哲学が集約されている。

「権力はそれが奉仕する目的に必要な限り、その存在が許されるものであり、その目的に必要な限度において許されるものである」

「権力主体のあつめる信望の大きさが、その権力に本当の信頼と威厳をもたらすのである。アンドレ・モーロアは『他人を支配する秘訣は、自らを支配することを体得することにある』と言っておるが、権力の主体に対する頂門の一針というべきものであろう」

「四十日抗争」という自民党内を真二つにした大平と福田赳夫の確執の最中、宮澤喜一（のち首相）は初めて東京・瀬田の大平の自宅を訪ねた。必ずしもそりのあわない二人だったが、宮澤はこう激励した。

「あなたがどんなに権力闘争がお嫌いか、分かっているつもりです。私はこういう戦には何の役にも立ちませんが、あなたが権力闘争をしてらっしゃるんじゃないことだけはよく分かりますから、どうかそれだけは誰が何と言おうと気にとめないで頑張って下さい」

このエピソードを大平の生涯を描いた辻井喬さんの『茜色の空』（文藝春秋）で知った。

◇

十二日は大平が生まれてちょうど百年。都内で「大平正芳生誕百年祭」が開かれた。大平はよく

「在素知贅《ざいそちぜい》」と揮毫《きごう》した。引用することの多かった「シンプル・ライフ・アンド・ハイ・シンキング」(思想は高く、暮らしは質素に)の漢語版だ。

政治の限界をわきまえながら「謙虚な政治」を目指し、権力の行使は抑制的でなければならないという「権抑的政治観」の持ち主だった。にもかかわらず、権力闘争の末に生涯を終えざるを得なかったところに大平の悲劇があった。「政治の魔力」のゆえでもあった。

翻って鳩山政権をみるに、五四年ぶりの本格的な政権交代という高揚感の中で、何でもできるという「全能の幻想」が支配してはいないか。

その典型例が民主党幹事長室への陳情の一元化である。「陳情は議員と省庁を結びつける利益誘導型の政治を生み出す大きな原因の一つだ」(小沢幹事長)として、地方自治体や業界団体などからの陳情を、民主党の都道府県連でふるいにかけた上で幹事長室で一元的に処理するというのである。

陳情を受け付けるかどうかで新たな権力が発生するだけでない。そもそも何の権限があって陳情の「統制化」をしようというのか。民主主義とは、陳情も含めた多様な意見をさまざまな回路で吸い上げるということではないのか。

民主主義の否定にもつながる事態が進行しているのに、民主党の内部から公然たる異議が出ていないのは私には全く不可解である。果断なリーダーシップが求められる一方で、権力の行使にあたっては常に謙虚でなければなるまい。

(二〇一〇年三月十三日)

真の宰相とは──「為君難《キミタルハカタシ》」への深い自覚

清朝第五代の雍正帝（一六七八〜一七三五）。文武両道にすぐれた父康熙帝と、版図を拡大した子乾隆帝の間に挟まれ、歴史的な存在感は極めて薄い。即位から死去までわずか一三年にすぎない。六〇年以上の治世を誇る康熙、乾隆両帝に比べ、あまりに短かった。

しかし、雍正帝は早朝から深夜まで寸刻の暇もなく、紫禁城の中でひたすら君主としての仕事に没頭した。中国史の碩学《せきがく》、宮崎市定さんは万感の思いを込めて書いている。

「微塵《みじん》も誤魔化しをせず、一事もなげやりにせず、全力をあげてがっちりと政治と取組んだ（中略）恐らくこれほど良心的な帝王は、中国の歴史においてはもちろん、他国の歴史にもその比を見ないことであろう」

朝は四時前に起床、必ず先朝の歴史である実録や詔勅集の宝訓を一巻ずつ読んだ。七時までには朝食を済ませ、大臣を引見し、午後まで政治を議した。時間があれば経書や歴史を学者に講義させた。七時か八時が就寝の時刻だったが、雍正帝は勤勉だった。夜の時間に地方官が送ってくる親展状の「奏摺《そうしょう》」に目を通し、訂正や指示を朱筆で書き込んだ。その数は一日二〇～三〇通、多い時には五〇～六〇通に及んだ。

◇

――朕《ちん》こそは四五年の部屋住み生活の間に世の中の酸いも甘いも嚙《か》みわけ、やっと天子になった四阿哥《あご》（貴公子）であるぞ。坊ちゃん育ちのそこらの天子とは訳がちがう。甘く見てかかると飛んだ目にあうと思え。

これが雍正帝の本音だった。君主であることを「天命」と自覚し、自らを戒め、一身を捧《ささ》げようとした。居室の入り口の額に次の三字を掲げた。

為　君　難
　君主たるは難いかな

その両側の柱には対句を選んで書いた。

原以一人治天下（天下が治まるか治まらぬかは、われ一人の責任である）
不以天下奉一人（われ　人のために天下を苦労させることはしたくない）

天子とはいっても、官僚機構を通じて初めて独裁君主たり得た。天下の政治は表面的には君主の名で行われても、実際は官僚組織に巣くう政治ボスの手で行われた。高級官僚を選ぶ試験である科挙の制度が政治ボスをつくる温床になった。

輝かしい業績を残した康熙帝でさえ、即位から死に至る晩年まで、特権階級化した高級官僚の私的結合体とも言うべき「朋党」に悩まされ続けた。「朋党」から独裁権を取り戻すため、雍正帝は科挙出身者以外の有能な人材を登用し、「奏摺」政治を徹底させた。

◇

中央政府と地方との連絡は省の総督や巡撫《じゅんぶ》(民政長官)を通じて行われるのが公式ルート。「奏摺」とは、これとは別に非公式に直接天子に報告したり意見を上申する制度である。

雍正帝は総督や巡撫に限らず、布政司、按察司《あんさつ》、提督など大小の地方官に「奏摺」を求めた。人民の生活、治安の良否、経済の状況を知るため、雨量や米穀の出来栄えなどを別々に報告させ、互いに比較して虚偽がないかを確かめた。

「奏摺」を開封できるのは天子ただ一人。地方官が上奏し、帝が朱筆を入れて再び返納された文書である「硃批諭旨」で帝の居室はあふれた。

雍正帝はこの中から政治の参考になりそうなものを選んで出版した。その数一一二冊。自分の治世が死後に、官僚によって誹議《ひぎ》されることへの対抗手段でもあった。

宮崎市定さんの「雍正帝――中国の独裁君主」「雍正硃批諭旨解題」(『宮崎市定全集』第一四巻、岩波書店。のちに中公文庫に収録）での雍正帝像を要約した。宮崎さんは「硃批諭旨」について「心血をそそいで政治に精進した辛苦の結晶であり、いかに精励であったかを示す記念碑でもある」と評している。

もちろん、岸本美緒さんが『明清と李朝の時代』（『中公世界の歴史　12』）で指摘しているように、雍正帝が目指した政治とは独裁君主政治であり、官僚抜てきにあたっての合理主義的な実力主義も「皇帝一元主義」に基づくものだった。

◇

しかし、君主であることを天命と覚悟する深い自覚、特権化した官僚との間断なき闘い、裸の王様にならぬよう、多くの耳目をもって社会の現実を直視しようとした努力……。時代的な制約や限界があることは十分承知しつつ、宮崎さんならずとも頭の下がる思いがする。

三〇〇年近く前の他国の政治で日本の政治を裁断することは厳に慎まなければならない。しかし、一度は消費税の税率引き上げを俎上《そじょう》に載せながら、批判が強いとわかると限りなく後退するなど、菅首相の姿は「確信の政治」からほど遠い。九月の民主党代表選をいかに乗り切るかに汲々《きゅうきゅう》としている。

「ねじれ国会」は誰が首相でも困難を極めるだろう。沖縄・普天間基地の移設問題は、どんな首相でも容易ではない。光明があるとすればただひとつ、最高指導者が不退転の決意で仁王立ちのように難局に取り組む、その姿でしかあるまい。

（二〇一〇年八月十四日）

明治の元勲と代表選——「嫌われた政治家」の神髄、山県有朋

大正十一年（一九二二年）二月九日、東京・日比谷公園で、総理大臣、枢密院議長を務めた元帥山県有朋の国葬が営まれた。しかし、文武の高官の欠席者は多く、国会議員も数えるばかりの寂しさだった。翌日の新聞はこう伝えた。

「議会でも協賛した国葬だのに、この淋《さび》しさ、つめたさは一体どうした事だ」「国葬らしい気分は少しもせず、全く官葬か軍葬の観がある」

山県の柩《ひつぎ》が、いったん安置されていた麹町永田町の大蔵大臣官邸を出て日比谷公園の葬場に向かう途中、沿道で弔旗を掲げている家は稀《まれ》だった。掲げてあるとかえって目につくぐらいだった。

これより二〇日余り前の一月十七日、同じ日比谷公園で大隈重信の「国民葬」があった。詰めかけた人のあまりの多さに、午後三時すぎに公園正門を閉ざして入場を止めた。その時拝礼者は三〇万人に達していた。門外には順番を待つ人々の列が神田橋の辺りまで続いた。

大隈の柩が埋葬された音羽の護国寺までの沿道は一五〇万人の人で埋め尽くされた。葬儀から一

カ月が経《た》っても、大隈の墓に詣でる人の数は一日三〇〇〇人にのぼった。
日を置かずして行われた政治指導者二人の葬儀。これほど国民に「好かれる政治家」と「好かれない政治家」の対照がくっきりと浮かび上がった例も珍しいだろう。

◇

十四日には次の首相となる民主党代表が決まる。候補者二人が好きな政治家を挙げている。菅直人氏は高杉晋作。「明治維新は吉田松陰が理念で、革命を成し遂げるのは高杉や西郷隆盛」という理由からだ。

小沢一郎氏は西郷を挙げた。「いかにも日本人的だから。ただ、本当に明治政府の基を作ったのは大久保利通。伊藤博文や山県有朋の比ではない」

代表選とダブらせながら、同時代の人からも後世の人たちからも嫌われた政治家、山県有朋に思いを馳《は》せてしまう。小沢氏の評価とは別に、その政治的生涯は、リーダーとはいかにあるべきかを考えさせずにはおかないからである。

「彼は名実ともに『内閣製造者』であり、また『内閣倒壊者』であった。その一挙手一投足につれて山県閥は動き、その吹く『魔笛』に政界はしきりに踊らされ、その一顰一笑《いっぴん》に政治家たちは喜憂した」

「世上から非難され、憎まれながらも、瘦軀《そうく》鶴のようなこの老人の巨大な影は、その死にいたるまで明治・大正の政界の上に掩《おお》いかぶさっていた……彼の一生を語ることは、明治・大正史を語ることである」

「明治日本の象徴」が副題の岡義武さんの名著『山県有朋』（岩波新書、『岡義武著作集』第五巻）は、山県の負の側面を見据えながら正当に評価しようとしている。

◇

山県有朋という「政治的人間」の際立った特徴とは何だったのか。それは執拗《しつよう》なまでに烈《はげ》しい「権力意志」に貫かれていたことだろう。

山県は容易に人を信じなかった。しかし、ひとたび信用すると大いに用いた。人に接すること極めて慎重であったのは、相手に利用されることを恐れるとともに、相手の利用価値を見極めようとしたためである。

利用価値とは何か。それは彼が終生心に抱き続けた、あくなき烈しい権力意志に立脚しての利用価値であった。そしてその強靭《きょうじん》な権力意志こそが、自己の周辺に広がる巨大な派閥組織を作り出したのであった。

それにしても自由民権運動を弾圧し、揺籃《ようらん》期の労働者・農民運動に峻烈《しゅんれつ》な取り締まりをしたのは、自らの政治支配を脅かされるという権力意志からだけだったのか。そうではない。

自分たち以外に国政を担当し得るものはいないという強烈な使命感を抱いていたからであり、自由民権運動は国家を危うくすると確信していたからだ。岡さんはそう分析する。

十二月に『山県有朋と明治国家』を出版する学習院大学教授の井上寿一さんは、山県の国際情勢に対する敏感さ、冷徹な分析眼に驚いたという。

「側近たちに欧米の新聞の要約をさせながら、最新の国際情勢を手に入れようとした。その背後には欧州における立憲君主制弱体化への強い危機意識があった。欧州のようになってはならないという危機感があった。代表選の候補者にそれだけの危機意識があるのだろうか」

◇

その山県にとって、民衆は支配の対象にすぎなかった。その意味で終始民衆から遊離した存在だった。それゆえ民衆は彼の死に冷ややかだった。

「閣下を好まざる者は衆《おお》し、然《しか》れども信ぜざる者は寡《すくな》し、閣下に服せざる者衆し、然れども閣下を侮る者は寡し」

徳富蘇峰が「山縣伯に與ふるの書」（明治二十三年）で書いていることは、山県の本質を衝《つ》いているように思われる。

時代も状況もまったく異なる中での安易な類推は厳に慎まなければならない。ただ、「国家を担う」とはいかなるものか、リーダーに必要な資質とは何かを考えるうえで山県の存在は限りない材料を提供してくれるように思うのである。

（二〇一〇年九月十一日）

日本外交を考える——イーデンの栄光と挫折

一九七七年一月十四日、英元首相アンソニー・イーデンは七十九歳の生涯を閉じた。その日、エリザベス女王は妻クラリッサに心からの弔意を贈った。

「彼は歴史の中で、とりわけ傑出した外交指導者として、勇気と高潔さを有した人物として記憶されることでしょう」

晩年のイーデンは温暖な米フロリダ州で過ごしていたが、肝臓癌《がん》で死期が迫っていた。それをイーデンと同じ保守党の下院議員マーガレット・サッチャーから聞いた労働党のキャラハン首相は、英国空軍機をマイアミに飛ばしイーデンが自国で死を迎えられるよう手を尽くした。

イーデンは四人の国王の下で外相を務め、二度の世界大戦と冷戦、朝鮮戦争、インドシナ戦争、スエズ戦争に深く関与、外交交渉に臨んだ。ヒトラーやスターリンなどの独裁者と会談、チャーチルとルーズベルトを仲介し、アイゼンハワー、フルシチョフと首脳会談を行った。

「世界政治の舞台でイギリス外交の最後の輝きを示した」。後世の歴史家はそう評価した。

イーデンは『回顧録』(みすず書房)でこう書いた。

「私の世界は戦争にはじまった。それは戦争とその準備や余波のために費やされてきた。このため、第二次大戦後の国際秩序をつくり出すためにはこれこれのことができる、という私の自信は、経験によって強く支えられたものとなった」

◇

尖閣諸島での中国漁船衝突事件をめぐって露《あら》わになった日本外交の弱点、「外交の不在」を目の当たりにし、日本外交はどうあるべきかをイーデンを手がかりに考えてみたい。

幸い、私たちの前には細谷雄一著『外交による平和』(有斐閣)という、これ以上望むべくもない一書がある。この書をもとに「イーデン外交」の神髄をたどろうと思う。

イーデンは、十分な軍事力を背後に持ち、「力にもとづいた交渉」を通じて「外交による平和」を確立することを求めた。平和のためにあらゆるものを犠牲にするような卑屈な妥協的態度も、外交による平和の可能性を無視して戦争を求めるような態度もどちらも受け入れがたいものだった。その中庸にイーデンの求める平和があった。

◇

困難な問題を外交的に解決するためには、毅然《きぜん》たる態度で交渉に臨みながら、同時に偏見や憎悪を排して柔軟に合意を求める姿勢が必要となる。力と外交の巧みな組み合わせこそが求められるのである。

イーデンは保守党の指導者として、党利党略のため労働党政権を非難するような稚拙な行動はしなかった。一九四五年七月、チャーチル保守党政権からアトリー労働党政権に代わった。イーデンは外相としての自らの後任に、アーネスト・ベヴィンを強く推薦した。野党議員が後継を推すのも珍しいが、確固たる姿勢でベヴィン外相を擁護し、その政策を支持した。

ベヴィンについては、以前取り上げたことがある。『範は歴史にあり』(藤原書店)に収録されている。ベヴィンほどの能力がなければ、戦後の困難な状況を切り抜けることは不可能だとイーデンは思ったのだ。

しかし、イーデンにも大きな限界があった。一九五六年のスエズ戦争の処理に失敗し、失意のうちに病気で首相の座を降りざるを得なかった。そこには人間としての弱さもあった。

首相になった政治家としては珍しく権謀術数において著しく劣っていた。煙草《たばこ》も吸わず、友人と酒を飲むこともせず、華やかな舞台も好きでなかった。内向的な性格で、熱心に新聞の政治記事を読み、自らに対する痛烈な批判を神経質に受け止め、神経をすり減らしていった。

◇

政治指導者に求められる資質は外交指導者と同じではない。政治指導者には、国民を動かし議員たちを説得し、世界の世論を魅了する能力が不可欠だ。

「チャーチルは個別の政策で無数の誤謬《ごびゅう》を犯してきた一方で、政治指導者としての能力においては群を抜いていた」。細谷氏はそう対比する。

翻って、尖閣に対する菅政権の対応を考えてみよう。力を背景に海洋進出するという中国の確信犯的な出方に対し、何を軸に、どんな戦略で臨もうとしているのか。司令塔は誰なのか。ほとんど見えない。

中国人船長の釈放にあたって政治介入があったかどうかが議論になっているが、国益に直結する大問題を一地方検察庁に任せるのではなく、政治の責任において決すべきだったのだ。

首相が繰り返し言う「領土問題は存在しない」にも問題がある。尖閣が日本の領土であることは異論を差し挟む余地がないのに、領土問題の存在を認めれば、中国側の土俵に乗ってしまうということなのだろう。

しかし、「領土問題は存在しない」は、北方領土についてロシアが、ソ連時代から言い続けてきたセリフだ。何よりも「存在しない」ということで、体を張ってでも守ろうという気概と、あらゆる機会をとらえて国際的にも訴えていくという積極果敢な行動が希薄になる。

「日米同盟」という確固たる後ろ盾とともに、経済力も動員した、しなやかな「外交」が今こそ求められるのである。

（二〇一〇年十月九日）

真の偉大さとは――「大業」は千辛万苦から

明治二十八年（一八九五年）四月、福澤家で飼っていたロバが産後の肥立ちが悪く、死んでしまった。福澤諭吉は深く悲しみ、三女しゅん（俊）の夫、清岡邦之助に手紙を書いた。

「ロバは中国から『海外万里之旅天』を経てやって来た。親戚も知人もいない中で死ぬなんて何と気の毒なことか。でも、ロバが産んだ『玉の如《ごと》き男子』は元気に駆け回っている。これで家名は相続できる」

慶應義塾福澤研究センター教授、西澤直子さんは、この手紙に、涙もろい人情家の一面と、封建社会を脱して新しい家をつくらなければならないと言っていたのに、「家名は安泰」などと喜んでいる福澤という人間のおもしろさを見る。

福澤は動物に対し、人間に対するようないたわりの気持ちを持っていたという。福澤の四女志立タキが回想している。

「父は雨がふりますと、馬車に乗るのがいやなんです。馬がかわいそうだっていうんですね。馬は雨のなかをいくら走っても、べつにごほうびをいただくってんでもなし……。坂をのぼるときに、馬がぶたれてなんぞおりますと、みてられないいんです」（西川俊作・西澤直子編『ふだん着の福澤諭吉』慶應義塾大学出版会）

◇

偉大な人物には「意外な顔」がある。近代日本が生んだ最大の啓蒙《けいもう》思想家、福澤諭吉の生誕一七五年を記念し、昨年暮れ、『福澤諭吉事典』（慶應義塾大学出版会、一万四〇〇〇円、税別）が出版された。四三八の項目で生涯を辿《たど》り、二三九人の人物で「福澤山脈」を解説、五六点の著作を概観している。福澤の思想を象徴的に示す「ことば」や漢詩、書簡の宛名一覧、『時事新報』の社説一覧も載っている。

近代日本の特定個人の名を冠した、これほど膨大な事典はまれだろう。快挙と言っていい。事典からは福澤の多様、多彩な「人間」が立ち上ってくる。

一八九六年十月、「養生園ミルク事件」と呼ばれる出来事があった。慶大教授小室正紀さん執筆の解説を紹介しよう。養生園は福澤らの援助で北里柴三郎を院長として開園した結核専門病院である。福澤は毎朝、瓶詰の牛乳を取り寄せていた。

ところが、十五日配達の瓶の一つに汚物が付着していた。福澤の怒りが爆発した。直ちに事務責任者の田端重晟に手紙を書いて、北里や顧問の長与専斎ら幹部の怠慢を強く叱責した。

患者が命を託す病院でこのようなことが起こるのは、使用人の不始末で済まされることではない。

病院全体のゆるんだ体制を象徴している。「大業に志す者」は、生涯にわたり千辛万苦を重ね、すべてに細心の注意を払ってようやく目的の半ばを達するのである。

◇

福澤は謝罪に訪れた北里を三時間にわたって「猛烈な口調」で叱りつけた。その怒りは直接には北里個人や養生園の近況に対するものだったが、わずかばかりの経済的成功の好況に浮かれ、「人心狂するが如き世情」への批判でもあった。

「電力の鬼」の異名がある松永安左ェ門が一九三七年の福澤の誕生日（一月十日）に講演している。朝の散歩のお伴をするなど晩年の福澤の側近くにいただけに、福澤の深さと広さを明快に伝えている。

「先生は常に両極相反する人格を有し、しかもこれを調和された方です。先生は常識の人であると同時に、サイアンスの人でありました。俗世界の俗事に通暁しておられると同時に、人格高潔、恰《あたか》も白雪を戴《いただ》く富士の高峰を仰ぐが如き人でした。

独立自尊を唱えられるとともに、よく他人のお世話をされました。自由平等を唱える人民戦線の勇士であったと同時に、愛国の志士でもありました。『拝金宗』と罵《ののし》られましたが、日清戦争当時自ら一万円の資金をお捐《す》てになって、国防義金を募られました」

事典を随意にめくりながら、福澤の魅力の最も核にあるのは何だろうかと考えた。元慶應義塾長小泉信三はエッセー「姉弟」（『小泉信三全集』第一八巻）で、癌《がん》で療養中の姉千と交わしたやりとりを書いている。

信三「福澤先生のエライところはどこだったろう」

千「それは愛よ」

◇

偉大さにはいろいろな側面があるだろう。故高坂正堯教授は偉大さについて「世界史を創る人びと」（『高坂正堯著作集』第四巻）でこう指摘している。

「偉大さ、それは悲しいものだ」。偉大な指導者はいつの日か、つまらぬ人々によって打倒されるからである。

「偉大さ、それは恐ろしいものだ」。偉人は、普通の人間を彼には異質の論理とスタイルに巻き込むからである。

「偉大さは、やはり輝かしい」。人は「輝かしいもの」を常に求める。偉大さは、その輝きと恐ろしさと悲しさを真に理解し初めて克服することができる。

新年にあたって、いつも心を新たにする。今年こそは後悔のない年にしようと誓う。そして遥《はる》かなる偉大な人に学び、「何事にも手を抜いてはならない。常に全力を尽くせ」という亡き母の言葉を胸に刻みながら、精一杯生きなければと思う。

（二〇一一年一月八日）

三六年言うなら三七〇年……

一九六六年十一月、韓国・ソウル大学の講堂は学生たちであふれていた。講演者は薩摩焼十四代沈壽官さん。「これは申し上げていいかどうか」と前置きして学生たちに要望した。

韓国の若い人だれもが口をそろえて三六年間の日本の圧制を語る。その通りだろうが、言い過ぎると、その時の心情はすでに後ろむきである。あたらしい国家は前へ前へと進まなければならない。「あなた方が三六年をいうなら、私は三七〇年をいわねばならない」

拍手はなかった。しかし、学生たちの本当の気持ちもこの言葉と同じという合図であるかのように歌声があがった。韓国全土で愛唱されている青年歌「見知らぬ男だが黄色いシャツを着た男」が講堂を揺るがせた。司馬遼太郎さんの小説『故郷忘じがたく候』（文春文庫）の最も印象的な場面だ。

薩摩焼は一五九八年の「慶長の役」に出陣した薩摩藩主島津義弘が連れ帰った約八〇人の朝鮮陶工によって誕生した。義弘は陶工に武士同様の待遇を与えた。朝鮮の習俗を残すよう命じ、姓を変えさせなかった。

薩摩焼にとっての大きな転機になったのは明治維新前年のパリ万博とその六年後のウィーン万博だった。十二代沈壽官の作品が称賛を浴び、おびただしい数の薩摩焼が海をわたった。

しかし、沈家はじめ陶工たちは今に至るまで自分たちは朝鮮人なのか日本人なのか悩んだ。望郷の念はあたかも「家霊」のように棲《す》みついた。

◇

先月下旬、各界のリーダーが集う日本アイ・ビー・エム主催の第四四回天城会議が開かれた。今年のテーマは「グローバリズムとナショナリズムの相剋《そうこく》を超えて」。講師に沈家四〇〇年を引き継ぐ十五代沈壽官（大迫一輝）さん（54）をお招きした。

薩摩焼の魅力とその歴史を支えるものは何なのか。薩摩焼や萩焼、有田焼など九州、山口地方の焼き物はすべて渡来系の朝鮮人によるものである。とはいっても、韓国と日本の焼き物には明確な違いがある。

韓国では王朝が代わるごとに色まで変わる。強い「否定と創造」の文化がある。日本は簡単に捨てることができない。時代や支配者が代わっても「保存と活用」が大事にされる。

十二代沈壽官の「錦手ネズミを見つめる母娘像」を見ればいい。大きな水甕《みずがめ》の側で大根をかじるネズミと今まさに飛びかからんとする三毛猫がいる。それを見つめる娘は足音を立てないように左足を浮かしている。娘を母は必死にかばっている。

ここには生命の躍動がある。水甕を含めてそれぞれが命あるものとして横一列に配置されている。

てきた。

「草木国土悉皆《しっかい》成仏」が根底にある。と同時にそれぞれの時代で、革新的な積み重ねをしてきた。真の伝統とは「累積された革新」のうちにあるのだろう。十五代の話から四〇〇年の重みが伝わってきた。

◇

十五代も含めて代々、朝鮮人だといって日本人に殴られた経験を持っている。薩摩人になっているにもかかわらずである。十五代は父十四代に尋ねたことがある。「日本人になるとはどういうことですか」

十五代は韓国の一流大学の大学院に入学しようとした。しかし、総長にこう言われて取りやめた。「四〇〇年のアカを流して韓国魂を腹に入れてくれ」

初代たちはうまく逃げられず島津に捕まったかも知れない。しかし、韓国は「父なる国」であり、日本は「母なる国」なのだ。それを「アカを流せ」とはどういうことか。

大学院に行かず、十五代はキムチ壺《つぼ》制作の修業に入る。この時抱いた悶々《もんもん》たる気持ちをしたためた手紙に、司馬遼太郎さんから返事が来た。

「民族というのは、些末《さまつ》なものです。文化の共有団体でしかなく種族ではありません。日本、中国、韓国、タイ、ミャンマー、ベトナムなど、たがいにちょっと面差しがちがうだけです」

「いまの日本人に必要なのは、トランス・ネーションということです。韓国・中国人の心がわかる、同時に強く日本人である、ということです。兄の父君は、トランス・ネーションの人です」

日本と韓国、中国との関係は冷え込むばかりである。竹島、尖閣諸島、慰安婦問題で身動きが取れなくなっている。沈家四〇〇年の苦難の歴史を思い、司馬民族論にも学びながら、もっと大らかに越える知恵を出さなければいけない。韓国、中国に対しても心からそう望む。

（二〇一三年九月十四日）

十二代 沈壽官
「錦手ネズミを見つめる母娘像」

他国の靴をはく度量

今から五二年前の十月、世界はあわや核戦争という断崖に立たされた。「核時代が到来して最大の破滅的な戦争の危険に直面した」（マクナマラ元米国防長官）のである。キューバ・ミサイル危機である。

歴史はさまざまな教訓に満ちている。キューバ危機は、運命を左右する決断にあたってもっとも大事なのは「英知」であり「忍耐」であることを教えてくれた。あるべき政治指導者の姿をケネディ大統領は示した。

一九六二年十月十四日、キューバにミサイル基地が建設され、ソ連からミサイルが運び込まれているのを米国の偵察機が撮影した。発射されると数分で八〇〇〇万人の米国人の命が失われるだろうと言われた。

ソ連は一貫して攻撃用兵器ではないと嘘《うそ》を言う。米国はどうすべきなのか。基地空爆論やキューバ進攻論など強硬論が勢いを増す中で、ケネディは特別に指名した一四人で「エクスコム」（国家安全保障会議執行委員会）をつくった。

チーム内で徹底的に議論し、海上封鎖でミサイル搬入を阻止する道を決断した。ソ連船は封鎖線手前でUターン、危機は一度は回避された。にもかかわらず、基地建設は続行される。しかも米国偵察機が撃墜され、一気に強硬論が広がった。

しかし、ケネディは踏みとどまった。キューバを空襲すればソ連はベルリンやトルコの米基地を攻撃するだろう。そうなるとソ連に核を使うかどうかの決断を迫られる。全人類の生存が脅かされてしまう。

フルシチョフがキューバからミサイルを撤去することに同意、ぎりぎりで世界は核による破滅から免れることになった。

◇

弟ロバート・ケネディの『13日間』、大統領最側近ソレンセンの『ケネディの道』、シュレジンガーの『ケネディ　栄光と苦悩の一千日』をいま改めて読み返してみて、危機がいかに深刻だったかひしひしと伝わってくる。危機管理の要諦はリーダーにあるのである。

ケネディを一番悩ませたのは米国と世界の子どもたちが死んでいく幻影だった。何ら発言する機会もなく、まして対決の事実さえ知らない幼い子どもたちの生命が吹き消されてしまうのは耐え難いことだった。

「キューバ危機の究極的な教訓は、われわれ自身が他国の靴をはいてみる、つまり相手国の立場になってみることの重要さだった」

ロバートはこう書いている。危機の期間中、大統領がもっとも多くの時間を費やしたのは、自分がこう行動すればフルシチョフはどう出てくるかを推し量ることだった。ソ連に圧力をかけはするが、公然の恥辱は与えないようにしようとした。

だから、危機が去ったあと、ケネディは有頂天になって喜びソ連に屈辱を与えるような言動を一切許さなかった。自らの手柄であることを示す、いかなる声明も行わなかった。

世界各地で紛争が絶えない。世界全体を「不寛容」という黒い雲が覆っている。「他国の靴をはく」ことは、ますます重要になっているのではないか。

◇

キューバ危機にあたって、苦悩しながらも、深く静かに未来を見つめているケネディの肖像画がある。米国のイラストレーター、バーニー・フュークスの作品である。

ケネディが暗殺されて二五年後の一九八八年、危機の最中に二人で会った時のケネディを思い、その内面を描いたものだ。フュークスにほれ込んだ出川博一さん（71）がつい先頃開いたフュークス展でも展示された。

この絵は、フュークスのファンであり、作品も所蔵している巨人の原辰徳監督（56）が東京ドームの監督室に掲げていることでも知られている。原さんはリーグ優勝を決めた翌日の読売新聞に書いている。

「リーダーの孤独がにじみ出ていて、それでも希望しか見ていない目の強さに引き込まれた。私自身、このレギュラーシーズンは何度も重い決断を求められてきた」

薄氷を踏む思いでペナントレースを戦い、勝利を手に入れた原監督の言葉ゆえに、深く心に沁《し》みるものがある。

まったくの蛇足ながら、私もこの肖像画を持っている。四月に日本記者クラブ賞を受賞した際、お祝いにいただいた。仏壇のわきに置き、夜帰ったときにながめては、静かなる勇気をもらっている。

一枚の絵に潜む喚起力の大きさを思わずにはいられない。

（二〇一四年十月十一日）

遺書の前に立ち尽くす

今年もまた八月十五日がやってくる。国会では安保法制をめぐる与野党の駆け引きが活発になっている。しかし、大いなる不満がある。日本の安全保障政策の大きな節目のはずなのに、歴史に残るような論戦が展開されているのか。

集団的自衛権の行使は限定的であっても反対というなら、どうして「日米安保条約はいりません。自分たちだけで日本を守ります」と言わないのか。「自衛隊を危険なところにやるな」と自衛隊違憲論者が言うのにも違和感を覚える。「二重基準」が多すぎるのだ。

そもそも国家とは何か。国民を守るため、考えられるあらゆる準備をしておかなければならないのではないのか。命を賭して国の守りにあたっている人への深い敬意がなければいけないのではないのか。

そんなことを思いながら、過日、広島県呉市の大和ミュージアムと江田島の海上自衛隊第一術科学校を訪れた。「佐久間艇長の遺書」の前で釘付《くぎ》けになった。涙を禁じ得なかった。

「謹ンデ陛下ニ白《もう》ス、我部下ノ遺族ヲシテ窮スルモノ無カラシメ給《たま》ハラン事ヲ、我ガ念頭ニ懸ルモノ之《こ》レアルノミ」

今から一〇五年前の明治四十三年四月十五日、広島湾岩国沖で訓練中の第六潜水艇が沈没、艇長の海軍大尉佐久間勉以下一四人の乗組員全員が殉職した。

◇

二日後に艇体が引き揚げられた。そこにはそれぞれの部署を決して離れることなく、最期まで任務を全うした乗組員の姿があった。欧州では、同じような潜水艇事故で、脱出しようとした乗組員が出口に殺到、殺人にまで発展するという悲惨な出来事があったばかりだった。

さらに驚くことがあった。佐久間艇長の軍服のポケットから海水で濡《ぬ》れた一冊の手帳が見つかった。艇を浮上させるべくあらゆる手段を尽くしたがかなわず、充満するガスで呼吸が苦しくなる中、小さな硝子《がらす》窓から差し込む微光を頼りに、鉛筆で書いたものだった。

「小官ノ不注意ニヨリ陛下ノ艇ヲ沈メ部下ヲ殺ス、誠ニ申訳無シ、サレド艇員一同、死ニ至ルマデ皆ヨクソノ職ヲ守リ沈着ニ事ヲ処セリ」

明治天皇に謝罪し、この事故が潜水艇の開発・発展の妨げにならないことを願いつつ、沈没の原因を分析、遺族への配慮を依頼した。そして「十二時三十分、呼吸非常ニクルシイ」「ガソリンニヨウタ」「十二時四十分ナリ」と書き絶命した。

夏目漱石は胃潰瘍で入院中に遺書の写真版を人から贈られ、東京朝日新聞に二日連続で書いた。

「文藝とヒロイック」「艇長の遺書と中佐の詩」である。

「重荷を担ふて遠きを行く獣類と選ぶ所なき現代的の人間にも、亦此《またこの》種不可思議の行為があると云《い》ふ事を知る必要がある」

「呼吸が苦しくなる。部屋が暗くなる。鼓膜が破れさうになる。一行書くすら容易ではない。あれ丈文字を連らねるのは超凡の努力を要する」

「君死にたまふことなかれ」で反戦歌人のイメージが強い与謝野晶子は佐久間大尉を悼んで一五首の挽歌《ばんか》を詠んだ。

勇しき佐久間大尉とその部下は海国の子にたがはずて死ぬ
ますら男は笑みて死にけめ聞く我はたをやめなれば取乱し泣く

その一方で、海軍内には安易に神格化されることへの懸念もあった。二〇〇五年三月の『防衛研究所紀要』に掲載された山本政雄二等海佐の「第六潜水艇沈没事故と海軍の対応」は多くのことを教えてくれる。

呉での合同葬儀のあと、記念碑の建立と遺族のための義捐《ぎえん》金募集が計画され、記念碑には佐久間艇長の遺書の全文を刻もうということになった。それに異議を唱えたのは、当時呉鎮守府長官で、のちに総理大臣まで務めた加藤友三郎だった。

――死の迫り来る中で遺書を認《したた》めた艇長の慎重なる態度には何人も異議がないだろうが、遺書を書く余裕があるなら艇を浮き上がらせるための手段を尽くすべきではなかったか。将来同じような事故があった時、まず遺書を認め、しかるのちに本務に取りかかるという心得違いの者が出てくる恐れはないのか。

その通りだと思う。加藤友三郎の冷徹な指摘こそ、指揮官に必要なものだろう。しかしそれでも佐久間艇長の遺書は時代を超えて人の心を打たずにはおかない。無私の精神で自らの任務を最期まで果たそうとした真の武士《もののふ》の姿を見るからである。

（二〇一五年七月十一日）

加藤友三郎（1861-1923）

不作為は罪である

先日、日本記者クラブで行われた三谷太一郎さん（東大名誉教授）や大沼保昭さん（明大特任教授）による記者会見の司会をしながら、ずっと考えていたことがありました。

それは学問とは何か、学者の使命とは何かということです。イデオロギー的思考を排し、さまざまな角度から歴史的事実に迫り物事の本質を究める。異論にも十分耳を傾け、公正であろうとする。それが学者の学者たる所以《ゆえん》だろうと思うのです。

この記者会見で、安倍首相の「戦後七〇年談話」に対する国際法学者、歴史学者、国際政治学者七四人による声明が発表されました。大沼さんを中心にまとめたと聞きました。学問的立場や政治的信条の違いを超えて共通項を探るのは容易ではなかったでしょうが、異論にも配慮された声明になっています。

声明でのメッセージは明確です。第一は、安倍首相は「村山談話」や「小泉談話」を「全体として継承する」と述べているが、具体的な言語表現で明らかにしないと日本国民が不名誉な立場に置かれかねないという危惧の表明です。

もうひとつは、一九三一年から四五年まで日本が遂行した戦争は、国際法上も歴史学上も違法な侵略戦争であったことは国際的に評価が定着しているということです。

◇

その一方で、戦後の平和で豊かな日本を築いてきた先人の努力への感謝や、先人の行為について後生の私たちが軽々しく論じることに慎重であるべきだという指摘にも言及しています。

歴史をどう認識し評価するかはとても難しい問題です。近い過去であるほどトータルにとらえることに困難さがつきまといます。会見の直後、大沼さんの『「歴史認識」とは何か』（中公新書）が出版されました。

この本の意義は、大沼さんの聞き役になったジャーナリストの江川紹子さんの言葉にすべて集約されています。

「自国の負の部分を強調する『自虐』でもなく、逆に負の部分から目をそらして自国の正当性を言い募る『独善』でもなく、あるいは今の状況を作った〝犯人〟を探して責め立てるのでもない。冷静に事実を見つめ、原因を探り、現象を理解しようと努める」

東京裁判は「勝者の裁き」であり、「平和に対する罪」は事後法の適用で不公正な裁判だった。しかし、日本の侵略戦争で一〇〇〇万人以上の人々が殺された中国の国民にとって、指導者の責任を問わないで済ますことはありえないだろう。東京裁判にはいろいろ欠点があったが、「より害悪の程度がすくない悪」と考えるべきではないのか。

大沼さんは、戦争責任について「ドイツは立派だが、日本はだめだ」という俗説の大きな誤りも指摘しています。ドイツが謝罪してきたのは主にホロコースト（大量虐殺）であり、侵略戦争それ自体に対する反省は明確でないというのです。

元慰安婦問題についても「慰安婦にされた多くがだまされるか強制によって性的奉仕を強いられたことは学問的にほぼ実証されている」と指摘すると同時に、「国家補償」に固執する韓国の支援団体の罪にも触れています。

◇

東大教授だった大沼さんは多くの市民運動に携わってきました。二五年に及ぶサハリン残留朝鮮人の韓国への帰還運動、定住外国人の指紋押捺《おうなつ》撤廃運動、元慰安婦のための「女性のためのアジア平和国民基金」（アジア女性基金）活動……。

『職業としての学問』でマックス・ウェーバーも言うように、学者はひたすら自分の仕事に専心しなければなりません。それなのに大沼さんが研究時間を割いてさまざまな活動に身を置いたのはなぜなのか。

私には四〇年前に出版された大沼さんの処女作『戦争責任論序説』（東大出版会）に解く鍵があるように思います。この本は北朝鮮のスパイ容疑で韓国で死刑に処せられた、かつての東大への留学生朴櫓洙、金圭南両氏に捧《ささ》げられています。

そして「あとがき」では「ある行為の選択の背後には、選択されることのなかったいくつもの不作為がある」と記し、自分も両氏を救う会の運動に参加したが、この本の原型となる論文執筆で積極的に運動に加われなくなったと書いています。

この辛《つら》い体験から「何もしないのはそれ自体罪なのだ」という思いを抱き続けてきたのではないのか。私にはそれがとても尊いものに思われます。

（二〇一五年八月八日）

事為さざれば成らず

今からちょうど一〇〇年前、大正五年一月号の『中央公論』に、一〇〇ページに迫る長大な論文が掲載された。東京帝国大学教授吉野作造の「憲政の本義を説いて其《その》有終の美を済《な》すの途《みち》を論ず」である。

当時婦人には参政権はなかった。選挙権を有する国民は全人口の五%にも満たなかった。民主主義の黎明《れいめい》期にあって吉野は「デモクラシー」が歴史の必然の流れであることを説き、訳語として「民本主義」を用いた。

「民本主義」は主権者が誰かを問わない。重要なのは一般民衆の利益と幸福に重きを置き、一般民衆の意向を重視して政策を決定するということである。そのために吉野は政党内閣制の確立と二大政党による政権交代の必要性を強調した。

これに対し、山川均ら社会主義者からは、体制に妥協した不徹底なデモクラシーであるという厳しい批判を受けた。しかし吉野にとって「民本主義」は、天皇主権の大日本帝国憲法下でも民主化を進めることができる、ぎりぎりの道だった。

憲政の本義論文は人々に甚大な衝撃を与えた。東大での吉野の後継者、岡義武の表現を借りれば、「大正デモクラシー運動の烽火《ほうか》」となったのである。

いま改めて吉野論文を読んでみると、デモクラシーの根本を押さえながら新たな時代を切り開こうとする、あふれるばかりのエネルギーに圧倒される。

吉野が求めた普通選挙も政党内閣制も、今は形の上では自明のものになっている。しかし、現下の最大の政治課題が「一強他弱」のもとでの野党協力で、合流する新党の名前をどうするかをめぐって喧々囂々《けんけんごうごう》の議論になっていることを考えると、何とも情けなくなる。

◇

憲政の本義一〇〇周年の節目に、吉野の東大での政治史講義録が岩波書店から出された。五百旗《いおき》頭《べ》薫東大教授、伏見岳人東北大准教授ら学者グループが、講義を受けた矢内原忠雄、赤松克麿、岡

吉野作造（1878-1933）

義武の講義ノートを復刻した。名講義を今に蘇《よみがえ》らせた学者の皆さんのご労苦に心からの拍手を送りたい。

ノートからは、民主主義の原理と最新の学問成果を紹介しながら日本政治のあるべき姿を考えようとする吉野と、それを一言も聞き漏らすまいと必死に筆記する学生の姿がくっきりと浮かび上がってくる。

吉野の生涯をたどり、最も心打たれるのは、その人間性である。刑法学者の牧野英一はこう述べている。「吉野君は親切と楽天との人であったとおもふ。よくもあんなに人に対して親切が尽くせるとおもふほど、親切な人であった」（赤松克麿編『故吉野博士を語る』）

一九二四年二月、吉野は東大教授を辞めて朝日新聞に入社した。転身の理由について本人は公には一切語らなかった。亡くなったあと、前年の関東大震災が大きな影を落としていたことが明らかになった。

◇

吉野は横浜の富豪に、日本に留学している中国人、朝鮮人の学費を出してもらっていた。ところが、大震災で富豪が頭取の銀行が大きな打撃を受け、援助を期待することができなくなった。そこで吉野は大学教授よりはるかに給料が高い朝日新聞に入って、自分で彼らの費用を賄おうとしたのである。

関東大震災では朝鮮人が虐殺される事件が相次いだ。『吉野作造　人世に逆境はない』（ミネルヴァ書房）の著者田澤晴子さんは、朝鮮人虐殺事件の惨禍にあった人々への、可能な唯一の償いの方法と考えたのではないかとみている。

しかし、朝日新聞は長くは続かなかった。陸海軍大臣が直接天皇に上奏する「帷幄《いあく》上奏」や枢密院を批判したことが問題となり、わずか四カ月たらずで朝日を辞めざるを得なかった。

このあと吉野は明治文化研究に精魂を傾けるが、朝日退社は人生の大きな分岐点になった。収入は激減、ストレスと過労で体調を崩し、五十五歳で亡くなるまで病苦に悩まされ続けた。

人世に逆境は無い。如何《いか》なる境遇に在《あり》ても、天に事《つか》へ人に仕へる機会は、潤沢に恵まれてある。

朝日退社が決定的になって、吉野はこう認《したた》めた。逆境にあってこそ天と人に事える使命を果たさなければならないと自分を鼓舞したのかもしれない。

路《みち》行かざれば　到《いた》らず
事為《な》さざれば　成らず

吉野は好んで色紙に書いた。まず行動しなければ物事は成就しない。そのことを吉野は全身で示してくれたのだと思う。

（二〇一六年三月十二日）

一を聞いて十を知るな

今年も新入社員研修の季節がやってきました。読売新聞での私の助言は決まっています。ジャーナリストは基本的に自分のことを棚に上げて人のことをとやかく言う商売です。ならばひたすら勉強して自分を鍛え、謙虚に相手の言い分に耳を傾けなければいけません。

ジャーナリストに必要なのは「健全な相対主義」と「適度の懐疑心」、そして『鳥の目』と『虫の目』だと思ってきました。この世にはさまざまな価値観があります。誰かが絶対に正しく、誰かがまったく間違っていることはあり得ません。

私たちは極めて限られた時間で報道しなければなりません。限界を見据え、自分のやっていることは正しいのだろうかという懐疑の気持ちが必要です。

現に起きている事象をとらえるためには、鳥が大空から全体を見渡すような「鳥の目」と、細部に目をこらす「虫の目」を併せ持つことが必要です。そのためには歴史に学ぶことが必須となります。

ジャーナリストに限ったことではありません。仕事を通じて人間としてどう生きるかが問われます。先月出版された『大隈重信演説談話集』（岩波文庫）では、早稲田大学の創立者で、首相、外相を務めた大隈が青年たちに呼びかけています。

「各自己の職分に安んじて力の限り努力せよ。賤《いや》しといわるる労働をも厭《いと》わざるの精神と元気がなくば到底その人は自己の目的に進み行く資格はない」

「人生は決して平原ではない。山もあれば谷もあり、川もあり、坂もあり、峠もある。不撓《ふとう》不屈《ふくつ》とはこれらの険難にうち勝つ精神を言ったものである」

それはまた大隈の人生でもありました。薩長閥ではない肥前鍋島藩の上士だった大隈は自らの才覚と努力で運命を切り開きます。阿部眞之助は『近代政治家評伝』（文春学藝ライブラリー）でずばりこう書いています。

「彼の性格は生れるから死ぬるまで、権力意欲で一貫していた。ただ時の情勢により、猫の如《ごと》くにもなり、虎の如くにもなった」「権力を維持し、権力を達成するためには、己れを押え、我を殺すことのできる強い意志力を持っていた」

明治二十二年（一八八九年）十月十八日、外相大隈は馬車で外務省に入ろうとし、条約改正に反対する福岡玄洋社員に爆弾を投げられ、右脚を失いました。そのとき大隈は微動だにせず、「馬鹿っ」と大喝したといいます。

◇

岡義武『近代日本の政治家』（岩波現代文庫）によると、手術の麻酔から覚めたとき、大隈は「右脚を切断したのなら、今後はその脚に行った血は皆な他の部分に行くから、片脚はなくとも以前より健康になるな」と言ったそうです。

雄弁家であり座談の名手だった大隈は「民衆政治家」を自任し、その人気は、死後さらに輝きを見せました。大正十一年（一九二二年）一月十七日、日比谷公園で行われた大隈の「国民葬」での拝礼者は三〇万人を超え、さらに順番を待つ人の列が神田橋まで続きました。埋葬が行われた音羽護国寺までの沿道では一五〇万人が葬列を見送り、護国寺の墓前には一カ月たったあとも日々三〇〇人の参拝者があったといいます。

◇

気性の激しさから木戸孝允に「村正の名剣」に喩《たと》えられた大隈に、薩摩出身の政商、五代友厚は書簡を送ります。「閣下の恩恵を被る者は其《その》美を挙げて、その欠を責むる者なかるべし。今友厚は従来の鴻恩《こうおん》の万分の一を報ぜんため、閣下の短欠を述て赤心《せきしん》を表す」と五カ条の忠告をしたのです。

第一条。愚説愚論を聞くことによく堪えるべし。一を聞いて十を知るは閣下の賢明に原因する欠点である。

第二条。自己と同じ地位でない人の意見が閣下の意見と五十歩百歩のときは、必ずその人の意見を賞《ほ》めてそれを採用されよ。

第三条。怒気・怒声を発しては徳望を失うだけで何の益もない。

第四条。事務に裁断を下すのは、時期の熟するのを待ってされよ。
第五条。その人を嫌えば、その人も嫌うだろう。それゆえ自分の好まない人間とも交際するよう希望する。

五代の温かさが伝わってくると同時に、毀《き》誉《よ》褒貶《ほうへん》のあった大隈の人間像も浮かび上がってきます。大隈は亡くなる直前「顧みて過去の行程を想《おも》ふ時、其大部分は失敗と蹉跌《さてつ》との歴史である」と語っています。明治国家の建設に尽くした人の浮沈に満ちた人生はさまざまなことを教えてくれるように思います。

（二〇一六年四月九日）

大隈重信（1838-1922）

「公共」への奉仕の尊さ

商都大阪の北浜にそのままの姿を残す「適塾」。幕末の洋学者緒方洪庵（一八一〇～六三）が開いた蘭学塾《らんがくじゅく》です。数ある展示物の中で釘付《くぎづ》けになってしまったのが「扶氏医戒之略《ふしいかいのりゃく》」の巻物です。洪庵はベルリン大学教授フーフェラントの内科書を『扶氏経験遺訓』（全三〇巻）として翻訳しました。扶氏とはフーフェラントのことです。その巻末にある「医戒の大要」を一二カ条でまとめたのが「医戒之略」です。

一　医の世に生活するは人の為のみ、をのれがためにあらずといふことを其業の本旨とす。安逸を思はず、名利を顧みず、唯おのれをすて、人を救はんことを希ふべし。人の生命を保全し、人の疾病を復治し、人の患苦を寛解する外他事あるものにあらず。

一　病者に対しては唯病者を視るべし。貴賤貧富を顧ることなかれ。長者一握の黄金を以て貧士雙眼の感涙に比するに、其心に得るところ如何ぞや。深く之を思ふべし。

一　不治の病者も仍其患苦を寛解し、其生命を保全せんことを求むるは、医の職務なり。棄て↘

省みざるは人道に反す。たとひ救ふことは能はざるも、之を慰するは仁術なり。片時も其命を延べんことを思ふべし。

一　病者の費用少なからんことを思ふべし。命を与ふとも、其命を繋ぐの資を奪はゞ、亦何の益かあらん。貧民に於ては茲に甚酌なくんばあらず。

◇

翻訳の息づかいを知っていただくため、原文そのままに拾い出しました。一二カ条は洪庵の医の哲学であり、適塾の指導方針にもなりました。それは医師に対する戒めにとどまりません。己自身の日常を思い、粛然たる気持ちにさせられました。

適塾は多くの人材を輩出しました。橋本左内、大村益次郎、大鳥圭介、佐野常民……。適塾名簿

緒方洪庵（1810-63）

（五姓田義松画・大阪大学適塾記念センター蔵）

によると、入門者は六三六人にのぼります。三歳で父を失った福澤諭吉にとって洪庵は師であると同時に、「第二の父」でもありました。

適塾に入門して一年後、福澤は腸チフスの先輩を看病して感染してしまいました。洪庵は自分が処方するとあの薬この薬と迷ってしまうと言って、友人の医師に頼みました。福澤は『福翁自伝』に書いています。

「自分の家の子供を療治してやるに迷うと同じことで、その扱いは実子と少しも違わない有様であった。(中略)私は真実緒方の家《うち》の者のように思い、また思わずには居《お》られません」

洪庵の精神は福澤諭吉に確実に引き継がれていきます。それは被災者への義援金活動においてもよく表れています。

明治二十一年の磐梯山噴火、同二十三年の紀伊半島でのオスマン帝国軍艦エルトゥールル号の座礁、同二十四年の濃尾地震、同二十九年の三陸大津波などの大災害の際、福澤は『時事新報』を通じて積極的に義援活動を展開します。

その理由について慶應義塾福澤研究センター准教授の都倉武之さんは、「日本人に『パブリック』つまり『公共』という考え方を根付かせたいということがあった」とみています。

◇

慶應義塾を卒業、財務大臣や官房長官などを務めた塩川正十郎さんが昨年九月、九十三歳で亡くなって一年が過ぎました。塩川さんの晩年の姿を見て「公共」とは何かを考えました。

塩川さんは五〇もの肩書をお持ちでした。国民政治協会会長、薬師寺信徒総代、地方自治体公民連携研究財団理事長、日本酒サービス研究会・酒匠研究会連合会名誉会長、東洋大総長……。でも、どこからも一銭の報酬も受けませんでした。お金をいただくと文句が言えなくなると考えたからでした。

東洋大学では一二年間も理事長を務め、さらに亡くなるまで一二年間総長を続けられましたが、報酬は一切辞退されました。大学では報酬分の金額を積み立て、外国人留学生のための「塩川正十郎奨学金」をつくりました。その奨学生はこれまで一〇〇人を超えています。

塩川さんは自伝『ある凡人の告白』(藤原書店)で、国会議員人生も振り返りながら、こう書いています。

「政治家は目立つことに執着し、企業家は社会的責任よりも自己利益を優先するようになった。このような激流にあって私は、ただ黙々と自分が責任ある仕事だと思い込んだことに専心して、時流に迎合もせず、背を向けて独自性を目立たせようともしなかった。いわゆる平々凡々たる政治家として自己責任を果たしてきたと自覚している」

(二〇一六年十月八日)

帝室は政治社外のもの

明治二十年（一八八七年）三月二十日、内閣総理大臣伊藤博文は東京・高輪の自邸に、井上毅、柳原前光、伊東巳代治の三人を招いた。皇室典範を熟議するために開いた会議であり、「高輪会議」と呼ばれた。

論点の一つが天皇の「譲位」の問題だった。賞勲局総裁の柳原が起草した皇室典範草案には「天皇は終身大位に当る。但《ただ》し精神又は身体に於《おい》て不治の重患ある時は、元老院に諮詢《しじゅん》し皇位継承の順序に依り其位を譲ることを得」との規定があった。

井上毅も歴史上譲位した例があることを踏まえ、「穏かに譲位あらせ玉ふこと、尤《もっと》も美事たるべし」と、天皇の意思による譲位に賛成だった。しかし、伊藤は、君位を君主の個人的な意思に委ねてはならないという考えから、天皇の譲位それ自体に強く反対した。

「天皇の終身大位に当るは勿論《もちろん》なり。又一《ひと》たび践祚《せんそ》し玉ひたる以上は随意に其位を遜《のが》れ玉ふの理なし。精神又は身体に不治の重患あるも、尚《な》ほ其君を位より去らしめず、摂政を置て百政を摂行するにあらずや。昔時譲位の例なきにあらずと雖《いえど》も、是れ浮屠《ふと》氏の流弊より来由するものなり、余は将に天子の犯冒すべからざると均しく、天子は位を避くべからずと云はんとす」

井上はなおも「至尊《しそん》と雖人類なれば、其欲せざる時は何時にても其位より去るを得べし」と食い下がった。しかし、伊藤は断固として「本条不用に付削除すべし」と決裁した。

◇

その時の様子が坂本一登国学院大教授の『伊藤博文と明治国家形成』（講談社学術文庫）に実に生き生きと描かれており、そのまま借用した。

西欧の君主にとって自己の意思による退位の自由は自明だった。それは大臣に対抗する君主の最後の武器でもあった。しかも明治以前の日本にも譲位の例は少なくなかった。にもかかわらず、伊

伊藤博文（1841-1909）

藤はなぜかくも譲位に強く反対したのか。

坂本教授は、皇室を政治から分離して自立させ、天皇の個人的な意思から分離すべく制度化しようとしたとみる。

それが日本文化と歴史の象徴としての皇室の安定にとって必要だった。と同時に、近代国家を運営していく上でも、宮中は政治から切り離されるべきだと伊藤は考えた。というのも天皇が政治的に利用された過去が幾たびもあったからだ。

伊藤は天皇を「操り人形」「お飾り」にしようとしたという指摘がある。しかし、皇室を政治から切り離すことについては福澤諭吉も同じ意見だった。

福澤諭吉の『帝室論』（明治十五年）は「帝室は政治社外のものなり」で始まる。政治の争いは火の如《ごと》く、水の如く、盛夏の如く、厳冬の如きものだが、天皇は違う。「帝室は独り万年の春にして、人民これを仰げば悠然として和気を催ふす可《べ》し」

帝室に政治的中立性、精神的統合機能を求め、象徴天皇制を先取りしているといえる。

◇

ドイツ文学者であり、『ビルマの竪琴』で著名な竹山道雄の著作を集めた『竹山道雄セレクション』（全四巻、藤原書店）の刊行が始まった。第一巻「昭和の精神史」には、「天皇制について」という論文が含まれている。この中で、平安朝のはじめごろまではいざしらず、それ以後天皇は政治的権力もキリスト教におけるような宗教的な権威も持ったことがなかったとして、その象徴的な例を示す。

「京都の御所を見ると、幕府の二条城が爪の先まで武装しているのに反して、武備らしいものは何もない」。天皇は「権力」としてではなく、「権威」として日本人の心を統合する点となってきた。政治と厳しく一線を引いてきたからこそ天皇制の永続性があったのである。

天皇の退位をめぐっては、国民の多くが、ご高齢と「公務」の大変さを思い、肯定的なようである。しかし、退位を認めるとして一代限りの特別立法か皇室典範の改正なのか。退位の基準は年齢なのか、ご病気の程度なのか。天皇ご自身の意思なのか。政治的背景はないのか。

克服すべき課題はあまりに多い。「天皇の公務の負担軽減等に関する有識者会議」のヒアリングでも二分、三分した。

その際の前提として考えるべきは、天皇制の本質は何か、なぜ「至高の権威」として永続し得たかだろう。それは政治の外にあろうとしたことであり、できるだけ天皇の個人的な意思から皇室を分離させようとした伊藤博文の考えは決して過去のものではないと思うのである。

（二〇一六年十二月十日）

「維新の盛意」貫徹したか

明治十一年(一八七八年)五月十四日早朝、内務卿大久保利通は福島県権令《ごんれい》山吉盛典の訪問を受けた。八時近くになって山吉が帰ろうとしたところ、大久保は「まだ告ぐべきものがある。意中残らず話そう」と引き留め、次のように語った。

「昨年に至る迄《まで》は兵馬騒擾《そうじょう》、不肖《ふしょう》利通、内務卿の職を辱《かたじけの》うすと雖《いえど》も、未だ一も其努《そのつとめ》を尽す能《あた》わず。(中略)今や事漸《ようや》く平《たいら》げり。故に此際《このつど》勉めて維新の盛意を貫徹せんとす。之《これ》を貫徹せんには三十年を期するの素志《そし》なり。仮《か》りに之を三分し、明治元年より十年に至るを一期とす。兵事多くして則《すなわち》創業時間なり。

十一年より二十年に至るを第二期とす。第二期中は最も肝要なる時間にして、内治を整え民産を殖するは此時にあり。利通不肖と雖も十分に内務の職を尽さん事を決心せり。二十一年より三十年に至るを第三期とす。三期の守成《しゅせい》は後進賢者の継承・修飾するを待つものなり。利通の素志、如《かくの》斯《ごとし》」

八時過ぎ、大久保はフロックコートと山高帽子姿で二頭立ての箱馬車に乗り、赤坂仮御所に向かった。馬車が清水谷に通りかかったその時、石川県士族島田一良ら六人に斬り付けられ、四七年八カ月の生涯を終えた。

今こそ自らが指導力を発揮して「維新の盛意」とも言うべき富国強兵、殖産興業に邁進《まいしん》すべき時と考えていたのだろう。新たな国家をつくるべく情熱を注いだ大久保の使命感がひしひしと伝わってくるのである。

◇

今年は明治維新からちょうど一五〇年。安倍首相は一月の施政方針演説で、明治の先人に言及した。白虎隊の一員として政府軍と戦いながら東京帝国大学総長にまで上り詰めた山川健次郎。織機

大久保利通（1830-78）

を作る小さな会社から始め、最先端のイノベーションに挑戦した豊田佐吉。天竜川の洪水から村人を守るため植林した金原明善の三人である。

首相は一五〇年の節目に、明治に学ぶ大切さを訴えたかったのだろう。閉塞《へいそく》感に覆われ、国家目標も定かでない今だからこそ、日本近代の出発点となった明治維新の意味を考えることは大事なことに違いない。

伊藤彌彦同志社大名誉教授の『未完成の維新革命』（萌書房）によると、明治維新は、徳川幕府を倒して政治体制の転換を図るとともに、西洋諸国に対して開国するという切迫した二重の課題を背負った革命だった。

維新革命の大きな特徴は「青写真のない革命」、走りながら考える「手さぐり革命」だったことにある。現状打破に向かう政治状況が先に動き出し、徳川政権を打倒した後で新国家モデル模索の試行錯誤が始まった。

それゆえフランス革命やロシア革命などのように、理論闘争で政敵を殺し合うことの少ない静かな革命であり、誇るべきはその時、臨機応変に対応できる知的瞬発力に富んだ日本人がいたことだと指摘している。

歴史には素人の私にも十分納得できる見方である。そしてつい最近、明治維新の意味を考える上で決定打ともいうべき書が出版された。三谷博東大名誉教授の『維新史再考』（ＮＨＫブックス）である。

三谷さんは明治維新の特徴を「集権化」と「脱身分化」にみる。集権化とは二人の君主（天皇と将軍）と二百数十の小国家群からなる双頭・連邦の政治体制を天皇による単一国家に変えたことであり、脱身分化とは被差別民も含めて平等な権利を持つ身分に変えたことである。

その意味でも明治維新は近代が経験した「最大級の革命」だったのである。しかも維新の過程での死者は約三万人でフランス革命と比べ二桁少なかった。これは維新を主導した人々が政治参加の主張を認める「公議」「公論」によって、戦争を回避しようとしたからだ。

この書にはハッとするような指摘が随所にある。近世後期に制度化された「権と禄の不整合」もその一つである。大名に家格・禄を与える代わりに、中下級武士に政策決定権を握らせる制度があったからこそ、大久保や西郷隆盛ら中下級武士が幕末に大きな役割を果たし得たのだ。

三谷さんは最終的な勝利者から歴史を見るのではなく、当時の人々がどのように課題を設定し、解決を模索したかを追っている。歴史に「必然」などというものはなく、「偶然」が絡み合い、ジグザグに進んでいることがわかってくるのである。

◇

この書にはどんな国をつくるのかそれぞれ思い描きながら苦闘する日本人の姿がある。そのことに感動せずにいられない。

（二〇一八年二月十日）

短を語らず　怒り遷さず

明治三十九年（一九〇六年）四月四日、鎌倉・円覚寺の前管長釈宗演《しゃくそうえん》はホワイトハウスに米大統領セオドア・ルーズベルトを訪ねた。後の世界的禅思想家鈴木大拙の通訳で会見すること約三〇分。宗演の『欧米雲水記』によるとこんなやりとりがあった。

大統領　世界の平和は必ず将来に於《お》いて見るを得べし、是《こ》れ予が確信する所なり。

宗演　然《しか》り、必ずや之《これ》を見るを得ん、おもふに此《この》平和国の曙光《しょこう》を現はし始むるものは学術か、宗教か、将《は》た一種の道徳か。

大統領　宗教も学術も皆此《こ》れ其階梯《そのかいてい》なり。然らずや。

宗演　仏教が欧米化し、耶蘇《やそ》教が日本否東洋化せば世界の平和是《ここ》に於てか始めて成らん。

この宗演の言葉に、慶應義塾福澤研究センター准教授の都倉武之さんは、まぶしいまでの「理想主義的世界観」を見る。

禅を「ＺＥＮ」として世界に広めた釈宗演（一八五九〜一九一九年）が没して百回忌にあたる今年秋

には、円覚寺で百年遠諱《おんき》法要が営まれる予定。それを前に、東京・三田の慶應義塾大学で「釈宗演と近代日本」と題した特別展が八月六日まで開かれている。

都倉さんに展示を案内していただいた後、井上禅定『釈宗演伝』や朝比奈宗源「楞伽窟《りょうがくつ》老師の思い出」、最新刊の中島美千代『釈宗演と明治』（ぷねうま舎）などを繙《ひもと》いた。そこから見えたのは、臨済宗僧侶として世界的な視野で宗教の改革と世界平和を考え、実践した偉大な先達がいたということである。

◇

若狭国福井県高浜に生まれた宗演は十二歳で京都妙心寺で出家し、建仁寺などで修行したあと円覚寺の今北洪川《こうせん》老師に師事、わずか三十二歳で円覚寺管長に就任した。明治三十八年までの管長時代の宗演は峻厳《しゅんげん》を極めたという。夏目漱石は宗演のもとで参禅、小説『門』で主人公宗助に宗演の風貌《ふうぼう》を語らせている。

「彼の眼《め》には、普通の人間に到底見るべからざる一種の精彩が閃《ひら》めいた。宗助が始めて其視線に接した時は、暗中に卒然として白刃を見る思があった」

その縁《えにし》もあり、大正五年十二月十二日の漱石の葬儀では、宗演が導師をつとめた。

宗演にはいくつもの岐路があった。円覚寺塔頭《たっちゅう》仏日庵住職の身にあり、師洪川の強い反対にもかかわらず、慶應義塾に入学した。どうしてなのか。

仏教がキリスト教に対抗するためには洋学と英語を学ぶことが必要だった。「仏教の革新」が入塾の大きな動機だった。死者を弔う伝統的な葬式仏教ではなく、生きた人間を救うことが僧侶の第一の使命ではないか。そのためには西洋の科学、哲学を身につけ、近代に即応した宗教でなければならないと信じたからである。

宗演の大いなる第二の決断は二年半のセイロン（現スリランカ）遊学である。気候の上でも経済的にも過酷だったセイロン行きを選んだのはなぜか。仏教発祥の地で原始仏教の根本精神を探るためパーリ語を学び、日本の仏教に欠けている厳粛な出家の戒律を学んで日本仏教の堕落を救おうと思ったのである。

◇

宗演を世界に羽ばたかせる飛躍台になったのは明治二十六年（一八九三年）九月にシカゴで開かれた万国宗教会議への参加だった。コロンブスの新大陸発見四〇〇年を記念して開かれたシカゴ万国博覧会ではいくつもの世界会議が開催された。万国宗教会議には一九カ国、一六の宗教の関係者が参加した。歴史上初めてのこの会議にはキリスト教の優位を示す狙いがあった。

そのことを知りながら、あえて日本仏教界から宗演はじめ四人が参加した。この会議を利用して大乗仏教を世界に広める千載一遇の好機ととらえたのだ。それぞれが演壇に立った。禅仏教の根本である「悟り」を説いた宗演の論文は異例にも宗教会議議長バローズが朗読した。

この日の聴衆は六〇〇〇人。拍手喝采だった。「仏教は現在の科学、哲学と密合する」ことを通じて世界布教しようという宗演の思いは果たされた。宗演は世界の檜《ひのき》舞台で禅を講じた最初の僧侶となったのである。

峻厳の一方で宗演は決して人の短を語らず、怒りも遷《うつ》さなかった。徳富蘇峰は「宗演老漢」で追想している。

「一腔《いっこう》進取の気を以《もっ》て充溢《じゅういつ》せり。その人自身が進歩の本体たりし也《なり》」「敬服すべきは未《いま》だ曾《かつ》て第三者に対して、他の長短を謂《い》わざりし事也」

宗演の一生はとても常人の及ぶところではない。それでも少しでもいいから学びたいものだと思うのである。

（二〇一八年七月十四日）

釈宗演（1860-1919）

II 現代政治を考える

1　政治今昔

ボクシングと政治――小沢氏はなぜ嫌われる

それは一戦一戦が「死闘」と呼べるものだった。嘘《うそ》もハッタリもなかった。ただただ死力を尽くしている、痛ましくも清々《すがすが》しい「青春」があった。

先日、東京・後楽園ホールで初めてリング間近からボクシングを見た。私の古里、秋田県三種町出身の日本S・フェザー級王者、三浦隆司君が自分のタイトルをかけて戦うというので応援に行った。

地元からバスを連ね七〇人も応援に駆けつけた。首都圏に住んでいる町出身者と合わせ応援団は一〇〇人以上に上った。「彼の存在それ自体が〝町おこし〟なんですよ」と、傍らで旧知の清水昭徳さんが話した。

三浦君はセミファイナルで、三ラウンドTKO勝ちだった。前後合わせて三試合を見て圧倒された。互いに打たれても打たれても前進する。ダウンしそうになり、もうだめかと思っても、次のラウンドで蘇《よみがえ》る。その「ひたむきさ」に胸打たれずにいられなかった。

ボクシングだけで生活できるのは、世界チャンピオングらいで、ほとんどはラーメン屋や豚カツ屋などでアルバイトしながら過酷なトレーニングに耐えているという。一緒に観戦していた友人がつぶやいた。「日本の政治もこんなひたむきさがあるといいんだがなあ」

◇

三〇年以上も前に読んだ沢木耕太郎さんの名作をもう一度読んでみようと思った。「クレイになれなかった男」（『敗れざる者たち』文藝春秋）である。

カシアス内藤は、進駐軍の黒人軍曹と将校クラブのウエートレスとの間に、一九四九年に生まれた。一六連勝し、二十歳で日本ミドル級チャンピオン、翌年東洋チャンピオンとなった。しかし、その年の防衛戦に敗れてから全く振るわなくなった。

足がよい。眼《め》がよい。日本人ボクサーの中で最も素質があるとさえ言われた。「蝶《ちょう》のように舞い蜂のように刺す」と豪語したカシアス・クレイ（モハメッド・アリ）にあやかり、「カシアス内藤」と名づけられた。

それほど期待されたのに、なぜクレイになれなかったのか。相手に容赦しない「獣」のようにはなれなかったのだ。相手が鼻血を出して弱ってしまうと、もう打てなくなることがしばしばだった。あまりに優しかったのである。

内藤には勝負への執着がないというよりは、人を超越的なものに追い込んでいく「飢餓感」が欠けていたのだ。本物のクレイの「ホラ」は、常に自分の裡《うち》に「飢餓感」を持続させるための独創的な方法だった。

人間には、燃え尽きる人間とそうでない人間、いつか燃え尽きたいと望み続ける人間の三つのタイプがある。望み続け、望み続け、しかし、「いつか」はやってこない。それが内藤ではないのか。沢木さんは共感を込めてそう論じた。

◇

内藤の「優しさ」から「小沢政治」に思いを馳《は》せた。菅新内閣が誕生、どん底だった内閣支持率はV字回復した。最大の理由は、小沢氏の幹事長辞任と内閣・党人事におけるキーワード「脱小沢」にあるだろう。

政治とカネに対する国民の強い不信があるにしても、どうして小沢氏はそんなに嫌われるのだろうか。「小沢的なもの」の中に「日本的なもの」とは相いれないものを感じ、忌避しているのではないのか。そう思ってしまうのである。

菅新政権の船出となった七日の民主党の両院議員総会に小沢氏は欠席した。その時刻に個人事務所で面会客に会っていたという。これまでも小沢氏は大事な会議に欠席することがしばしばだった。なぜだろう、小沢氏は何に不満なんだろうと疑心暗鬼を呼び起こさせ、それが「不在の存在感」を生み、影響力行使の源泉になった。

しかし、出席したくなくとも我慢して出るのが「日本的」だろう。戦いに敗れても、壇上に上がりながら笑顔で勝者を称《たた》えるのが日本的な礼儀だと多くの人は思っているだろう。

「電話に出ない」のも「小沢政治」の特徴であると、このコラムでも書いたことがあった。今度も菅氏が何回も電話連絡を試みたが出来なかったという。枝野新幹事長が小沢氏に会えたのは就任して二日後、わずか三分だった。これもまた日本的流儀にはほど遠い。

◇

「小沢政治」の大きな特徴の一つが「一元化信仰」である。政治を果断に効率的に行うには権力を一点に集中した方が最善という考え方だ。全国の陳情を民主党の幹事長室に一元化するなどはその象徴である。

日本は「一神教」の国ではない。さまざまな神が互いに認め合い共存する「多神教」の社会である。時に一元化を渇望しながらも、基本的には多様性を尊重するのが日本的だろう。

和辻哲郎は名著『風土』（岩波文庫）で、モンスーン型である日本人の特徴は「感情の昂揚《こうよう》を非常に尚《とうと》びながらも執拗《しつよう》を忌む」ところにある。桜の花はこの気質の象徴だと書いた。

小沢流を日本流と対峙《たいじ》させるため、図式化しすぎたかもしれない。小沢流の「強いリーダーシップ」の重要性、「脱小沢」を超えるものが求められることも認識しつつ、なぜ小沢氏が嫌われるかを考えてみた。

（二〇一〇年六月十二日）

遥かな「魂ゆさぶる政治」——説得の覚悟あるか

政治的な小咄《こばなし》が流布したり、諷刺《ふうし》が飛び交う背景には、閉塞状況に対するやり場のない怒りがあるのが常である。ランドセルの贈り物で日本列島を席巻したタイガー・マスクの伊達直人と菅直人首相を対比したジョークが、インターネット上で詠まれている。

・子供たちにランドセルを背負わせたいのが伊達直人　子供たちに借金を背負わせたいのが菅直人
・庶民を勇気づけるのが伊達直人　庶民を落胆させるのが菅直人
・仮面を被って戦うのが伊達直人　仮免で国を動かすのが菅直人
・希望を与えるのが伊達直人　希望を奪うのが菅直人

数ある中で、比較的温和なものを列挙してみた。国の最高指導者を貶《おとし》めるのが目的のコラムではないので、紹介はこれぐらいにとどめるが、どれにも〝真実〟が含まれているがゆえに、うならざるを得ない。

政権交代に期待したものの、落胆が大きかった分だけ、裏切られたとの気持ちが強いのだろう。マニフェスト問題などでの政権の迷走に加えて、首相自身の発言にも危うさが付きまとって離れない。

◇

「ちょっとそういうことには疎いんで、ちょっと改めてにさせてください」

米S&Pが日本の長期国債の格付けを引き下げたことについてコメントを求められた時の発言である。

「野党がいろいろ理由をつけて積極的に参加しようとしないなら、そのこと自体が歴史に対する反逆行為だと言っても、決して言い過ぎではない」

民主党大会で、消費税を含む税制と社会保障制度の一体改革に向けた超党派の協議を野党に呼びかけた際のあいさつで飛び出した。

何とも拙劣な表現である。最高指導者の一語一語の裏には、深い思慮がなければならないはずである。何か大切なものが欠落してはいないか。

◇

そう思いながら、法政大名誉教授加来彰俊さんの『プラトンの弁明——ギリシア哲学小論集』(岩波書店)を読んだ。加来さんはプラトンの『ゴルギアス——弁論術について』(『全集』九巻、岩波文庫)の訳者としても知られているが、古代ギリシアの時代、弁論術は「政治の術」として死活的に重要なものだったという。

アテネの民主制社会のもとでは、家柄や財産などはもはや何らの政治的な特権を保証するものではなくなった。すべての人間が市民であるという資格だけで政治的には平等な権利を持つようになったのである。

「ひとが世に出て、公的に活動し、立身栄達をとげるためにも、一身一家の利益と安全を守るためにも、弁論術は欠くことのできない手段であり、最も有効な武器だったのである」

弁論術がどう応用されるかについて、アリストテレスは『弁論術』（『全集』一六巻、岩波書店）で「政治弁論」「法廷弁論」「演技用弁論」の三つに分類し、詳細に論じている。

政治弁論は、将来の問題について利害禍福を主眼に置いて何かをなすべきか否かを問う。法廷弁論は、過去の行為に関して正邪を問題にする。演技用弁論は、主として現在の事柄に関して、それが立派であるか否かに着目するというのである。

いずれの場合も大事なのは人を説得するということであり、弁論術とは結局は「説得の術」であると論を展開した。

◇

理想主義者プラトンは、ソクラテスの言葉を通じて、弁論術が真に正しい技術として使われるためには「善を目指す」ということがなければいけないとして、現実の弁論術を批判した。一人一人の精神ができるだけすぐれたものとなるように、その徳に向かって彼らの魂の面倒をみることが神から託された使命と考えるプラトンにとって、単なる技術を超えるものだったのである。

首相の言論のありようを論ずるのに、何もギリシアに遡る必要もないだろうが、二大政策課題として掲げる消費税を含む税と社会保障との一体改革にしてもＴＰＰ（環太平洋経済連携協定）参加問題にしても、政治生命を賭して立ち向かわなければ越えられない難題である。

どんな困難があっても乗り切ろうという「覚悟」があるのかが問われるのであり、その「覚悟」を実現させるための「手立て」をどれだけ準備しているかが求められるのであり、国民に理解してもらうための「説得の技術」を持ち合わせているかが厳しく問われている。

消費税については、参院選での敗北でトーンダウンし、ＴＰＰについては所信表明演説で参加を表明しながら、農業団体などの反対で退却したという〝前科〟が菅首相にはある。

提起した課題はいずれも避けて通れないものゆえ、深い覚悟と細心の言動で一歩でも前に進んでもらいたいと思えばこそ、あえてプラトン、アリストテレスという巨人まで持ち出してみたのである。

叶《かな》わぬこととは思いながら、国民の魂を揺さぶる指導者の出現を夢想せずにいられない。

（二〇一一年二月十二日）

謙虚さということ——君主は舟　人民は水

拝啓　野田佳彦様

首相ご就任おめでとうございます。新聞各紙の世論調査を見ても、まずは上々の滑り出しのようですね。「高すぎて困る」と漏らされたと聞きましたが、低いよりは高い方が仕事がやりやすいに決まっています。

内閣発足時の支持率と政権の帰趨《きすう》にはいくつかの法則があるように思います。第一は「高きがゆえに尊からず」です。大平内閣以降の高支持率の順位（読売調査）は次の通りです。

〈1〉小泉　八七％〈2〉鳩山　七五％〈3〉細川　七二％〈4〉安倍　七〇％〈5〉野田六五％

〈6〉菅　六四％

小泉の五年五カ月を除き、在任期間は鳩山九カ月、細川八カ月、安倍一年、菅一年三カ月という短さです。発足時の支持率は実績ゼロの中で期待だけの数字です。期待が大きい分だけ失望も深くなるのです。

第二は、低くともそれなりに安定している内閣もなかったわけではありません。福田赳夫内閣は終始二〇％台後半の「長期低空飛行」でした。期待がなかったからだとも言えます。でも、低さにみんなが慣れてしまうという利点（?!）もあります。

竹下内閣や森内閣のように、ほとんど上がることなく、最後は八％台という記録を残した内閣もあれば、中曽根内閣のように「田中支配」の批判を浴びながら戦略的に支持率を上げていった内閣もあります。

野田内閣はどんな道筋をたどるのでしょうか。どういう心構えで臨み、いかなる実績を挙げるかにかかっていることは言うまでもありませんが、スタートの印象としては小渕内閣に似ているように思います。

小渕内閣の発足時の支持率は三三％で、野田内閣の半分でしたが、自らを「冷めたピザ」と自嘲気味に命名、マイナスを逆手に取りました。自分を「ドジョウ宰相」などと格好の悪さを前面に出したという点で野田さんと似ています。

「謙虚さ」を前面に出しているという点で共通しているのです。民主党政権のこの二年間何が問題だったのか。私には「謙虚さ」が無かったのが一番問題だったと思います。

政権交代を過大評価するあまり、自分たちで何でもできるという「全能の幻想」がありました。マックス・ウェーバーは言っています。「政治とは情熱と判断力の二つを駆使しながら、堅い板に力を込めてじわっじわっと穴をくり貫《ぬ》いていく作業である」。政治の限界を十分自覚しながら、辛抱強く一歩一歩進めることに欠けていました。

哲学的な深みを湛《たた》えた数少ない政治指導者のひとり、台湾の李登輝さんが『最高指導者の条件』（ＰＨＰ）で書かれているリーダー論に共鳴を覚えます。

昔の中国では、皇帝になった人を「孤」と呼び、皇帝は自らを「寡人」と称したというが、最高指導者は孤独に耐える力を持っていなければ自壊してしまう。そのためには「信仰」を持つことが必要である。

権力を担う人に必要なのは、「私は権力ではない」という発想である。権力とは困難な問題の解決や理想的な計画を執行するための道具にすぎない。それは一時的に国民から借りたもので、仕事が終わればいつでも返還すべきものである。

唐の太宗の功臣、魏徴は述べている。「君主とは舟であり、人民は水である。水は舟を浮かべるが、またこれを転覆させることもできる」。指導者は国家と国民に対して忠誠心を持ち、あらゆる面で謙虚でなければならない。

時を待つ、そして国民に訴える。国民の声に耳を澄ます、そして改善を行う。その繰り返しこそが、指導者の仕事なのである。このとき指導者に必要なのは、権威主義的な姿勢を捨てることである。

李登輝さんの言葉から「政治の要諦」が見えてきます。願わくは、野田さんにも謙虚なる姿勢を失うことがないようにしてほしいと思います。

「謙虚な政治」にしても「党内融和」にしても、政治を進めていく前提にしかすぎません。問題は何をするかです。

東日本大震災の復興は遅れています。死者・行方不明者が一〇万四〇〇〇人以上に上った一九二三年九月一日の関東大震災では、当初の復興計画が大幅に削減されましたが、それでも四カ月足らずで復興予算が議会を通りました。

東京と横浜の復興のために必要だった都市計画法と、公債発行を認める震災善後公債法も公布され、これによって帝都復興計画が確定しました。

阪神・淡路大震災でも、初動は見るも無惨でしたが、途中からは素早い対応を見せました。何が復興を遅らせているのか、改めて被災地の声に耳を澄まし、体制の見直しも含めて迅速に対応する必要があります。

復興以外にも待ったなしの課題があります。環太平洋経済連携協定（ＴＰＰ）の参加問題もそのひとつです。議論すること自体が止まっています。「社会保障と税」も急がなくてはなりません。

多くの人たちが希望を持てるよう、奮闘されることを心からお祈りいたしております。

敬具

（二〇一一年九月十日）

改憲論議の今昔を思う

それは「殺到」と言うしかない状況だった。一九九四年十一月三日、読売新聞は「憲法改正試案」を発表した。改憲論がまだタブー視されている中で、新聞社が独自の改正案を作ったのである。さまざまな反応があるだろうことは予期していた。

しかし、寄せられた電話や手紙、投書、ファクスは私たちの予想をはるかに超えるものだった。いまのようにメールが日常化していれば、怒濤《どとう》のように押し寄せたかもしれない。

改正試案では、「自衛のための組織を持つことができる」という表現で自衛隊の存在を明文化した。「人格権」「環境権」などの新たな権利を盛り込み、憲法裁判所の創設も提言した。改正の規定も緩和し、衆参両院の三分の二以上の賛成があれば改正が可能で、単純過半数の賛成の場合に限って国民投票に付すこととした。

この改正試案に対して、「勇気ある提言」と評価する声の一方で、「不当に世論を形成しようとしている」「軍国主義化にはずみをつける」などの激しい反対論もあった。

毎日新聞は「憲法は国民の中にどっしりと根を張って定着した。逐条的な改正案まで作って世に問う時だろうか」と批判した。朝日新聞も「客観的で公正な報道を貫くべき言論機関として、おのずから律するものが必要だ」との見解を発表した。

◇

反対論はいわゆる左からだけではなかった。主権在民であることを重視し、「国民主権」を第一章に置き、「天皇」は第二章に移したため、右の人たちからも厳しい批判が出た。不測の事態に備えて、一メンバーにすぎない私の家も地元の警察官が定期的に見回りをした。

閣僚が改憲に言及しただけで辞任に追い込まれるような時代だった。新聞社が独自に憲法改正案を出すなどということは無謀この上ないものと思われても無理はなかった。部数を減らすだろうとも言われた。

それでも、「タブー視せず論議のたたき台として世に問うべきだ」というのが渡辺恒雄社長（当時）の強い意向だった。憲法学については素人にすぎない記者が有識者の知恵も借りながら二年間かけてまとめた。

新聞には事実を客観的に正しく伝える「客観報道」の役割がある。独自に事実を発掘する「調査報道」の機能も大事だ。言論機関として重要な問題についてどう考えればいいのかを読者に示す「提言報道」という新たな役割もある。憲法改正試案はそのさきがけにすべきではないかとの思いもあった。

改正試案に対し新聞社のやるべきことではないと批判した他の新聞社も次第に提言報道をするようになった。朝日新聞も社説で憲法問題などの提言を始めるようになった。

◇

あれから二〇年近い歳月が流れた。改憲の是非が参院選の争点になろうとしている。九四年当時の状況をあえて長々と再現したのも「隔世の感」を伝えたかったからである。国民主権とは、大事な問題について国民自身が決められるということだ。最も大事な憲法を変えることも変えないことも、国民の手にあるということである。

にもかかわらず、憲法とともになければいけない国民投票法が二〇〇七年まで六〇年も存在しなかったのである。国民投票法ができると改正されるかもしれないと反対されたからだ。改正への賛否はいろいろあるにせよ、国民投票法がなかったのは国民の権利を奪う重大な憲法違反だったのである。

憲法改正という難問も、ごく素直に考えたらいいのではないか。国民に定着した自衛隊を憲法上きちんと位置づけるのは当然のことだろう。「自衛隊は軍隊ではない」など誰が考えても詭弁《きべん》だろう。憲法学者の多くは自衛隊違憲論者といわれるが、矛盾を感じている良心的な憲法学者もいるに違いない。

「三分の二」の改正条項を変えることは重大なルール違反で革命に等しいという意見もあるという。しかし「三分の二」を「二分の一」に変えるのも「三分の二」の賛成が必要である。革命であるはずがない。
　改正条項を変えることに反対する人は、米国では両院の三分の二以上の賛成と四分の三以上の州議会の承認がなければ修正できないと強調する。フランスでは両院の過半数の賛成と国民投票で改正が可能であることを決して言わない。各国にはそれぞれの歴史と事情があるのだろう。日本としてどうすべきかを考えればいいのである。

（二〇一三年五月十一日）

「国の奴雁《どがん》」でありたい

「器量」が問われるのは質問される側だけではない。聞く側の覚悟も試される。参院選公示日の前日、日本記者クラブ主催の党首討論会が行われた。党首同士の討論のあと、私を含む四人の記者が質問した。国政選挙や各党の党首選の際に恒例となっている討論会。代表質問に携わって一二年になる。質問するにあたって自分に課してきた原則がある。

第一に、国民の誰もが感じている素朴な疑問に応えられるような鋭い質問をしなければならない。第二は、相手は公党の党首なのだから、失礼な物言いは許されない。それなりに品位のある質問でなければならない。第三は、厳しさの一方で一片のユーモアも必要だろう。党首の人柄がにじみ出ることにも腐心しなければならない。

日本維新の会の橋下徹共同代表には、石原慎太郎氏と組んだことの是非を念頭に質問した。「遠距離恋愛に無理があったのではないか。強い愛情や相手に対する敬意がないと、この恋愛は実らないのではないか」

橋下氏の答えはいかにも彼らしいものだった。「妻とも完全に意見が一致することなんかないですしね。むしろ議論の経過がオープンになった方が健全じゃないですか」

安倍首相には、国の最高指導者がフェイスブックでいちいち反論することに違和感があって聞いた。「大宰相への道とは、もっと大きな政治、深く沈潜した哲学に基づく政治を行うことではないのか」。これに対し、「しっかりと胸に刻んでいきたいと思っております。もっと大きなことを考えながらやっていくべきだというのは、その通りだと思ったところです」。そう同意しながらも、私事で反論したことは一度もない、国の根幹にかかわることだから反論した、と述べた。

私が問うたのは、一国の最高リーダーがツイッターしたり、誰かにムキになって反論したりすることがいいことなのかどうかということだった。

安倍氏は国会での施政方針演説でしばしば福澤諭吉を引用している。その福澤は明治七年（一八七四年）、『民間雑誌』という啓蒙《けいもう》雑誌にこんな文章を載せている。

「語に云《いわ》く、学者は国の奴雁《どがん》なりと。奴雁とは、群雁野に在て餌を啄《ついば》むとき、その内に必ず一羽は首を揚げて四方の様子を窺《うかが》い、不意の難に番をする者あり、之《これ》を奴雁と云《い》う。学者も亦斯《またかく》の如《ごと》し。天下の人、夢中になりて、時勢と共に変遷するその中に、独り前後を顧み、今世の有様に注意して、以《もっ》て後日の得失を論ずるものなり。故に学者の議論は現在その時に当ては功用少なく、多くは後日の利害に関るものなり」

「学問を修得した者は、奴雁のように時流に流されず、大局から世の中を見据えて議論すべきであるという意」(『福澤諭吉事典』)である。

「国の奴雁」とは何も学者に対してだけ求めるものではないに違いない。ジャーナリズムに携わる人間にはもちろん、政治のリーダーにも必要なことなのかもしれない。

歴史的な宰相に学ぶことは多い。アベノミクスが好感をもって迎えられ、参院選での優勢が伝えられている安倍氏に重ね合わせながら思ったのはイギリスの宰相チャーチルである。

急性盲腸炎で選挙運動できずに落選、深い挫折を味わったチャーチルは一度は政治的に終わったと覚悟しながら復活した。米元大統領ニクソンは『指導者とは』で書いている。

「ナポレオン前後に活躍したフランスの政治家タレーランは『戦場では一度倒れればおしまいだが、政治では再び起《た》つために倒れる』と言った。チャーチルの生涯は、まさにその金言の実例だろう」

だからといって、チャーチルは決して世間に迎合することはなかった。「チャーチルは世論に追随せず、世論を指導する人物であった」のである。

ニクソンは称賛を込めチャーチル論を結んでいる。「権力のために権力を欲せず、権力の中に自己充足を求めなかった。チャーチルが権力を求めたのは、他のだれよりも自分がそれを巧みに行使できると、心から信じたからにほかならない」

自民党の優勢が伝えられている参院選後の安倍政権はどうなるのか。早くも懸念されるのは勝者の「驕《おご》り」と「緩み」である。こんなことを言うのは早すぎるかもしれないが、くれぐれも肝に銘じてほしいと思う。

(二〇一三年七月十三日)

老いの花は残るべし

一人のジャーナリストとして身を引くべき時はいつだろう。古希を前に自問することが多くなりました。そして思うのは世阿弥の『風姿花伝』です。

能役者として修業するにあたってもっとも戒心すべきことは何だろうか。芸はどうあるべきか。『風姿花伝』では「七歳」「十二三より」と各段階にわけて、それぞれの年齢に応じての心得が書かれています。「五十有余」はこんな内容です。

「このころよりは、大かた、せぬならでは、手だてあるまじ。きりんも老ては土馬にをとると申事あり。さりながら、まことにえたらん能者ならば、物かずはみな〳〵うせて、ぜんあく見所はすくなしとも、花はのこるべし」

（五十を過ぎてからは演じないという以外には方法はないだろう。麒麟《きりん》も老いては駑馬《どば》に劣るということがある。しかし、本当に能の奥義を体得している達人であれば、演じる曲目がみんななくなってしまい、見所が乏しくなっても、体得した花は残っているものである）

父観阿弥は元中元年五月十九日に五十二歳で亡くなったが、その月の四日、駿河の浅間神社の御前で猿楽を奉納した。その時の能は格別華やかで、貴賤《きせん》の別なく観客はみな一同褒めたたえたものである。

「これまことにえたりし花なるがゆへに、能は枝葉もすくなく、老木になるまで、花はちらで残《のこり》しなり。これ、まのあたり、老こつにのこりし花の証拠なり」

(これは真に体得しきった花だったがために、その能は枝葉の乏しくなった老木に花が咲き残るように、老年になっても、花は散らずに残っていたのである。これこそ、目前に確かに見た老骨の身にも残っていた花の証拠なのだ)

◇

表章さんや市村宏さんら各種の現代語訳を参照しました。とても含蓄深いものがあります。安倍内閣が掲げる「一億総活躍社会」を考えるうえでも参考になるように思います。

安倍首相の施政方針演説では「一億総活躍への挑戦」が大きな柱となりました。そのために多様な働き方が可能になる社会への変革、女性が活躍できる社会づくり、介護離職ゼロなどが目標として掲げられました。

私自身の関心でいえば、お年寄りが活躍できる社会も、それに劣らず大事ではないかと思うのです。高齢化社会には暗いイメージが付きまといます。医療費は膨らみ続け、年金制度は破綻寸前。認知症患者は増えるばかり……。

しかし、お年寄りには長い間に培われた経験があります。経験に裏付けされた知恵があります。そしてお金を持っている人も結構います。それらを活用しない手はないのです。

学校はいじめ問題への対応で大変です。大学を卒業したばかりの若い先生に期待するのは酷です。ここは退職した先生の出番です。アルバイトでいいから手伝ってもらえばいいのです。

営業だってそうでしょう。長年の経験で得た「極意」を伝授してもらうのです。お年寄りには体得した「奥義」を伝える義務があると思うのです。

◇

大切なことは、お年寄りに感謝と尊敬の気持ちを忘れないことです。私はかねて、総理大臣表彰状をいっぱい出すべきだと主張しています。雨の日も風の日も近所の神社の境内を掃除して総理大臣表彰状を贈られたお年寄りは、翌日から他の神社も掃きに行くに違いありません。そうなれば病気などしていられなくなります。

問題がないわけではありません。来てくれるのはいいが、自慢話が多いことです。同じ話を何度もするのもお年寄りにありがちです。聞く方は相当な忍耐を必要とします。

でも、同じ話を何度もするのは案外大事なことではないのかと思います。何度も言うことで記憶を確かなものにすることができるかもしれません。ですから私は家族に言っています。

「お父さんが同じことを言っても、『そんな話聞いたわよ』などと言わず、初めて聞いたような顔をして『それで、それで』と興味を示したら、きっとお父さんのボケ防止になるよ」

しかし、悲しいことに家族の賛成はなかなか得られません。今回は長々と『風姿花伝』を引用したにもかかわらず、達人の話からずいぶんそれてしまいました。でも、お年寄りはもっと自分の出番を考えるべきです。そして自分ももっと頑張らなければと思うのです。

（二〇一六年二月十三日）

柿の木のある家で集う

いよいよ参院選が明後日に迫りました。いつの選挙でもそうですが、大事な争点がたくさんあるはずなのに、論議がなかなか深まりません。今回の選挙戦を通じて私が非常に不満に思っていることのひとつは、「地方創生」がほとんど与野党の議論になっていないことです。

地方の衰退は目を覆うものがあります。先日発表された二〇一五年の国勢調査によると、六十五歳以上の人口は二六・七％に上り、五年前より三・七ポイントも増えました。総人口の四分の一を超えるのは初めてのことです。私が生まれ育った秋田は三三・五％で高齢化率第一位です。

私自身はこういう見方もできると思っています。高齢化率が高いのがすべて悪いわけではあるまい。それだけ年寄りが長生きしているということでもあるだろう。問題は元気に長生きしているかではないのか――。

とはいうものの、何とかしなければいけません。地方の復興をどうするかは成長戦略の中心に位置づけられなければならないのです。ところが、地方創生の切り札として、「ふるさと納税」ばかりに目を奪われているような気がしてなりません。

〇八年にスタートしたふるさと納税の寄付額は当初の八一億円から一五年度は二〇倍の一六五三億円にまで膨れあがりました。ふるさとに少しでも役に立ちたいという気持ちが込められているのは間違いないでしょう。

でも、返礼品というのが気に入りません。地方の特産品のPRにもなるんだと、どんどんエスカレートしています。自治体間の競争は激化し、六七五億円も税金が使われています。そのために自治体職員が奔走しているとすれば本末転倒です。

そんなことを思いながら、先日わがふるさとに行きました。干拓した八郎潟の東のほとりにある秋田県三種町というところです。特産の「じゅんさい」を宣伝するための番組のロケをしたのです。

お国自慢をするようですが、酢の物や鍋物で人気がある「じゅんさい」は結構奥が深いのです。何よりも水清くなければすぐ変色してしまいます。だから世界遺産の白神山地の水系から水を引いているのです。収穫から出荷まですべて手作業です。苦労があります。

その翌朝六時、音楽で目が覚めました。「海は広いな大きいな……」というメロディーが拡声機を通して流れてきたのです。「海」は六時の時報なのです。六時四五分には今日の主な行事が放送されます。一〇時にはラジオ体操、午後五時にはまた「海」が流れます。

都会ではあり得ないことでしょう。苦情が殺到するに違いありません。でも田舎の人はそんなことは言いません。多くの人が五時ごろにはもう起きて、田んぼを見回ったり、畑に出たりしているからです。

お金さえあれば、いつでも何でも買うことができる都会と、店はないが畑でとれた新鮮な野菜が食べられる田舎の暮らしのどちらが心豊かなのかと考え込んでしまいました。

私が夢に描いていることがあります。廃校になった小学校を図書館にした「橋本五郎文庫」はこの四月に五周年を迎え、小泉進次郎衆院議員が駆けつけてくれました。地元の人にとって大きな激励になったようです。その文庫の隣に空き家になった古民家を移築して、お年寄りの集まる場にしたいと思っているのです。民家は茅葺《かやぶ》き屋根で囲炉裏のある広い部屋があれば言うことはありません。

ここにお年寄りたちが漬けもの（秋田弁で「がっこ」）を持ち寄って、お茶を飲みながら話に興じるのです。漬けものにはそれぞれの家庭の味があります。それを味わいながら嫁の自慢話をするのもいいでしょう。文庫に来てくれた人に味わってもらうのもいいでしょう。

古民家の前にはできれば柿の木がほしいと思います。私は柿が大好きです。たわわに実った柿を見ていると心が豊かになります。「桃栗三年柿八年」といわれます。実がなるまで時間がかかります。私は今年で七十歳になるのでうかうかしてはいられません。どこかにいい古民家がないかといろんな人に声をかけています。

「地方創生」論がすっかり個人的な夢想になってしまいました。でも、高齢化は避けられません。であるならば、むしろ高齢化のマイナスイメージを逆手にとって、お年寄りが住みたい街にする「地方創生」論があってもいいと思うのです。

（二〇一六年七月八日）

「大統領の品位」いずこに

一国の大統領に失礼ではあるが、カール・マルクスの『共産党宣言』風に言うなら、こんなことになるだろうか。

「今、トランプという〝妖怪〟が世界を席巻している。ツイッターという飛び道具を駆使して」

大統領就任後も、ツイッター攻撃は激しくなるばかりだ。

▽一月二十八日。自身を批判的に報じているメディアに対して。「落ち目のニューヨーク・タイムズは私について初めからずっと間違ってきた。……偽ニュースだ！」

▽同三十日。イスラム圏七カ国からの入国制限を命じた大統領令を、事前に周知しなかったことについて。

「もし（入国）禁止を一週間前に公表したら、その間に『悪者』がこの国に押し寄せただろう。そこら中、悪い『ヤツら』だらけだ！」

▽二月一日。豪州への難民認定希望者を米国が受け入れることにしたオバマ政権時の米豪合意に

ついて。

「このバカげた取引を検証する！」
▽同四日。入国制限に関する大統領令を停止するよう命じた連邦地裁の判断について。
「判事とされるこの人物の意見はバカげているし、覆されるだろう！」
▽同日。連邦地裁判断に。
「悪者たちは大喜びだ！」

世界最強のリーダー、米大統領が真偽虚実を取り混ぜ、高射砲のように発している。主義主張はいろいろあるだろう。権力を持てる者がツイッターで一方的に攻撃することに強い疑念を覚えるのである。

「政治というのは最高の道徳である」。福田赳夫元首相は総理番の私たちにしばしばそう語った。政治と道徳は峻別《しゅんべつ》すべきだとは思うが、政治家にも厳しい道徳性が求められるということなのだろう。

「大統領の品位」はどこに行ったのだろうか。そして、私たちも毎日のように聞かされるとすっかり慣らされていることに怖ささえ感じてしまう。

◇

そんな折、中曽根康弘元首相著『自省録——歴史法廷の被告として』（新潮社）の文庫解説を依頼され、再読した。そこには全く違う光景があった。煩を厭《いと》わず、紹介してみよう。

「本来総理総裁の言動というものは、慎重にも慎重を要するものです。深い判断のもとに行動すべきもので、軽々に選挙という目先の利害だけで物事を動かしては大きな誤りを犯す結果にもなりかねないのです」

「総理大臣の一念は『一種の狂気だ』と常々私は言っています。……必死になってやれば、その気迫が物事を成就へと導いてくれるものです。

だからこそ同時に、首相たるもの『権力の魔性を自戒せよ』と自覚しなければならないのです。権力は決して至上ではありません。政治権力は、本来、文化に奉仕するものです」

「(朝早くから地元支持者の陳情を受けた田中角栄元首相を批判して)朝という時間は一日のうちで一番大切なときで、静かにものを考え、国策を練る厳粛なときである。だから総理たる者は、朝は自分のために取っておかなくてはならない」

◇

多言を要すまい。権力を有する者は深く思索をめぐらし、権力に不可避な悪魔的部分を常に意識しながら、その行使にあたっては謙虚であり続けなければならないということだろう。

もっとも、トランプ新大統領の過激発言にも一定の効用があることを認めないわけにはいかない。逆説的ではあるが、事の本質を考えるきっかけになり、「常識」や「良識」の大切さを再認識させてくれるからだ。マティス米国防長官の来日と防衛論議はその好例だろう。

在日駐留米軍の経費を全額負担せよというトランプ氏の主張に強い懸念を示していた日本政府は、

日本は「他国のお手本」というマティス長官の発言に、ホッと胸をなでおろした。トランプ氏がこれからどう出るかは予断を許さないが、長官発言が極めて穏当に思え、高く評価さえしてしまうのである。

その一方で、日本は自国の防衛にどれだけ真剣に取り組んできたのか。「日米同盟」の批判者も含めてアメリカ任せにすっかり慣れてしまってはいないのか。トランプ氏の過激な要求はそのことを考える機会を与えたとも言えるのである。

トランプ混乱はさらに続くことが予想される。大事なことは日本はどうあるべきなのか、世界の中で何をすべきかという軸をきっちり定めることだろう。

（二〇一七年二月十一日）

「象徴天皇制」とは何か

天皇陛下の退位問題が収斂《しゅうれん》しつつあります。退位を示唆する天皇陛下の「お気持ち」表明から七カ月余りたった三月十七日、衆参正副議長による議論のとりまとめが発表されました。これが大きな節目でした。

今の陛下に限って退位を認める皇室典範の特例法を制定するが、皇室典範と一体とすることで将来の天皇の退位の先例にもなり得る――という内容です。

一歩間違えば与野党の政争の火種になりかねませんでした。各党・会派の意見を聞きながらまとめた、大島衆院議長をはじめとする関係者の努力を多としたいと思います。

その背景には、退位に対する国民の圧倒的な支持がありました。読売新聞の世論調査でも、お気持ち表明は「良かった」が九三%に達し、退位賛成も一貫して九割を超えています。

被災地に足を運んで被災者を激励し、先の戦争の激戦地に慰霊の旅を続けられる天皇、皇后両陛下への敬愛の気持ち、そしてご高齢で誠実に務められていることへのいたわり、という素朴な国民感情もあるでしょう。

一方で考えるべきこともあります。東大名誉教授高橋和之さんの「天皇の『お気持ち』表明に思う」(『世界』二〇一六年十二月号)は、象徴天皇制のあり方と「象徴としての行為」の問題点を憲法学的に分析した、啓発されることの多い論文です。

◇

——天皇が理解した「象徴としての行為」とは、国民と接触し、国民の気持ちに寄り添い、国民と情感を通わせることだった。国民との絆を形成・維持・強化することを通じて「国民統合」を行うことに自己の役割を見いだしたのだ。

しかし、それは憲法が想定している象徴天皇制のあり方なのか。憲法上「象徴としての行為」などというものは存在しないし、かりに認めるとしても、それは「公務」ではありえない。だから行わなかったからといって退位すべき理由にはならない。

ここには大事な論点があるように思います。退位問題に一応の決着がついたとしても、「象徴天皇制はいかにあるべきか」は引き続き私たちに課せられた大事な課題だからです。

もう一つ、どうしても拭いきれぬ懸念があります。何をもって退位を認めるかです。年齢で決めれば、天皇に定年制を設けることになってしまいます。許されることではないでしょう。

では病気で決めるのか。そうなると医師が判断することになります。診断書が条件というのはどう考えても退位問題にふさわしくありません。順々に考えていくと、残るのは「天皇の意思」ということになります。

現に民進党は退位の要件として、皇室会議の議決などとともに「天皇の意思」を挙げています。しかし、『昭和天皇』『皇后考』などの著書のある放送大学教授原武史さんが『朝日新聞』三月十八日付のインタビューでこう問題点を指摘しています。

「私が知る限り、戦後、天皇が意思を公に表し、それを受けて法律が作られたり改正されたりしたことはありません」

「明治憲法によって『大権』を持っていた明治天皇や大正天皇、戦前の昭和天皇の時も、こんなことはありませんでした」

「本来は天皇を規定するはずの法が、天皇の意思で作られたり変わったりしたら、法の上に天皇が立つことになってしまう」

◇

恐れるのは退位が可能となれば、政治的な争いになりかねないことです。伊藤博文が最も懸念したことです。伊藤の『皇室典範義解』には「南北朝の乱亦《また》此に源因せり」とあります。

政府の有識者会議では「継承順位も定められており、退位に政治的操作が入り込む恐れは少ない」という意見もありました。そうだろうか。順位は決まっていても、退位を早めようという力が働かないと言えるのか。メディアを巻き込んだ政治の渦に入り込まないか。

昨年末の本コラムで、天皇制が千数百年の歴史を維持しえたのは「政治の外」にあったからだと書きました。歴史学者津田左右吉は『日本の皇室』（一九五二年）で書いています。

「皇室が一系の皇室として永続してゐるのは、昔から政局に当たられず権力を用ゐられなかったところに、その一つの理由があつたと解せられる。政局に当たられないから失政が無く、権力を用ゐられないから反感が生じないのである」

何よりも皇室の安定した永続を心から願うがゆえに、懸念材料はなくしたいのです。


（二〇一七年四月八日）

津田左右吉（1873-1961）

「自衛隊」正面から議論を

戦後日本の憲法学をリードした東大教授宮沢俊義は一九五二年、法律雑誌『ジュリスト』五号（有斐閣）に「ぬき足さし足再軍備」と題した巻頭言を寄せた。当時警察予備隊を改組し、自衛隊の前身である保安隊を設置することが議論されていた。その要点を紹介してみよう。

――保安隊と聞いてひたすらゆううつになったり、また真赤になってヒフンコオガイしたりする人だけが「平和の騎士」であり、それ以外の人間はみなこれ「戦争の挑発者」だと断定する向きもあるようだが、それはらんぼうきわまる。

ただ、日本の憲法は「陸海空軍その他の戦力」をもつことを禁じているのだから、戦力をもつためには、まず憲法を改正しなくてはならないということだけは、忘れてくれては困る。

アメリカ軍が「駐留」しなくなる場合にそなえて、軍隊を置きたい。その卵としての保安隊を今すぐに設けたい。そして、そのためには、憲法第九条を改正したい。……政府は真正面からこういって国会と国民とに訴えるべきである。政府の考えがいいかどうか。それは国会と国民とが判断してくれるだろう。

憲法改正は、国民にそれについての意志を直接に表示する機会を初めて与える意味でも、歓迎されるかもしれない。再軍備も感心しないが、憲法をもぐる「ぬき足さし足再軍備」はなおいけない。

◇

日本国憲法が施行されて今年で七〇年。安倍首相が二〇二〇年の憲法改正をめざし、自衛隊を明記する考えを示した。思わず浮かんだのが、六五年前の宮沢のエッセーである。

憲法論議のあり方について私はずっと不満に思ってきた。護憲派はもちろん、安倍首相を含めた改憲派も、改正問題の最も核心にある憲法九条に真っ向から触れることを避けてきたと思われるからだ。世論の反発を考えてのことだろうが、「九条隠し」に思われてならない。

しかし、憲法学者の六割以上が自衛隊違憲論を唱え、国民の八〜九割が自衛隊の存在を認めているということは、民主主義国としてどう考えても不健全である。誰の目にも明らかな不健全は清算されるべきだろう。

昨年六月、参院選を前に日本記者クラブで党首討論会が開かれた。私は志位共産党委員長に「共産党は自衛隊違憲論です。違憲とはこの世に存在してはいけないということです。ならば自衛隊が災害の救援に向かう時この世に存在してはいけないのだから行ってはいけませんと、なぜ止めないのですか」と聞いた。志位氏はこう答えた。

「憲法違反の自衛隊が存在するというのは一つの矛盾です。しかし、これはすぐに解消できる矛盾ではありません。国民の圧倒的多数が自衛隊がなくても安心だという合意が成熟したところで初めて踏み出せるのです。それまで自衛隊を活用するのは当然です」

共産党も現実的になったと歓迎しつつも、この矛盾を解決する道は二つに一つしかないだろう。自衛隊をなくすか、憲法を改正するかである。そうでないと、憲法学者の言うことは非現実的であると思われ、結局は九条の信頼性も損ねることになってしまうからだ。

与党内で安保法制の取りまとめにあたった自民党副総裁高村正彦氏と国際政治学者三浦瑠麗さんの対談『国家の矛盾』(新潮新書)が出版された。高村氏について三浦さんは「政権与党の中で、最も本質的な意味で立憲主義と平和を重んじる政治家の世界観が率直に語られている」と評している。

確かに高村氏には「抑制されたリアリズム」とも呼ぶべき良識ある保守の論理が貫かれている。ただ、その高村氏であっても、憲法九条について「現実離れした条項を憲法が持っているがゆえに、みんなが不幸なんですよ」と思いつつ、自衛隊の存在を明記するのは残念ながら機が熟していないと考える。それは、自民党政権や自公政権が現行憲法で平和を維持してきたのだから、無理に変えようとするとかえって危ないと思っているからだという。

自衛隊を憲法上正当に位置づけるべきだと思う人の中にも、改正に費やされるコストを考えると躊躇《ちゅうちょ》するという人もいるだろう。しかし、国防軍創設をはじめ、解釈によるのではなく、その都度憲法を改正してきたドイツの例を見るまでもあるまい。憲法と現実の矛盾を放置しておくことは「責任ある政治」とは到底言えないと思うのである。

(二〇一七年五月十三日)

「越後屋政治」に決別を

時の勢いとはすさまじいものです。東京都議選では、小池百合子知事のプラスの勢いと安倍政権のマイナスの相乗効果で、自民党は地滑り的な敗北を喫しました。『一強』自滅選挙」と言っていいと思います。

背景にある安倍政権の驕《おご》りや弛《たる》みについてはさまざまに論じられています。小池さんの国政への進出も取り沙汰されています。ここではあえて小池さんの高い支持率とその陥穽《かんせい》について考えてみたいと思います。

小池人気の最も大きな源泉は政治手法にあって、それを一言で表現すれば、「越後屋政治」というのが私の見方です。勧善懲悪の時代劇を見ていると、欠くべからざるキャラクターとして悪代官が登場します。その側《そば》には悪い商人がいます。

世の越後屋さんには甚だ申し訳ないことですが、商人はどういうわけか「越後屋」という屋号です。二人は料理屋の薄暗い二階で密談しています。悪代官はニヤリとしながら言います。

「越後屋、お主も悪よのう」

小池さんは「越後屋」をつくるのが実にうまいのです。自分に反対する人を「越後屋」に仕立てて攻撃します。事細かに語る必要などありません。「越後屋」と戦っている姿を観客（有権者）に見せるだけで拍手喝采してくれます。

◇

ここからは私の推測ですが、限りなく確信に近いものです。小池さんによって「越後屋第一号」にされたのは、「都議会のドン」と呼ばれた自民党の内田茂前都連幹事長です。内田氏の何が問題なのか、詳しく証明しなくとも大丈夫です。何だか後ろ暗いところがありそうだと思わせるだけで十分です。

「越後屋」作戦は見事功を奏しました。内田氏は引退せざるを得なくなりました。そうなるともはや「越後屋」として利用できなくなります。「越後屋」にも賞味期限があるのです。

そこで「越後屋第二号」が必要になります。それが東京五輪・パラリンピック大会組織委員会会長の森喜朗元首相でした。競技会場をめぐって、マスコミは「小池vs森」で報じてくれます。既成権力の代表に対抗している小池さんという図式で応援するのです。

しかし、第二号も競技会場問題が落着すると賞味期限が切れます。第三号として石原慎太郎元都知事が登場します。小池さんを「厚化粧の女」と攻撃するなど、石原さんは格好の「越後屋」になりました。しかし豊洲市場問題での都議会百条委員会が終わると使えなくなります。

第四号は下村博文自民党都連会長と思われました。しかし、「越後屋」にはカリスマ性と知名度が必要です。その点では今一つ「越後屋」にはできなかったようです。

長々と「越後屋政治」について書いてきましたが、それは小池人気を解く一つの鍵にすぎません。考えるべきは、小池さんには女性の支持者が多いということです。読売新聞の世論調査でも、女性の小池支持は男性より十数ポイント高いのです。

◇

私の経験で言えば、女性政治家は女性に好かれない傾向があります。しかし小池さんは違います。家庭の主婦にも高い支持を得ています。なぜなのか。それは「男社会のうさんくささ」への反発ではないか、というのが私の仮説です。

どうも男たちのやっていることはわからない。スッキリしない。何か後ろ暗いところがあるのではないか。その暗部を小池さんは剔抉《てっけつ》し、鉄槌《てっつい》を下している。そんな思いがあるのではないかと思われてなりません。

しかし、「越後屋政治」はいつまでも続きません。敵をつくって戦うだけでは問題は解決しないからです。「築地は守る、豊洲を活《い》かす」というキャッチフレーズだけでは現実は進みません。これからは都民、国民の目も一段と厳しくなることを覚悟しなければなりません。

ドイツの鉄血宰相ビスマルクが言うように「政治とは可能性の技術（芸術）」なのです。ぎりぎりの可能性を求め、周到に準備し、果断に決断して地道に実行に移すことが不可欠です。

小池的政治手法のもう一つの特徴は「ブレーン政治」です。私的なチームで重要事項を決めて改革しようというものです。しかし東京都には一六万人以上の職員がいます。巨大ブレーンを活用しない手はありません。

どうか、一六万人を信服させることに意を注いでほしいと思います。都議選で大勝した今こそ落ち着いた着実な政治をされるよう心から期待します。

（二〇一七年七月八日）

支えてこそ支えられる

「平民宰相」と呼ばれた原敬はとかく自説に固執して論争を辞さなかった。圭角《けいかく》があって調和性に欠けていた。しかし、政友会総裁になってからは別人のように温顔に微笑を湛《たた》え、他の人の言葉に寛大に耳を傾ける包容力を示すようになった。こんな逸話が残っている。

ある夜、後輩の政治家が原を私邸に訪ねた。時局問題で激論となり、訪問客は憤然として飛び出した。ところが、門を出ようとしたその時、原が背後から呼び止めた。「気をつけて帰り給《たま》え。門を出ると途中に大きな穴があるから、落ちないように用心し給え」

直前までの激論を忘れたような温情の籠もった注意だった。確かに暗闇には道路工事でできた大きな穴があった。後輩政治家は原のこの言葉に感動し、爾来《じらい》原に心服するようになった。

原はどんなに後輩を叱ったあとでも、必ず玄関まで送った。そして冬の寒い日などには「風邪を引くなよ」と優しい言葉をかけるのを忘れなかった。

元東大教授岡義武さんが『近代日本の政治家』（岩波書店）で紹介している。リーダーのあるべき姿を考える時、決まってこのエピソードを思い起こす。ごくささやかと思われる所作の中に、時代を超えて大切なものを見るのである。

◇

民進党の代表選挙が九月一日に行われる。政権を失って以来民主・民進党の凋落《ちょうらく》は目を覆うものがある。そもそも、なぜわずか三年三カ月で政権の座から滑り落ち、回復出来ないのか。私には「二つの罪」がとりわけ大きいように思われる。

第一の罪は、政治を安易に考えたことだろう。その典型が、普天間に代わる基地は「海外、最低でも県外」という鳩山元首相の発言である。そのために必死の努力をしたなら理解できる。しかし、その痕跡はあまり見られなかった。言葉に出せば実現できるという錯覚があったとしか思えないのである。

第二の罪は、自分たちで選んだ代表を支えようという意識が希薄なことである。今回の蓮舫代表辞任の直接的な理由は、辞意を表明した野田佳彦幹事長の後任人事に誰も協力せず、進退窮まったからだ。

蓮舫代表に対する好悪の感情はそれぞれあるかもしれない。しかし、昨年秋に六割近い圧倒的支持で代表に就任したのである。都議選に惨敗したからといって見捨てるというのは筋が通らないのではないのか。

◇

自分は反対でも選ばれた人には最大限協力する。どんな世界でもあたりまえのことではないのか。支えないから自分も支えてもらえない。その繰り返しがこの政党の歴史だったのではないかと思われてならない。

昭和電工最高顧問の大橋光夫さんが『私の履歴書』という冊子を出した。日本経済新聞に連載したものに英語と中国語の訳を付した珍しい書である。

社長として瀕死《ひんし》の昭和電工を蘇《よみがえ》らせた大橋さんは、「ライオン宰相」浜口雄幸を母方の祖父に、法務総裁（法相）や運輸相を務めた大橋武夫を父に持つ。秀才の家系にあって若い時は劣等感に悩まされたという。

しかし、劣等感の塊だったからこそ若い人や弱者の声に耳を傾ける習慣がついたのではないか。私の頼りなさが社員の団結を強める一助になったのではないか。そう思いながら、塩野七生さんの『ローマ人の物語』の第二巻『ハンニバル戦記』（新潮社）の一節を引用している。

「優れたリーダーとは、優秀な才能によって人々を率いていくだけの人間ではない。率いられていく人々に、自分たちがいなくては、と思わせることに成功した人でもある」

塩野さんによると、カルタゴ稀代《きだい》の名将ハンニバルが第二次ポエニ戦役でイタリアに侵攻、以来一六年もの間、三万の軍勢の誰一人としてハンニバルを見放しはしなかった。兵士たちは追い詰められても孤高を崩さないハンニバルに従い続けた。

彼の厳しい態度への畏怖の念もあっただろうが、天才的な才能を持ちながら困難を乗りきれない

ハンニバル（前 247- 前 183/182）

でいる男に対しての、優しい感情にもよったのではないだろうか。持続する人間関係は必ず相互関係である。一方的関係では持続は望めない。そう塩野さんは書いている。

民進党の「病弊」を指摘するのにローマ帝国時代を持ち出すのはいかがかとも思ったが、互いに支えるような政党にならない限り、民進党はまた同じ道を歩むのではないかという懸念が去らないのである。

（二〇一七年八月十二日）

政治家の原点を考える

衆院選挙が公示され、選挙戦が真っ盛りです。今回の選挙はどの政党に政権を委ねるかという「政権選択選挙」です。さらに言えば「安倍政権是か非か」の選挙です。と同時に候補者が政治家としてふさわしいのか、その真贋《しんがん》を見極める大事な機会でもあります。

というのも、政治家をめぐる低次元のスキャンダルが相次いでいます。一体何のために政治家になろうとしたのか。政治家の資質、品位が厳しく問われているからです。

『大平正芳回想録　資料編』には、大平元首相（一九一〇～八〇年）が衆院選に立候補した一二回の「選挙公報」の全文が載っています。哲学的雰囲気を漂わせていた人の公報は味わい深いものがあります。

津島寿一、池田勇人両蔵相の秘書官を務めた大平さんは一九五二年、四十二歳で大蔵省を退官し衆院選に出馬します。当選を重ね、三回目に立候補した五五年二月の公報にはこうあります。

「政治家と雖《いえど》も人間であり、選挙と雖も人間の営みの一つにすぎない。私は、人間としての格律を守りながら、ありのままの姿と心構えで、無理や虚飾を排しつつ政治に処し選挙に臨みたい。当選の暁には、私に与えられる公私の仕事を、自分の健康と時間と能力の及ぶ限り、誠実に消化して行きたい」

◇

一九五八年五月、大平さんは四回目の立候補をします。選挙公報で三項目の「信条」を明らかにします。

一、節操を重んじ、出処進退を公明にする。
二、自ら名利を求めず、請託を受けず、借財をしない。
三、広く教養を身につけるよう工夫し、財政を中心として諸政策の研究と具現に努力する。

その後の選挙公報でも一貫して強調しているのは、自らを厳しく律し、謙虚に研鑽《けんさん》を積んでいこうとする姿勢です。

「今日の政治不信につき、私は他を責めたり、それを組織や制度や環境のせいにしたりしないで、まず私自身の政治家としての『責任の自覚』と『折り目正しい行動』によって、いささかなりとも、その解消に努力する」（六七年一月）

「時代に即した進歩的な政策を工夫立案し、それを実行に移すためには、権力に安住しない小我に妥協しない謙虚な『探究心』と大いなる『勇断』を必要といたします。私は一層厳しく自分を戒め、英知と勇気を養ってまいる所存です」（六九年十二月）

選挙の公約は、きれい事に終始するのが普通です。できるだけ自分を良く見せようとするからです。その一方で、その人らしい「人間性」や政治家としての「初心」のようなものがほの見えてくることもあります。

◇

政治家はどうあるべきかを考える時、小渕恵三内閣で官房長官を務めた野中広務さん（91）の『私は闘う』（文春文庫）は熟読に値します。京都府園部町（現・南丹市）の町議、町長、京都府議、京都府副知事をへて衆院議員になった野中さんは、実感するのです。

――若い人で政治家になりたいという人がいたら、私は地方議員からやってこいと言う。いくら

大平正芳（1910-80）
（提供・読売新聞社）

選挙基盤を田舎の農村地帯に置いていても、東京で生まれたり、東京でほとんど学生生活を送ったりした人というのは、地方の本当の痛みとか苦しみを肌で感じることはない。

地方政治家というのは、その地方の本当の痛みや苦しさを知っている。その体験の中から国会活動をし、政策を考える。人々と共に住み、苦しみや喜びをわかちあいながら考えていく。それが一番大切ではないか。

野中さんは一日八〇本は吸うヘビースモーカーでした。でも、京都府副知事時代、ピタッとやめました。町議の時から応援してくれた樋口浩さんが脳溢血《いっけつ》で倒れたからです。願をかけようと思ったのです。

しかし、親友は意識が戻らないまま三年半後に逝ってしまいました。願いは届けられませんでした。それなら吸おうとして思いとどまりました。樋口君は煙草《たばこ》をやめるきっかけをつくってくれた。たとえ彼が居なくなっても、自分が煙草をやめていることが彼の足跡のひとつとして残るのではないか。それならそれでいい。そう思って禁煙を続けているというのです。

政治家が失ってはいけない原点とは何だろうか。こういう国にしたいという溢《あふ》れるばかりの情熱をもって主張すべきを断固主張する。そしてその底には心から人を思いやる気持ちがなければならないと思うのです。

（二〇一七年十月十四日）

「老少不定」使命の大切さ

この正月、家族で沖縄に行きました。沖縄を訪れるたびに足を運ぶのは、二〇〇〇年七月の九州・沖縄サミットの会場となった名護市の万国津梁館《しんりょうかん》です。すぐそばに小渕恵三元首相の銅像があるからです。

小渕さんは首相在任中、サミット会場を沖縄に決めました。台風も懸念され、反対論もありましたが、あえて沖縄にしました。在日米軍基地の七〇％以上が沖縄に集中している現実を世界に発信したかったからです。しかし、小渕さんは開幕を待たずに帰らぬ人になりました。

新しい二千円札は小渕さんの発案によるものです。表に印刷されているのは首里城守礼門です。それだけ沖縄に対する強い思いがあったのです。銅像の台座には小渕さんの筆による言葉が刻まれています。

宿命に生まれ
運命に挑み
使命に燃える

小渕恵三氏の碑文
（名護市・万国津梁館）

台座の前にたたずむたびに、いかに生きるべきなのか、リーダーはどうあるべきなのかを考えてしまいます。

「老少不定《ふじょう》」という言葉があります。中村元さんの『佛教語大辞典』（東京書籍）によると、老人が先に死に若い者があとに残ると決まったものではない。人間の死期が定まりなく無常であることとあります。

そうであればこそ、宿命から逃げることなく、熱き使命感を持って、自らの運命を切り開いていくことの大切さをかみしめざるを得ないのです。

◇

『ながい坂』の著者山本周五郎に「晩秋」という短編があります。『町奉行日記』（新潮文庫）に収録されています。そこには峻厳《しゅんげん》なるリーダーの姿が描かれています。

十八歳の都留は江戸から国元に送られてきた進藤主計《かずえ》の世話を命じられます。主計は岡崎藩の用人として二〇年近く藩政の実権を握り、冷酷な人間との定評がありました。都留が十三歳の時、父は主計の重税政策に反対、城中で主計を刺そうとして失敗し切腹を命じられました。

娘の都留は父の遺志を継いで主計を討つべく、亡き母から渡された懐剣をしのばせて機会をうかがいます。しかし、主計はいささかも隙を見せません。朝まだ暗いうちから深夜二時頃まで、おびただしい書類を脇に置いて書き物をしているのです。

主計が食べるのは黒い麦飯で卵や魚鳥の肉を出しても決して箸をつけません。食べ付けないからだと言うのです。何度となく洗った粗末な着物をまとい、袖口の綻びも不器用な手つきで自分で縫っています。

都留に疑問が湧きます。これが専断、暴戻《ぼうれい》で怨嗟《えんさ》の的になった人なのか。そして吟味の下調べに来る家臣と主計の会話に耳をそばだてます。何と主計は己の長年の秕政《ひせい》を暴くための調書を作っていたのです。

自殺行為だと反対する家臣に主計は言います。何よりも岡崎藩の基礎を築くのが先と考え家中の者にも諸民にも過酷な政治をした。しかし、いまや基礎は確立した。苛斂誅求《かれんちょうきゅう》は政治の最悪のものだ。これだけでも進藤主計の罪は死に当たる。ただ残念なことは、そのために心を打ち明けたかった者たちを犠牲にしてしまったことだ。

都留はこれで父は成仏すると思いました。翌朝、都留に肩をもまれながら主計は打ち明けます。おまえが誰の娘なのか、懐剣を離さないこともよく知っていた。身の回りの世話を頼んだのもわしだ。できることなら責任を果たしたうえで討たれるつもりだったが、今朝は懐剣を持っていないようではないか。

都留は全身の震えを抑えられず、思うのでした。「この方の生涯には花も咲かず実も結ばなかった、そして静閑を楽しむべき余生さえ無い」

紹介が長くなってしまいました。読むたびにこみ上げてくるものがあります。進藤主計はフィクションの世界の人です。しかし、ここにも宿命を天命と思い、どんなに譏《そし》りを受けようとも己の信じる道を歩み、責任は取るというリーダーの「理念型」があります。

昨年三つに分裂した旧民進党の混迷は依然として続いています。右往左往しながら離合集散を繰り返そうとしています。政治家の劣化も深刻になっているように思います。

この状況をどう打開すべきなのか。月並みな言い方ではありますが、政治とは何か、政治家とはいかにあるべきかの原点を自らに問うことでしかあり得ないのではないかと思います。年頭にその思いを深くします。

（二〇一八年一月十三日）

「総理夫人」の心得とは

政治家の文章で今でも忘れがたいものがあります。一九七八年十二月に首相となった大平正芳が、その二カ月前、日本経済新聞に発表した「ぼくのマドンナ」です。『大平正芳全著作集』第五巻に収録されています。

「マドンナはだれかという設問を前にして、私は私の妻の中に、いくつかの女性のもつ美徳というものを感じる。それは貧しいものではあるが、私にとってはかけがえのない貴いものである」

まず妻に私と子供に対する真剣な献身を感ずる。妻は私の健康のことを昼夜をわかたず心配してくれる。肉体的な健康にだれよりも敏感であるが、より以上に私の精神的な健康に敏感である。子供を産むことは女にとって最も手ごたえのある生きがいであり、最も誇り高き役割の一つである。子供をもった女の姿こそは、マドンナの属性の中でも最高のものであろう。

親類、縁者、友人とのつき合いの大部分は何と言っても妻の仕事である。短い人生で恵まれた機縁は、それがどんなに小さいものであっても大切にしなければならない。妻の役割は、この諸々《もろもろ》の機縁の結び目を大切に保守し、絶えず水をやり、施肥することである。

妻はこのことを面倒がらず、社会的地位の高低や貧富の差などにより態度を変えることなくやってくれている。渇いた世の中に潤いを、騒々しい世の中に平穏を、とげとげしい世の中に和らぎをもたらすのが、天が女に期待している大切な役割のように思われてならない。

特に感ずるのは、妻は私より道義的潔癖さが強いということである。物事の道義的鮮度に私より敏感である。妻は平凡な女性であるが、そうした美徳は、われわれの求めるマドンナの素材の一つにはなるはずである。

「マドンナは特定の女性の姿をとって現れるというよりは、平凡な女性の中に、その広大無辺の徳の一部が平凡な姿で生きているといえないだろうか」

紹介が長くなりましたが、一語一語が味わい深いのです。

◇

一九五五年十一月、吉田自由党と鳩山民主党による保守合同が実現、自由民主党が誕生しました。この時、佐藤栄作は吉田茂に殉じ新党に加わりませんでした。「たった一人の反乱」とも呼ばれています。一〇〇人もの吉田シンパの国会議員が入れ代わり立ち代わり佐藤邸に押しかけ、入党するよう説得しましたが、首を縦に振りません。

このため佐藤は一年二カ月、無所属の悲哀を味わいますが、暇を見つけては神奈川県大磯の吉田邸に通い、帝王学を学びます。佐藤に対しては、「よくぞ筋を通した」と多くの励ましとカンパがあったといいます。

数枚の百円札、シワだらけの千円札一枚、たくさんの郵便切手……。寛子夫人は灰を取って空にした大きな火鉢に入れて大切に保存しました。「不遇時代に世間さまから受けた真心」に手を合わせたと、『佐藤寛子の「宰相夫人秘録」』（朝日新聞社）に書いてあります。

六九年秋の首相訪米の際、夫人はひざ上三センチのミニスカートで飛行機のタラップに立ちました。手を上げるとひざ上五センチに見え、「いい年をしてミニスカートなんかはいて」と批判が多かったといいます。

この時夫人は六十二歳。当時アメリカではミニスカートがはやっていました。とても勇気のいることでしたが、「沖縄返還のため少しでもアメリカの印象をよくすることができるなら」と思い、

佐藤栄作（1901-75）

お国のためにがんばったというのです。総理夫人の一つの姿がここにはあります。

◇

私にもささやかな思い出があります。政治記者のスタートは三木武夫首相番でした。首相が外遊から帰ると、東京・渋谷の南平台の三木邸で待ち構えて外遊話を聞きます。その時決まって出たのが赤飯です。

三木さんは箸の使い方が不器用なうえ話すのに夢中で、赤飯はほとんど口に入らず、じゅうたんに落ちます。そうすると睦子夫人は大きな体を小さくして丹念に拾うのです。これも「内助の功」なのかと思いました。

「森友問題」はいっこうに収束する様子がありません。野党は安倍昭恵夫人の証人喚問を要求しています。安倍首相や昭恵夫人が直接働きかけたという明白な証拠はありません。

でも、夫人の言動にスキがあり、内閣を揺るがしていることはまぎれもない事実です。それが国益に直結しています。総理夫人はいかにあるべきか、考えさせずにはおかないのです。

（二〇一八年四月十四日）

「正直さ」が問われている

国会審議がようやく再開されたが、安倍内閣は依然、森友・加計問題の呪縛から逃れられないでいる。ロッキード事件やリクルート事件など、自民党政権下では金にまつわる幾多のスキャンダルがあった。しかし、今回の「モリ・カケ」は質を異にしているように思われる。

政治家が疑惑に直接関わったという明確な証拠があるわけではない。莫大《ばくだい》な金が乱れ飛んだというわけでもない。にもかかわらず、なぜこれだけ国民の不信を呼び、内閣支持率の急落を招いているのか。

まず指摘できるのは、「えこひいき」があったのではないかと思われていることである。首相は(あるいは首相夫人は)自分の友達や、考えの近い人を優遇しているのではないかという疑いである。政治の世界では何よりも公平さが求められる。公平さや公正さを疑われることに人一倍敏感でなければならないのである。

第二は「嘘《うそ》をついているのではないか」と思われていることだ。さまざまな記録が残っているにもかかわらず会った記憶はないという。文書は廃棄したといいながら、見つかるとつじつま合わせの答弁をする。親友の悲願であるのに一度も獣医学部の話はしなかったという。認めたからといって問題とも思えないことまで隠していると疑われてしまっているのである。

そこに見られるのは、ちょっとしたことでも否定しようとする過剰なまでの防衛姿勢である。「安倍一強」ゆえの異常なまでの「忖度《そんたく》」の結果でもあるだろうが、もっとも問われているのは「正直さ」なのではないだろうか。

◇

「ダルマ宰相」で知られる高橋是清（一八五四〜一九三六年）。昭和の金融危機を沈静化させ、2・26事件で非業の死を遂げた高橋是清は、「正直」であることを何よりも大切な徳目だと説いた。最近出版された『随想録』（中公文庫）にはそれがよく表れている。

戦前の安田財閥の祖、安田善次郎の五周忌のあいさつで高橋是清は次のように述べている。自分が大蔵大臣在職中、大銀行家の貸し出しの仕方について実業家から苦情を聞いたが、「本当に資金を実業界に散布しておる者は安田だけ」という人もいた。どうしてか。それは安田翁は「正直を以《もっ》て成功の本としておられた」からだ。

「職業なり職務に成功する根元は何かと申せば、正直と云《い》う事であると申して誤りない。総《すべ》て人の言語動作は、その人の誠心誠意すなわち正直の発露であらねばならぬのです。ゆえに自分の従事しておる仕事が如何《いか》に卑近な事であっても、如何に簡単な事であっても、それに心の真を籠《こ》めて、忠実に取り扱わねばならぬのです」

浜口雄幸内閣で、井上準之助が大蔵大臣に就任することになった。報告のため神奈川県葉山の別荘を訪ねてきた井上に高橋是清はこう助言した。

「国家の前途を考えて自分の信念を貫くためには、君も万難を排して進むつもりであろうが、正しい真っすぐな道を歩く事を忘れてはならない」

正直に対応していれば、安倍内閣はここまで追い込まれなかったとも言えるのである。

◇

安倍内閣の支持率は、男女に大きな違いがある。女性の支持率は男性に比べて一〇ポイント以上

高橋是清（1854-1936）

も低い。どうしてなのだろうか。高校の同級生の女性たちに聞いてみた。理由のひとつは、国会答弁が誠実ではない、正直ではないというのである。

野党に激しく批判されてもいい。ぼこぼこに叩《たた》かれても構わない。一生懸命まともに答えようとしていれば意見は違っても評価するだろう。はぐらかして答弁していると思うから、支持しないのだ――。

日本共産党前議長の不破哲三さんは、『不破哲三　時代の証言』（中央公論新社）で、一九七〇年代の首相がいかに真摯《しんし》に答弁したかを紹介している。

国会で激しい論争が終わると首相は不破氏に近寄って、「今日はやられた」「あの質問はよかった」と言ったという。とりわけ佐藤栄作と田中角栄は、答弁ひとつにも「すべてを引き受ける」という気迫があったというのである。

「正直さ」は何も内閣にだけ求められるのではない。野党もそうである。国会議員の主戦場は国会であり、問われるのは質問の重さなのである。北朝鮮をめぐる国際情勢は歴史的転換期を迎えている。「モリ・カケ」一色では困るのである。

（二〇一八年五月十二日）

2　大震災の政治学

後藤新平の「成功と失敗」に学ぶ

危機管理の要諦とは何か。突き詰めて言えば、最悪の事態を避けるため、あらゆる人的・物的資源を動員し、国民の生命、財産を守り、人心の安定をもたらすことにあるだろう。

東日本大震災からまもなく一カ月。政治の対応はどうだったのか。厳しく問われなければならない。福島原発事故への初動の立ち遅れについてはつとに指摘されている。全体として問題なのが、菅政権の誤った「政治主導」である。

危機の時こそ、まずは現にある組織を最大限に動かさなければならない。しかし、官僚を排除するのが「政治主導」と勘違いし、後手後手に回った。それを補おうとしたのが、行き過ぎた「ポスト主義」である。

節電啓発担当の大臣、ボランティア担当の首相補佐官、原子力や危機管理、情報処理担当の内閣官房参与など矢継ぎ早に人事を発令した。組織を伴わなければ空回りするだけであり、司令塔が明確でなければ、ただ混乱するだけになる。

誤った「パフォーマンス」による逆効果も見られた。発生から三週間、菅首相や枝野官房長官らほとんどの閣僚は防災服に身を包んだ。諸外国からは「被災者たちとの連帯感を示す日本的な姿」との論評もあったが、「東京が危ない」と見られた。

アメリカ・ホワイトハウスに当てはめるとよくわかる。大統領以下閣僚が連日連夜、防災服や戦闘服に身を固めたら、世界はどう見るだろう。早い段階で人心を鎮めることにも思いを致すべきだった。菅内閣の対応をあげつらうのが目的ではない。一カ月を機に体制の立て直しをしてほしいのである。

◇

大震災から三週間経《た》った被災地を田老から山田、大槌、宮古、釜石、大船渡、陸前高田、気仙沼を車で回った。さかしらな言葉を許さぬ「現実」があった。一面「瓦礫《がれき》の平原」と化し、形あるものがことごとく破壊されている。

ジェット機で宮城、岩手と北上した。入り江に面している集落は例外なく、奥深くまで襲われている。それでいて島は残り、大震災前のたたずまいを見せている。自然は残り、人工のものが壊滅しているのである。

不明の肉親を捜し、避難所の伝言板に目を凝らしている人たち、懸命に瓦礫の撤去作業をしている自衛隊員の姿を目の当たりに、復興までの長い道のりを思わずにいられなかった。

今なお一万四九〇〇人の行方がわからず、一五万四二〇〇人もの人々が厳しい避難所生活を強いられていることを考えると復興論議には抵抗もあるだろう。しかし、一日も早く復興への足がかりをつくるのが政治の責任である。そして復興には後藤新平という「歴史の鑑《かがみ》」がある。

◇

一〇万人の命を奪った一九二三年九月一日の関東大震災は、加藤友三郎首相が亡くなり、山本権兵衛内閣が発足する前の政治の空白の中で起きた。組閣方法をめぐって山本首相と激しく対立していた後藤新平だったが、「事ここにいたっては、もはやすべての行きがかりを抛擲《ほうてき》して入閣するほかはない」として翌二日、内相として入閣した。

「完全なる新式都市を造る絶好の機会」として、親任式を終えて帰邸するやその夜のうちに「帝都復興根本策」をまとめた。六日には「帝都復興ノ議」として留保つきではあったが、閣議決定した。

三〇億とも四〇億円とも言われた復興案は財源論なき大風呂敷の理想論として、最終的には七億円余に規模縮小を余儀なくされたが、この復興案によって今日の東京の骨格は造られた。昭和通りや靖国通りなどの近代的幹線道路、日本初の臨川公園である隅田公園、一一七の小学校の鉄筋・不燃化……。数え上げれば切りがない。

隅田川に架かる五大橋は、まず画家に橋の絵を描かせて陳列、文学者や思想家、建築家に批評を求め設計させたという。「世界的に見てもこれだけ画然と災害からの復興を果たした例はない」（青山佾《やすし》元東京都副知事）と言われる所以《ゆえん》である。

◇

後藤の帝都復興は「政治的には失敗したが技術的には成功したところはあったという点で功罪半ば」（御厨貴東大教授）といわれる。後藤のどこに失敗の原因があったのか。鶴見祐輔著『正伝 後藤新平』（藤原書店）を読んでいるとよくわかる。青山氏の言う「プレゼンテーション能力」の欠如である。

時の蔵相井上準之助によると、後藤はすぐ「フランクフルトでは……」などと外国の例を挙げ、論理が飛躍する性癖があった。そのため、国民の理解を得ることが十分出来ず、執拗《しつよう》なまでの政友会の反対論を超えられなかった。

帝都復興と異なり、東日本大震災は極めて広範囲である。しかも原発事故が重なり、漁業や農業など一次産業が壊滅的な打撃を受けている。一概に重ね合わせて考えることには慎重でなければならない。

しかし、これを機に新しい東日本を造り上げていくという大きなビジョンを持ち、政争を超えて、新たな「復興税」の創設も含めて勇気を持って国民の理解を求めていくという点で、後藤新平の成功と失敗から学ぶことはあまりに多いだろう。

（二〇一一年四月九日）

初心忘れた原子力――仙台で国会開くべし

「ものをつくり、ものを用ゐるのはすべて人間なのである。原子力時代と呼ばれるやうな時代に生きて、原子力を用ゐる能力が、これに平行してゐるかどうかは、今日のところ、どうも疑問である」

一九五三年末、アイゼンハワー米大統領が国連で原子力の平和利用推進について演説、敗戦で原子力の研究を禁じられていた日本はようやく解禁となった。その前年の十二月、哲学者の田中美知太郎は「哲学の役割――原子力時代に思ふ」を書いた。

科学技術の発達でものをつくる能力は、恐ろしいほどまでに進んでいる。しかし、それを私たち自身のために用いることにおいては、昔の人と比べ少しも利口になっていない。

ものをつくる能力と、用いる能力とが大きく分裂すれば、人類を破滅の危険に追いやるかもしれない。その現代にあって、両者を結びつける仕事が何よりも必要なのだ、と警鐘を鳴らしたのだった。

福島原発事故への一連の対応をみて、哲学者の洞察の深さに脱帽せざるを得ない。大震災から三カ月。福島原発事故による避難者は一二万八〇〇〇人に上っている。企業の従業員で休業を余儀なくされた人たちは五万五〇〇〇人に及ぶという。農業、漁業はじめ被害は甚大である。最も先端的な技術であったはずの原発は、あたかもリヴァイアサン（巨大な怪獣）のように人間に対峙《たいじ》し、制御不能になっている。どうしてこんなことになってしまったのか。

◇

「三代目の危うさ」。原子力開発の草創期を知る元日本学術会議議長の伏見康治さんは、一二年前の茨城県東海村の「臨界事故」の際、こう問題点を指摘したことがある。

一九五六年、原子力委員会が設置され、日本の原子力開発はようやく船出した。そして五七年八月二十七日、東海村の日本原子力研究所の実験用一号原子炉が初の臨界に成功、「原子の火」が初めて点《とも》った。

この時の「一代目」の研究者や技術者たちには、初めて扱う技術に対する畏れと緊張感があった。三度の飯より研究が好きという情熱を持ちながら、被爆国において原子力を扱うことの困難さを、安全への誓いによって乗り越えてみせるという真摯《しんし》さがあった。

ところが、時代は推移し、技術者の現場での寿命を二〇年とすると、今や日本の原子力開発を担っているのは「三代目」だ。「暴れ馬」の正体を、頭では理解しているつもりでも、肌ではわかっている人間は極めて少なくなってきている。原子力の現場で、初心を忘れがちだったことが事故の背景にある。

こうした伏見さんの懸念は、今回の福島原発の事故で、極限の形で現実化してしまったと言えるのかもしれない。

◇

「緊張感のない危うさ」という点では、政界も同様である。被災者の切迫さと永田町で繰り広げられている「政治ゲーム」との間には、埋めようのない大きな溝がある。

私は「東日本大震災復興構想会議」の一員として、本格的な復興のための第二次補正予算を審議するための国会を仙台で開くべきだと、ことあるごとに主張している。

国会（議会）を東京以外で開いたことは、一二一年の議会史の中でわずか一度しかない。日清戦争の際に広島で開かれた第七回帝国議会である。

一八九四年、八月一日、日清両国は宣戦布告、九月十三日には大本営が広島に移された。これに伴い明治天皇は、十月十五日から一週間、広島で国会を開くよう詔勅を発したのである。

◇

たった一度、それも戦争という非常時に開いただけの地方での国会（議会）を、今回仙台で開く意味はどこにあるのか。

第一は、国権の最高機関が被災現場の近くで復興論議することは、災害にうちひしがれている被災者への激励のメッセージになるだろう。と同時に、政争に明け暮れることへのブレーキにもなる。

第二は、首都圏の節電対策としても効果があるだろう。この夏は電力の不足が心配される。国会が一定期間移動すれば、少なくとも国会議員や議員秘書、各省庁の担当者、マスコミ関係者も移動するので節電効果は少なからずあるに違いない。

第三は、観光対策上も期待できる。大震災で観光客が激減した東北は、これから夏祭りの本番を迎える。国会が開かれているとなれば、観光客の呼び水になることは請け合いだ。

第四は、首都機能の分散・移転を考える機会になる。首都の移転は現実的ではないが、都心で災害が起きた時のことを考えれば、機能ごとの地方移転は今から考えておく必要がある。

復興構想会議のメンバーはこの提案に概して好意的であり、政党関係者も個別に聞くと極めて肯定的な声が返ってくる。

もっとも難色を示しているのは首相官邸である。官邸には非常時のための施設がある。とても移動できない。非常時の対応ができないというのである。

しかし、今は何百年に一度という非常時である。並々ならぬ「覚悟」を政治にも示してほしいと痛切に思うのである。

（二〇一一年六月十一日）

復興提言への弁明——行蔵は我、毀誉は他人

明治二十五年（一八九二）一月、福澤諭吉は前年脱稿した「瘠我慢《やせ》の説」の写本を、勝海舟と榎本武揚に送った。いずれ公にするつもりだが、その前に間違いがあってはいけないし、立論の趣旨についても意見を求めようとしたのだった。その内容は激烈を極めた。

勝が戊辰戦争に抵抗せず、江戸城を明け渡したのは「殺人散財の禍を免れた」という点では功績は「奇にして大」といえども、勝敗を試みずして降参したのは敗北も死も厭《いと》わない三河武士の精神に背き、日本国民固有の瘠我慢という「立国の大本」を害するものである。

あまつさえ、勝や榎本がかつて敵だった明治新政府に仕え、「敵国の士人と並び立って、得々名利の地位に居る」のはどうしても理解に苦しむ。官爵や利禄を擲《なげう》って隠棲《いんせい》すべきである。そう迫ったのである。

二度にわたり回答を求められた勝海舟は、こう返書した。

「行蔵《こうぞう》は我に存す、毀誉《きよ》は他人の主張、我に与《あずか》らず我に関せずと存候。各人え御示御座候とも毛

頭異存無之《これなく》候」

出処進退（行蔵）は自分の責任で為《な》したこと、それをどう評価するかは人の自由である。勝にとっては、生命の危険に晒《さら》されながらも、幕府内の主戦論を抑え、江戸城を開城したことに何ら後悔の気持ちがなかったのだろう。

大震災に直面し、こう言い切ることができる振る舞いをしている政治家はいるだろうか。少なくとも眼前に展開されている日本の政治は、勝の「確信の政治」からはあまりに遠い。

◇

とはいうものの、「毀誉は他人の主張」と割り切ることも、なかなか難しいものである。

東日本大震災復興構想会議は六月二十五日、「復興への提言～悲惨のなかの希望」を首相に答申した。さまざまな論評がなされている。その作成に加わった一人として、どうしても首肯できないものがいくつかある。

復興財源について、最初から「増税ありき」の結論だったという批判もそのひとつだ。

提言では「国・地方の復興需要が高まる間の臨時増税措置として、基幹税を中心に多角的な検討をすみやかに行い、具体的な措置を講ずるべきである」と明記した。

◇

財源についてはさまざまな議論があったことは確かである。しかし、「増税ありき」でこの結論に至ったわけでは決してないことは明確にしておかなければならない。

復興財源を論ずるにあたって私たちはいくつかの原則を確認し、議論を進めた。

第一は、復興策を示すにあたって、財源論を避けて通ることはできない。財源抜きに論ずることは、責任ある態度とは言えない。

第二は、復興プランを実現するためには、一体いくらお金がかかるのか、次にそのための財源をどうするかという順序で考えなければならない。増税論が先にあるのではない。

第三は、その場合でも、歳出の見直しを徹底的に行ったうえでなければ、国民に理解を得ることは難しいだろう。

そして第四の原則は、復興のために増税が避けられないとしても、ひとつの税だけでまかなうのは無理である。さまざまな税を組み合わせた「合わせ技」でやるしかない。

提言批判にあまりムキになるべきではないのかもしれないが、誤った見方は正しておきたいのである。「東日本大震災復興構想会議」のホームページでは、提言の全文も八回までの会議の詳細な議事録も公開されている。よく読んでほしいと思うのである。

◇

弁明といえば、出版したばかりの私自身の著書『「二回半」読む』（藤原書店）についても注釈が必要のようだ。読売新聞で十数年にわたって書いてきた一八〇余りの書評を一冊にまとめたものである。

題名の「二回半」が一見奇異に感じておられる人が多いようだが、「二回半」は書評をするにあたって自らに課してきた原則である。

書評しようという本を、赤鉛筆を持ってまず通読する。次に赤線を引いたところを抜き書きし、感想もメモしながら、もう一度読む。A5判のメモ用紙で二十数枚になるのが普通である。最後はそのメモ用紙を読みながら書評を組み立てる。

著者が一番訴えたいのは何なのか。書き手のメッセージを正確に受け止めるのがすべての前提だと思うからである。

『「二回半」読む』のまえがきにも書いたが、書評には、自分の思いをしのばせる「楽しみ」と同時に、果たして正確に理解しているのだろうかという畏れ、「苦しみ」もある。

書評するにあたって、深く心に刻んでいる言葉がある。文芸評論家、小林秀雄の「様々なる意匠」（一九二九年）の一節である。

『自分の嗜好《しこう》に従って人を評するのは容易な事だ』と、人は言ふ。然《しか》し、尺度に従って人を評する事も等しく苦もない業である。常に生き生きとした嗜好を有し、常に溌剌《はつらつ》たる尺度を持つといふ事だけが容易ではないのである」

（二〇一一年七月九日）

記者に何ができるか

三月十一日を前に、多くの人が自問しているに違いない。「この一年、自分は何をしたのか。何ができたのか」

私自身で言えば、政府の東日本大震災復興構想会議の委員として、「復興への提言」の取りまとめの一員になった。何度か被災地の現場に行き、テレビでコメントし、いくつかの雑誌に書いた。

各種のシンポジウムにも参加し、関東大震災や阪神・淡路大震災との比較で政府の対応にいかに問題があるかも論じた。しかし、苛酷《かこく》な被害と進まぬ復興を前にして、こう書くこと自体が自己弁護にしか聞こえないのかもしれない。

痛恨の極みに思っていることがある。大震災発生一カ月後に発足した復興構想会議は六月二十五日に提言をまとめた。「特区」制度はじめ復興のための具体的なモデルを示した。福島に原子力に関する研究拠点をつくるべきだという提言もした。

問題は、提言が実行されるかどうかであり、「提言」の最後に「誠実にすみやかに実行することを強く求める」と政府に要求した。これを受け政府の「復興の基本方針」にも「本方針は東日本大震災復興構想会議における今後の議論も踏まえ、必要な見直しを行う」とある。

ところが、提言後、復興構想会議が開かれたのは十一月十日のただ一回だけ。復興構想会議の任期は「復興庁」が発足した今年二月十日まで続いていた。早く再開すべきだと、五百籏頭眞議長や委員の皆さんにもメールで呼びかけた。

「提言」のあとも、瓦礫《がれき》の処理や国会での速やかな審議など注文・提言すべきことはいくらでもあった。なぜ再開できなかったのか。ある新聞に「過去の遺物（復興構想会議）と未来の話をすることはない」という政府関係者の言葉が載った。

それが至当であるかのように書く記者の見識を疑った。復興構想会議の監視など役人はじめ担当者にとっては邪魔以外の何ものでもなかったのだろう。返す返すも残念である。

◇

自らの仕事を通じて何ができるのか。大震災に直面した読売新聞の記者七八人が綴《つづ》った『記者は何を見たのか　3・11東日本大震災』（中央公論新社）を改めて読み返した。ここには、極限状況に置かれた記者が、報道に携わる者が心しなければならぬ「冷徹な観察者」と、一個の人間としてわが胸に迫る思いとの狭間《はざま》で苦しむ姿が赤裸々に表現されている。

酒本裕士記者は被災地を取材しながら心に誓った。犠牲者の数が独り歩きするような状況にはしたくない。亡くなった人の分だけ、悲しい出来事が起きたと伝えようと。

辻本芳孝記者は火の海の岩手県山田町に入ろうとして、「娘を守れず、死んだらどうしよう」と死の可能性を考えた。その時、妻からメールが入った。「記者の妻は強いのよ。子どもたちは大丈夫。私が守るから」。そこまで言ってくれたのだから、「ならば、よし」と自らに言い聞かせ、現場に入った。

被災現場の惨状に立ちすくみながら、かすかな希望を求め、必死に取材し、報道する姿がここにはある。後輩の記者たちを喧伝《けんでん》しようとしているのではない。報道に携わる者が心しなければならない、もっとも基本的なことがここにあると思うからである。

◇

大震災は家族や街の「絆」を無残にも断ち切った。しかし、再生への道の核にあるのも絆であるに違いない。そんなことを思いながら、井上靖の自伝的小説をもとにした映画「わが母の記」（四月二十八日封切り）の試写会に行った。

洪作は五歳から八年間、曾祖父のお妾《めかけ》さんに預けられ、伊豆の山奥の土蔵で暮らした。母親に捨てられたと思い続けてきた。認知症になり、自分の息子であることもわからなくなった母と初めて「対決」する。

「おばあちゃんは、息子さんを、郷里に置き去りにしたんですよね?」「息子の気持ちなんか一切考えず」

その時、母は記憶の中にある詩を朗読する。「太平洋、地中海、日本海、喜望峰……だけど、ぼくの一番好きなのは地球のどこにもない小さな新しい海峡。おかあさんと渡る海峡」
そして母は後生大事に持っていた巾着袋から小さな紙切れを取り出し、皺《しわ》を丁寧に伸ばすのだった。それは十一歳の洪作が孤独の中で校庭の游動《ゆうどう》円木に乗って書いた詩だった。母とはそういうものなのだろう。

（二〇一二年三月十日）

天からの試練に耐える

復興は本当に進んでいるのだろうか。何が障害になっているのか。「希望」の光は見えるだろうか——。

東日本大震災から二年になるのを前に五日、東京大学で「震災二年を語る会」が開かれました。脚本家の内館牧子さんが呼びかけ、東大まちづくり大学院と一般社団法人「チームまちづくり」（大西隆理事長）の尽力で実現しました。

東日本大震災復興構想会議と同検討部会の元メンバー、復興に携わっている被災地のみなさんが、いま何が求められているかを報告しました。参加者が一様に指摘したのは役所の縦割り行政がいかに復興を妨げているかということです。

その一方で、国民の間にも被災者に寄り添う気持ちが確実に風化していることへの強い危機感も寄せられました。しかし、「希望」もありました。岩手県釜石市の古川愛明さん、宮城県気仙沼市の村上力男さんからは、既成の法律に縛られて動かない行政に強い不信を抱きながらも新たなまちづくりに奮闘していることが報告されました。

私がもっとも打たれたのは、福島県二本松市で酒造会社を経営している遊佐勇人さん（47）の言葉でした。福島の酒が売れなくなっている。しかし、決して嘆くまい。

「天が与えた試練だと思っています。大事なのは支援してもらうことではありません。風評とは関係なく、ほかの人より努力して、おいしい酒をつくるように前向きにやっていれば、やがて光が見えてきます」

こうした気持ちに至るまで、怒りや恨み、無力感などさまざまな思いが交錯したに違いありません。会が終わったあと、遊佐さんに聞いてみました。

◇

遊佐さんの酒蔵は高台にあり建物が壊れるような被害は受けませんでした。しかし、土台は崩れ、停電で仕込み中だった麹《こうじ》はすべてだめになりました。それでも大震災直後の四月から新米が出る頃までお酒は売れました。被災地支援フェアをあちこちでやってくれたからです。

しかし、コメから基準値を超える放射性セシウムが検出されたと報道され、一昨年秋から売れなくなりました。大事な得意先の韓国、フィンランドからの注文もゼロになりました。

東京電力はまったく補償に応じてくれません。「復興イベントで売れたじゃないか」というのです。どうしたらいいか途方に暮れ、恨む気持ちも残りましたが、思い至りました。

復興支援だから買ってあげるといっても、それはあくまでも一過性のことだ。口に入るものは、おいしさ以外で売るべきでない。そのための努力をしていれば、いつかは光明が見えてくるだろう。その道は険しいでしょう。でも遊佐さんと同じような気持ちで復興に立ち上がっている人は数多くいるに違いありません。すごいなあと思いました。

◇

大震災は、新聞の役割とは何か、新聞に出来ることは何かという問題を突きつけました。多くの新聞人が自問自答していることでしょう。

読売新聞では東日本で一部地域を除いて週六日間、大震災から一日も休まず続けているページがあります。「震災掲示板」「明日への掲示板」「復興掲示板」と名前は変わりましたが、被災地の「いま」をきめ細かく伝えようというものです。被災地の現実に多角的に光を当てることが何よりも大切だと思うからです。

「震災一年を語る会」でも話しましたが、復興策の矛盾を明らかにすることも新聞の大事な役割です。当初の政策の狙いとその結果との間に大きな落差があることが多いのです。

除染で目指している放射性物質の年間積算線量「一ミリ・シーベルト以下」もそうです。科学的根拠がはっきりしないのに独り歩きして、住民の帰還を阻んでいると言われています。大震災から二年を機に、これまでの施策を徹底検証する必要があります。

若者の「新聞離れ」が言われて久しいものがあります。しかし、大震災を機に新聞に対する信頼が高まったという調査もあります。私は最近『新聞の力』（労働調査会）という本を出しました。

新聞はどんなふうにつくられているのかをわかりやすく解説しながら、読み方ひとつで見えてくる世界が広がるのですよ、復興報道でもみなさんのお役に立つんですよと伝えたいと思いました。手に取っていただければ幸いです。

（二〇一三年三月九日）

「ふたば」に春が来る

大きな不幸が新たな創造につながることがある。私たちが住む今の東京もそうである。一九二三年九月一日の関東大震災で焼け野原になった東京を、後藤新平は一〇〇年後にも耐えられる近代都市にしようとした。

その象徴が環状道路である。車の渋滞がまったく問題になっていない時に一号から八号まで計画した。街路樹のある幹線道路にも着手した。靖国通りと昭和通りを十字の軸とし、永代通り、晴海通り、清澄通りなどを東西南北に張り巡らした。

隅田川に架かる一〇本の橋はほとんど焼け落ち、市民から募集したデザインをもとに専門家が設計した。永代橋はアーチ形、清洲橋はライン川の吊《つ》り橋をモデルに生まれ変わった。隅田川は「橋の博物館」になった。

日本で初めての海辺公園として山下公園、初めての川辺公園として隅田公園がつくられた。焼失した一一七の小学校はことごとく鉄筋・不燃化し、モダンな校舎となった。

「今次の震災は帝都を焦土と化し、その惨害は言うに忍びないものがあったが、理想的帝都建設のため、真の絶好の機会である。躊躇逡巡《ちゅうちょしゅんじゅん》してこの好機を逸するならば、国家永遠の悔いを遺《のこ》すにいたるだろう」

大震災発生から五日後、内務大臣後藤新平による「帝都復興の議」が閣議決定された。これらの計画はその具体化だった。

◇

東日本大震災から四年。未《いま》だ二三万人の人たちが避難生活を強いられている現実を見るにつけ関東大震災後に思いを馳《は》せてしまう。首都と地方の違い、広大な被災地、類を見ない原発事故など一概に比較は出来ないにしても、未来を見据えた大きな構想力、強い政治の意志が見えないのである。

それでも、「希望」はそこかしこにある。福島第一原発からわずか三〇キロ圏の福島県双葉郡広野町に誕生する中高一貫校「福島県立ふたば未来学園」もそのひとつである。

原発事故で高校生たちは県内外八カ所で分散授業を余儀なくされている。それでなくとも人口減少や高齢化の急速な進行で将来に希望が持てない状況が続くだろう。この危機を乗り切るには人材育成が不可欠と、双葉郡八町村が足並みをそろえた。

未来学園は、大学受験を目指すアカデミック系、トップアスリート系、職業人を目指すスペシャリスト系の三コースに分かれているが、中高一貫校自体は何も珍しくはない。一番の特徴は、文部科学省職員から副校長に就任する南郷市兵さん（36）によると、「課題解決型」学習を導入し、実践力の強化を目指していることにあるという。

生徒自身が自分たちで課題を見つけて学校を飛び出し、生きた教育を身につけてもらおうというのである。その手助けをするのが「ふたばの教育復興応援団」だ。メンバーは一七人。秋元康、安藤忠雄、伊藤穰一、乙武洋匡、小泉進次郎、小宮山宏、佐々木宏、潮田玲子、為末大、西田敏行、橋本五郎、林修、平田オリザ、宮田亮平、箭内道彦、山崎直子、和合亮一。

単なる応援団ではない。世界に羽ばたく人材を育てようとそれぞれが授業を行う。劇作家の平田オリザさんは、復興の仕事をしている人たちに生徒が聴き取りをし、それをまとめて演劇表現するという授業を計画している。この応援団授業は年間一〇〇時間を予定している。

◇

応援団の人選から交渉、説得まで主導したのは復興大臣政務官の小泉進次郎氏である。未来学園は、地元の強い危機感、福島県や文科省の後押しがあって実現したものだが、小泉氏の情熱とリーダーシップがなければここまで進まなかったかもしれないとは多くの関係者が認めるところである。

「前例なき環境の子供たちには前例のない教育を!」

小泉氏はこの言葉を繰り返し、はっぱをかけた。応援団の人選にあたっては、この世界ならこの人だと誰もがわかる第一人者であることにこだわった。

あの時の先生、あの時の体験が人をつくる。教科書では教えることが出来ない感動を与えることが大切なのだ。大人の責任とは子供たちが描く夢の実現のために汗をかくことではないのか。そう思う小泉氏はアインシュタインの言葉に教育の原点があると信じている。

「学校で学んだことを一切忘れてしまった時に、なお残っているもの、それこそ教育だ」

ふたば未来学園は高校が先行してスタートする。開校式と入学式は四月八日に行われる。

（二〇一五年三月十四日）

後藤新平（1857-1929）

「ふたば」に三度目の春

それは私にとっても忘れられぬ日になった。二月四日、東京・五反田の小劇場で、福島県立ふたば未来学園高校の演劇部による「数直線」が上演された。名優による作品とはまた違う感動を覚えた。

東京の中高一貫のミッションスクールに通うサクラはどうしても学校になじめず、不登校になり、母のふるさと福島県双葉郡に新設されたふたば未来学園に入学する。

サクラにとって二〇一一年三月十一日の東日本大震災は人ごとだった。しかし、避難生活を強いられた同級生にとっては、さまざまな矛盾と葛藤を抱えた辛《つら》く過酷な体験だった。

サクラと演劇仲間はそれをどう乗り越えていくのか。3・11という原点から、それぞれが数直線を引き、自分の目盛りを刻みながら進もうとする。印象的な台詞《せりふ》が随所にある。

サツキは部活をやめようとする。なぜなら「震災の劇やりたくないから」。しかし、やめるのをやめる。どうしてか。「もっと探してみます」。何を探そうというのか。やはり退部しないというミヨシが代わって答える。「伝えられることです」

ぎょっとするような場面もある。「ご飯がおいしい　ありがとう」などと最後にありがとうをつける「ありがとうゲーム」をする。アオキが言う。

「地震と津波　ありがとう」

「原発事故よ　ありがとう」

◇

自分たちが置かれている状況に対するやり場のない怒り、震災や原発事故に負けまいという覚悟……。複雑に絡まり合った気持ちは逆説的な形でしか表現できないのかもしれない。

一五年四月、ふたば未来学園は福島第一原発からわずか三〇キロ圏の双葉郡広野町に誕生した。復興のシンボルとして、この地から「未来創造」を目指して最新の教育を始めようという高い理想が掲げられた。

しかし、震災の傷痕は深かった。丹野純一校長によると、生徒は互いに震災に触れることは避け、先生はそんな生徒に遠慮するという状態が続いた。その状況を変える大きな力の一つになったのが演劇だった。

「押しつぶされそうな現実の中で、演劇を通して自分たちのやりたいことを自分たちの物語として伝えようという気持ちになったのです。自分の中にある矛盾や葛藤から目を背けず、むしろ共有し合いながら、傷が癒えていくのを待とうという気になったのです」

劇作家平田オリザさんの存在が大きかった。各界の第一人者による「ふたばの教育復興応援団」の一人である平田さんは、一年目は「ふるさと創造学」、二年目は「産業社会と人間」というタイトルの授業で生徒たちに演劇指導もしてきた。

震災、原発事故を君たちは一生背負っていかなければならない。なぜ復興は進まないか。現場も見ながら、何が問題かを冷静に把握せよ。

福島の人たちは震災以降、さまざまな数字や線引きに翻弄されてきた。しかし、この世には数字では計れない事柄が山ほどあるんだ。それをつかみ、それを伝えよ——。

◇

丹野校長によると、平田さんの厳しい授業に、生徒の中に反発もあった。現に「数直線」の舞台でイブキはこう言う。

「最近の産社がやなんだよ。なんで二時間も長ったらしい話聞かなきゃいけないんだよ」

しかし、だんだん変化していった。自分たちでやらなければ何も変わらないと思うようになる。平田さんは「どう伝えるかですごく成長した」という。

復興大臣政務官としてふたば未来学園の実現に尽力し、応援団の「生みの親」にもなった小泉進次郎さんも「数直線」に涙した一人だ。

高校生たちに多くの過大なことを背負わせてしまっているのではないかと思う一方で、「何をするかを自分たちで選択し、世間体を気にすることなく『私はこう思う』と発信できる強さが出てきた」と喜ぶ。

「演劇っていいなあと思いました。そこには要らない人はいない。誰一人欠けても作品にならない。みんな大切なんだということを教えてくれる」

復興はまだまだ道半ばだ。福島に住んでいた約八万人の人たちが、いまなお故郷を離れ、県外や県内の別の地での避難生活を余儀なくされている。

仮設住宅から戻った人たちにも厳しい毎日だろう。それでも苦しみながら「希望」を抱いて未来を見つめている子どもたちがいることがうれしい。


（二〇一七年三月十日）

お金持っては死ねない

また「3・11」がめぐってきました。七年が過ぎようとしているのに、避難生活を強いられている人は福島県だけでも四万九五一五人に上っています。進まない復興にいらだちを隠せない人も多いことでしょう。

その一方で着実に進んでいるものもあります。「桃・柿育英会　東日本大震災遺児育英資金」もそのひとつです。この基金は孤児や遺児の境遇に置かれた多くの子どもたちを激励すべく大震災直後につくられました。建築家の安藤忠雄さんを中心に、ノーベル賞受賞者の野依良治さんや小柴昌俊さん、指揮者の小沢征爾さんらが発起人になって寄付を募ってきました。

「桃栗三年柿八年」にちなんだこの育英制度のユニークさは「自動引き落としによる一〇年間の継続寄付」にあります。遺児たちの成長や学びを見守るためには一〇年の月日が必要と考えたのです。寄付はどうしても一時的になりがちですが、寄付していただく人にも責任を持ってもらおうというのです。

一口毎年一万円で、先月末までに寄せられた寄付は二万五四〇〇口。ほとんどが個人です。これに企業・団体からの一括寄付を合わせ、合計で四三億一一八一万円に達しました。

事務の一切を安藤忠雄建築研究所が担い、寄付金は岩手、宮城、福島各県の育英基金を通じてすでに一八四九人の小、中、高校生に支給されました。震災一〇年目の二〇二〇年までに総額四六億円を見込んでいます。

◇

安藤忠雄さんが大阪市北区の中之島公園に図書館「こども本の森　中之島」を建設することを発表したのは昨年九月です。鉄筋コンクリート造りで地上二階、地下一階、延べ床面積は一〇〇〇平方メートル。三層吹き抜けの壁一面に本棚を設けて、子どもたちが自由に本を手に取れるようにしようという計画です。

安藤さん自身が設計し、建設した上で大阪市に寄贈します。二〇一九年夏頃のオープンを目指し、初代の名誉館長には京都大iPS細胞研究所長の山中伸弥さんが就任します。

建物を造るだけでなく、子どもたちに向けての連続講演も計画しています。講師は山中さんをはじめ衆院議員の小泉進次郎さん、宇宙飛行士の毛利衛さん、京都大学長の山極寿一さんらに打診しています。

なぜ子ども図書館なのか。なぜ大阪の地なのか。「新聞を読まない、本を読まない子どもたちが増えている。活字文化の大切さを見直したい」と安藤さんは言います。大阪の子どもたちの学力低下の一因は本を読まなくなったことにあるのではないかとも思っています。

建設費の多くは安藤さんが出しますが、施設の運営費や本の購入費はどうするか。ここからが「安藤流」です。税金に頼ったのでは何の意味もありません。「民の力」で子どもたちの生きる力を育んでいくことにこそ大きな意味があるのです。

そう考える安藤さんは、年間三〇万円を五年間にわたって寄付してくれる企業・団体の募集を始めました。これまでに約三五〇社が申し込んでいます。この中には関西電力や阪急電鉄、京阪ホールディングス、近畿日本鉄道、住友電気工業、積水ハウス、大和ハウス工業、さらには、サントリーホールディングスなどの企業が含まれています。

◇

企業・団体には安藤さん自身が、一軒一軒足を運んだり電話をしたりして協力を求めてきました。「出さないところは大阪から出て行ってもらおう」「出さない会社は公表する」などと、半ば〝脅し〟と受け取られかねない言葉を発しながらです。

その強さはなにゆえなのでしょう。おそらく自分のためではないという確信があるからに違いありません。「無私」だからこそできることなのではないのかと思うのです。

「お金持っては死ねない」。安藤さんの口癖です。それを自ら実践しようとしているのでしょう。「しかし、世の中にはお金持って霊柩車《れいきゅう》に乗りたいという人もいるでぇー」ということも実感したということです。

このような寄付集めは世界的な建築家だからこそできることだろう、一般の人にそれを求めても無理ではないのか。そういう見方はあるかもしれません。

しかし、安藤さんの心意気に共感して寄付される人も多いに違いありません。そして何よりも「寄付文化」がなかなか根付かない日本にあって、安藤さんのような半ば強引とも受け取られるやり方は貴重なのではないのかとも思うのです。

（二〇一八年三月十日）

Ⅲ　書物・知・ジャーナリズム

西田幾多郎の苦悩——哲学に「人生の悲哀」あり

一九三一年（昭和六年）六月、六十一歳の哲学者西田幾多郎は広島を訪れた。広島文理科大教授、木村素衛《もともり》にかねて講義を依頼されていた。宿に迎えに行った木村は、絽《ろ》の羽織に袴姿で下駄を履こうとする西田の後ろから思わず呼び止めた。

「袴の裾から二三寸の黒糸が垂れて、その先きに縫針が一本ぶら下がつてゐるのである。この一本の針は長くその後私の心臓に突き刺つて、先生を思ひ出すとき、よくちくちくと痛んだ。奥様がお亡くなりになつてから数年、まだ学校通ひのお子様達と一緒に、随分身辺不如意勝ちの生活をじつと堪へて来てゐられるのである」

西田の妻、寿美《ことみ》は脳出血で倒れ、五年余りの闘病生活の末六年前に亡くなった。妻の病気に追い打ちを掛けるように二人の幼い娘は腸チフスで倒れ、上の娘静子は胸を病んでいた。「暗黒の家庭生活の時代」（上田久『続祖父西田幾多郎』南窓社）の中で西田は和歌を詠んだ。

妻も病み子等亦《また》病みて我宿は夏草のみぞ生ひ繁りぬる
子は右に母は左に床をなべ春は来れども起つ様もなし
運命の鉄の鎖につながれて打ちのめされて立つ術《すべ》もなし

和歌を慰めにしながら、西田は有名な「場所」の哲学を深めていった。息子への手紙で「殆んど忍び難い中を学問的仕事に奮闘した」と書いている。

◇

年の初めに改まった気持ちになりながら、出版されたばかりの上田薫編『西田幾多郎歌集』（岩波文庫）を読んだ。世界に誇れる「西田哲学」の背後に、筆舌しがたい人生の苦悩があることを知るのである。

そういえば、西田自身がいろいろな所で書いている。

「此書を特に『善の研究』と名づけた訳は、哲学的研究が其前半を占め居るにも拘らず、人生の問題が中心であり、終結であると考へた故である」

「哲学の動機は『驚き』ではなくして深い人生の悲哀でなければならない」

◇

妻寿美は献身的に夫に尽くした。長女弥生の「あの頃の父」が『歌集』に収録されている。

「母は子供を育て家を守ると云う事以外、傍目もふれなかった女だった。父の研究に妨げにならぬ様、何もかも家に関した事は背負って行く女だった」

その弥生が母の死の直後、三人の妹にあてた手紙を弥生の次男久が紹介している。

「母様が父様をともかくあれだけ世間から言はれる学者にした裏にはどんなに尊い犠牲をお払いになつた事でせう。

母様の魂は遠い清らかな世界から絶えず私達を守つて下さるでせう。困つた時悲しい時にはきっと母様のお守を信じて、私達は力強く生きませう。そして私達の八ツの手を確《しっか》り握り合つて、只一人の父様をまん中に仲善くこれから先を送りませう」

小林敏明氏は『西田幾多郎の憂鬱』（岩波書店）で、激怒に駆られて妻の髪を摑《つか》んで引きずり回す西田の激情的な側面も伝えているが、家族を思う気持ちに切なるものがあった。妻が倒れた翌年、旧制三高生の長男謙は腹膜炎で亡くなった。

垢つきて仮名附多き教科書も貴きものと筺にをさめぬ
死にし子の夢よりさめし東雲の窓ほの暗くみぞれするらし

西田の次男外彦は「父はその母に孝養之務めた」として、こんな光景を回想している。

父は数冊の本を持参し、寝ている祖母の床横に腹這《ば》いになって、静かに本を読んでいた。二人の心のなかには誰にも分からぬ情緒が流れていたことであろう。金沢の地を離れてからも夏休みには必ず母を訪ねた。

「哲学者西田幾多郎は、厳しく、やさしく、鋭く、おおらかなその存在によって、多くの人たちに人間であることの真実を伝えてきた」。上田閑照京大名誉教授は『西田幾多郎とは誰か』(岩波現代文庫)で指摘する。

◇

西田に愛されたという哲学者三木清は、京大時代のこんな思い出を語っている。

ある日、演習の時間に一人の学生が自分の当る番であるのに予習をしてこなかった。先生は怒って「お前のような者は学校をやめてしまえ」と突然大きな声で言われた。ところが、先生の眼を見ると、心なしか潤んでいた。私は先生の烈《はげ》しい魂に接するとともに、先生の心の温かさを知って目頭が熱くなるのを覚えた。

その三木が西田からもらった軸の和歌にはこうあった。

あたごやま入る日の如くあかあかと燃し尽さんのこれる命

上田久によると、「最後の力を振りしぼって自らの哲学体系を完成しようと決心した」歌だという。私にとって西田哲学の理解は未《いま》だ道遠しではあるが、その一生は私たちに限りなく「生きる力」を与えてくれる。

(二〇一〇年一月九日)

「中国人」になりきる

中国研究の碩学《せきがく》、故吉川幸次郎博士は、京都帝大在学中、しばしば「あなたは日本語がお上手ですね」と言われた。中国のことを学ぶには中国人になり切らなければならないと考え、中国服を着て、中国語を話していたからである。

吉川さんが「私のお国ではこうです」と言う時、それは中国のことだった。「あなたのお国では」は日本のことだった。梅原猛さんが回想している。

教え子でもある筑摩書房の元社長、竹之内静雄さんは「追悼善之吉川幸次郎先生」で、京大を卒業する時、吉川さんにこう言われたという。

「大学を卒業してから、まる十年、私は朝から晩まで、一心に勉強してきた。シナ学を学ぶからには、自分がシナ人になりきって学ぶにしくはない。親に出す手紙は日本語だが、そのほかは相手が分かっても分からなくても漢文で書く。論文でも日記でもすべて漢文で書いた」

「研究所の独房に籠《こも》ること十余年、顔色憔悴《しょうすい》形容枯槁《ここう》するに至るまで勉強し、漢籍読破数は有史以来日本随一と噂《うわさ》されたが誇張ではなかろう」

京大の同僚、桑原武夫さんによる『吉川幸次郎全集』（筑摩書房）への推薦文の一節である。吉川さんには専門を究めようという極致の姿があった。そこには酷寒の冬に耐えるがごとき峻烈《しゅんれつ》な生き方がある。

野田内閣で「安全保障に関しては素人だが、これが本当のシビリアンコントロール（文民統制）だ」と言った閣僚がいる。ふと吉川さんを思った。

◇

プロでなければできない驚嘆すべき「校注」の書を読んだ。一冊は岩波書店の新日本古典文学大

吉川幸次郎（1904-80）

系『福澤諭吉集』である。五〇〇ページ余りに「福翁自伝」のみが収められている。「先見ある愛国者とは如何《いか》なるものか、道学臭なき教育者とは如何なるものか、真に不羈独立《ふきどくりつ》の男子の生涯とは如何なるものか、それをその人自身が率直に無造作に物語っている」

小泉信三博士が傑作の所以《ゆえん》をこう書いた「福翁自伝」の注釈はあまたあるが、北大名誉教授松沢弘陽さん（81）の新たな校注にはただただ圧倒される。

岩波書店の元編集者竹田行之さんは最新の『福澤手帖』（一五〇号）で、「福澤研究の歴史は松沢校注自伝以前・以後という時代区分で語られることになろう」と書いている。

人名や制度などを説明した脚注は各ページ下段にあり、その数は一三四〇点に近い。脚注では解説し得ない項目は補注として一六〇点、四百字詰め原稿用紙にして四百数十枚、岩波新書一冊半になるという。

竹田さんの言うように、ここには中国古典と西欧近代思想に造詣の深い松沢さんでなければなし得ない精緻な成果があり、福澤の精神の躍動が読み手に伝わってくる。

慶應義塾廃塾の危機をめぐる補注など、それ自体が一つの作品になっている。脚注と補注全体でさながら「福澤諭吉事典」の趣がある。

◇

もう一冊は東大名誉教授で帝京大教授、平石直昭さん（66）の荻生徂徠『政談』の校注（平凡社・東洋文庫）である。徳川幕藩体制が弛緩《しかん》している根本原因はどこにあるか、そのためには何をすべきなのかを論じ、八代将軍吉宗に献じた『政談』は、「段取り企画書つきの国家改造案」（野口武彦『荻生徂徠』）とも言うべきものである。

岩波文庫や『日本思想大系』（岩波書店）などさまざまな注釈書がある。平石さんは、徂徠の高弟服部南郭の家系に伝わる「服部本」がもっとも原本に近い写本だとしてこれを用いている。テキストを定めることの重要さをまず教えてくれる。

考証の限りを尽くした『荻生徂徠年譜考』（平凡社）の著者らしく、中国古典や同時代の史料はもとより、当たれる文献は徹底して当たり、さらに自らの足を使って探索し、脚注、補注を施している。

「本を重んじ末を抑ゆるといふ事、是又古聖人の法也。本とは農也。末とは工商也」

この注釈にあたって『史記』の「商君列伝」「貨殖列伝」、『漢書』「文帝紀」にまであたり、徂徠の中では「文帝らの重農策と古聖人らによる稼穡《かしょく》の普及とが二重写しとなり、本文のような主張が出てきたと思われる」と結んでいる。

松沢本と同様、校注を読むことによって、時代と人が浮かび上がってくる。究めることの大切さ、「学問の力」さえ感じることが出来るのである。

（二〇一一年十月八日）

「天平の業行」を想う

四月の初め、母校の大学で、初々しさが匂う新入生たちに話す機会があった。四六年前の自らの入学時のことも思い出しながら、四年間どう過ごすべきなのかを語った。

その時頭をよぎったのは、井上靖の『天平の甍《いらか》』で描かれた留学僧たちの姿である。南都唐招提寺の開祖、鑒真《がんじん》は日本の留学僧普照、栄叡《ようえい》の懇請で渡日を決心する。しかし、官憲に阻まれ、風浪に遮られ、五度計画して五度失敗、一二年の困苦の生活の末、六度目にしてようやく渡日は実現する。

放浪の途上鑒真は失明、栄叡も他界、普照ただひとり鑒真と故国の土を踏んだ。僧・尼が守るべき正しい戒律を伝えるための鑒真の招聘《しょうへい》だったが、使命を帯びた普照、栄叡が唐に渡って二〇年の歳月が流れていた。

大陸からの文化の移入によって花開いた天平文化の陰には、こうした留学僧たちの犠牲があったのだ。井上靖さんはそう書きたかったのだろう。困難に立ち向かい、運命に翻弄される五人の留学僧で私がもっとも惹《ひ》かれるのは業行《ぎょうこう》である。

業行は唐に渡って三〇余年、どこも見もしなければ誰に会おうともしない。経典を求めて寺を回り、ただひたすら写した。一字一句もゆるがせにせず写し取った膨大な経典の山。それは一人の人間の生涯から全く人間らしい生活を取り上げることで生み出されたものだった。

◇

普照は思う。この老僧は日本に帰って何をするのだろうか。僧侶としての特殊な資格も、経典への特殊な知識も持っていないだろう。それを見抜いたかのように、業行はつぶやく。

「私の写した経典は日本の土を踏むと、自分で歩き出しますよ。私を棄《す》ててどんどん方々へ歩いて行きますよ。多勢の僧侶があれを読み、あれを写し、あれを学ぶ。仏陀の心が、仏陀の教えが正しく弘《ひろ》まって行く」

しかし、業行の願いもむなしく、帰国の途中、写し取った夥《おびただ》しい経典とともに、海の底に消えて行くのである。

かけがえのない大学の四年間をいかに過ごすべきか。アルバイトをしながら大学生活をエンジョイする。そんな道もあるだろう。しかし、私はそうあるべきだとは思わない。

大学は自分の一生の仕事を決めるための自己鍛錬の場でなければならない。それはいかに生きるかを自らに問うことでもある。修行僧のような心構えで一日一日を大切にしてほしいと思う。業行の一生には深く頭を垂れざるを得ないのである。

文芸評論家の故江藤淳さんは慶應義塾大学教授としての最終講義で「私はとにかく肩で息するぐらい勉強がしたいと思って慶應に入った」と述懐した。慶應の教授になりたいと思い、そのためには一日一六時間ぐらいは勉強しよう、世界のどこの大学で勉強している誰にも負けないぐらい勉強しようと思った。

しかし、結核を患って挫折、慶應教授になるのは四〇年近くたってからのことだった。それにしても「肩で息するほど勉強がしたい」とは、すさまじくも何といい言葉か。大学とは本来そういう場なのだろう。

◇

大学生活では、進んで人生の師を求めてほしいと思う。岩波書店の『図書』三月号に慶應大学教授の山内志朗さんが「風の道で唱え、哲学を」というタイトルで、恩師坂部恵さんとのことを書いている。

哲学を学ぼうと東北の山奥から上京、東京大学に入った山内さんは、坂部さんの影響を受けライプニッツ研究、スコラ倫理学へと入った。その先生が重い病気で入院、お見舞いした。

点滴だけが支えとなってしまった先生は「友達が来てくれてうれしい」とおっしゃる。「先生は若い頃たくさん本を読みましたよね」と言うと、それまでのか細い声が幾分元気になって「はい、たくさん読みました」「シェリングをたくさん読みました」と答える。

「すばらしいことです。坂部先生は本当にたくさん本を読まれました」と言うと、「たくさん本を読みました」と返ってきた。先生が亡くなったのはその四日後のことだった。

坂部先生は高野山に眠っている。高野山の奥の院は、風の通る道でもあった。先生はお墓になんか眠ってはいない。先生は風になったのだ。高野山の道なかに静かに吹く風は坂部先生そのものであり、そこでも先生にふれることができるのだ。

心の芯にしみ入る、哀切に満ちた文章である。美しい師弟のひとつの姿がここにはある。

（二〇一二年四月十四日）

「天使」はそこにいる

「読売新聞という一〇〇〇万部の〝公器〟を私物化していいのか」。このコラムで一年前、「橋本五郎文庫」を取り上げたところ、小学校の同級生から心配そうに言われた。またも言われそうである。

私事を新聞で取り上げることには慎重でなければならない。それでも私は書きたいと思う。四月二十八日、わが町、秋田県山本郡三種町の廃校になった旧鯉川小体育館で、橋本五郎文庫開設一周年の記念会があった。

快晴、満開の桜の中、地域の人たちを中心に七〇〇人が集まった。用意した椅子席では足りず、茣蓙《ござ》を敷いて座ってもらった。東京から駆けつけた大学の同級生八人の姿もあった。

テレビキャスターの辛坊治郎さんが手弁当で講演、橋下徹大阪市長の人となりや目指す政治をユーモアたっぷりに語り、会場は笑いに包まれた。秋田市出身の女優浅利香津代さんは、私とのトークショーのあと母の文章を朗読してくれた。秋田弁も交えた浅利さんの絶妙の語りに母を知る人が涙した。

昨年四月二十九日、私が蔵書二万冊を贈ってオープンした「橋本五郎文庫」は、開館日が一週間のうち水、土、日曜の三日間だけだが、記念会のこの日、利用者は五〇〇〇人を突破した。

何よりもうれしいのは、「みたね鯉川地区交流センター」の小玉陽三会長のもと、図書館には全く無縁の主婦たちが中心になって文庫を準備し、運営してくれていることである。

予算がないので、不用になったソファや革張りの長椅子を地域の人から譲り受け、壊れた部分はカーテンなどの切れ端でカバーした。木の椅子に敷く座布団やテーブルクロスもすべて自分たちで縫い上げた。

二万冊の本を分類・整理し、本棚に並べていく。それだけでも大変な作業だったろう。役員を務めている人はほとんどが農家だ。農作業をおろそかにすることはできない。夜明け前に起き出しては農作業を済ませ、日中に文庫の仕事をする日々が続いたという。

「橋本五郎文庫」は地域の人たちがゼロから始めた図書館である。過疎化が進む町で、みんながふれ合う「憩いの場」になった。その奮闘の日々を地元の「北羽新報」の皆さんがまとめ、まもなく出版される。私は心の底から誇らしく思っている。

「禍福はあざなえる縄のごとし」という。文庫一周年を前に妻がくも膜下出血で倒れた。娘が早く発見したが、意識不明の状態で病院に運ばれた。命だけは取り留めてほしいと祈った。早く意識を取り戻してと願った。二つは叶《かな》えられた。

倒れてから四週間、着実に回復しているが、まだ言葉を発することはできない。予断は許されない中で、多くの人から激励を受けた。私の癌《がん》の主治医の先生からもメールをいただいた。

「なぜこんなことに、と考えても始まりません。これからのことを絶望的に考えるのではなく、少しでも前向きになれる方向を模索してください。奥様への恩返しを今しなければ、する時がなくなります」

毎日病院に詰めていて、頭が下がるのは看護師さんたちである。患者に明るく声をかけ、辛抱強く聞いてあげ、激励している。リハビリの先生は、家族からみてもこれ以上の配慮がないような丁寧さで一歩一歩進めてくれている。

哲学者の木原武一さんが『大人のための偉人伝』（新潮社）で描いたフローレンス・ナイチンゲールを思い浮かべた。

「もっとも幸福な人びと、自分の職業をもっとも愛する人びと、自分の人生にもっとも感謝の念を抱いている人びと、それは私の考えでは、病人の看護に携わっている人びとである」

こんな言葉を残したナイチンゲールは「クリミアの天使」と呼ばれた。クリミア戦争からの帰還兵が手紙に書いている。

――あの方が通り過ぎる姿を目にしただけでどんなに慰めになったことか。彼女はある者には言葉をかけ、他の者たちには黙ってうなずきながら微笑を投げかけて行った。われわれは通り過ぎて行く彼女の影に接吻《せっぷん》し、それから満足してふたたび枕に頭を埋めるのだった。

「看護婦の最上の働きは、患者に看護の働きをほとんど気づかせないことであり、ただ患者が要求するものが何もないと気づくにいたったときだけ、患者に看護婦の存在に気づかせることなのである」

日々、その姿を見ている思いがする。

（二〇一二年五月十二日）

橋本五郎文庫のメインルーム

「天命を知る」ということ

亡き母へ

母さんが亡くなってからもう一八年が経《た》ちました。私もまもなく六十六歳になります。四二年前、社会人になるにあたって母さんに三つのことを言われました。

一、何事にも手を抜いてはならない。全力で当たれ。

二、傲慢になってはいけない。仕事に慣れてくると生意気になる。常に謙虚であれ。

三、どんな人でも嫌いになることはない。その人に自分よりも優れているところを見つけよ。そうすれば嫌いにならない。

その通り実行できたか自信がありません。でも、一日も忘れたことがありません。あの世で母さんに逢《あ》った時、「三つの教えはちゃんと守ってきたよ」と胸を張って言えるようにしたいと思っています。

一つ報告があります。廃校になった母校の鯉川小学校(秋田県山本郡三種町)に蔵書二万冊を送って、「橋本五郎文庫」ができたことは、この世からの便りで聞いているかと思います。その文庫がどのように誕生したのか、そのすべてを記録した本ができたのです。『廃校が図書館になった！「橋本五郎文庫」奮戦記』（藤原書店）という本です。母さんも知っている能代市に本社のある北羽新報社にお願いして、作ってもらいました。

図書館についての知識など全くない地元の皆さんの手作りの図書館です。農家の主婦たちは明け方農作業を済ませ、日中本を分類し、ラベルを貼ってくれました。同級生は一軒一軒回ってボランティアを呼びかけ、寄付を募ってくれました。

なぜ図書館をつくりたいと思ったか。母さんが還暦を期してつくった「老人の憩いの森」のことがいつも頭にありました。自分だったら何ができるかを考えました。自分には本しかありません。地元の皆さんは見事期待にこたえてくれました。

ふるさとを再生させるのは誰でもない、住んでいる自分たちしかないのだということを教えてくれました。この本は何よりの証しです。心から誇りに思っています。

◇

母さん、日本は今、衆議院選挙真っ盛りです。政権が大きく代わるかもしれません。こういう時だからこそ政治に大切なものは何かを考えようと、井上靖さんが二三年前に出した『孔子』（新潮社）を読みました。無性に再読したくなったのです。

孔子の遊説中に弟子になったという架空の人物蔫薑《えんきょう》が、孔子の死後三三年も隠棲《いんせい》生活を送りながら師について語るという小説です。篤薑は孔子の言葉の中でも「五十にして天命を知る」が一番大切だと考えます。

——自分は五十歳の頃、天が自分の仕事に対し崇高なる使命を与え給《たも》うた、という自覚を持った。天からの使命とは、この地上に充満している不幸を少しずつでも失《な》くしてゆこうということである。一般にはこう解釈されています。しかし、これとは別に次のような覚悟の程が示されているのではないのかと篤薑は考えるのです。

——いかなることを為《な》すにせよ、人間の為すことである以上、成功するかも知れないし、思わぬ妨害があって成功しないかも知れない。すべては天の裁きに任せるほかはない。天が受け持たなければならない仕事はいっぱいある。天だって手が廻《まわ》りかねるのだ。だから天が応援してくれるかどうか一切判《わか》らないが、人間はこの地上で正しく生きようと努力しなければいけない。そう考えるべきだと言うのです。とても説得力があります。

◇

井上靖さんが孔子を小説にするにあたって激励されたという貝塚茂樹博士は『論語』(中公文庫)で、孔子が「五十にして天命を知る」という境地に至った背景を説明しています。

孔子は魯の国の昭公を追い出した豪族を打倒することが天から与えられた使命であることを自覚し、改革に努力するのですが、これが挫折したこともまた人力以上の天の配剤であったと悟ったというのです。

貝塚さんは『論語』にあらわれる孔子の言動は、厳しい自己訓練の上に立っていて、一見平凡きわまるように見えるが、この平凡きわまることこそ、「じつは非凡、最高の非凡さなのである」とも書いています。

孔子を引用するのは気が引けますが、よりよく生きるため自分にできる最大限の努力をすること、「何事にも手を抜かず、全力で当たる」ことが最も大切だと改めて思っています。

（二〇一二年十二月八日）

貝塚茂樹（1904-87）

私は私自身を作った

一五年間勤めてきた私立大学の講師を辞することになった。この間、テレビという〝異次元〟の世界に足を踏み入れた。自らは癌《がん》の宣告を受け、妻はくも膜下出血に倒れるという経験をした。それが一区切りつくことに特別の感慨が湧いてくる。

大学から講師の依頼を受けた時は政治部長だった。学内の手続きに時間がかかるので、どうしてなのかと聞いた。「ブル新(ブルジョア新聞)の政治部長に頼むとは何事だ」という強い反対論があったという。大学はそんな雰囲気の中にあった。

夕方から夜の二部の授業を選んだ。働きながら学ぶ人たちに接したいと思った。週一回の授業だが、休講になるのを学生は決して喜ばないことも知った。昼の学生とは違うのだろう。

最初から失敗した。日本の政治の特徴を、戦後の歩みを辿《たど》り総覧することで浮かび上がらせようという意気込みで始めた。しかし、「吉田茂」「?・」「鳩山一郎」「?・」。反応がない。無理もない。こちらだって面識がないのだから。

今起きている政治事象を取り上げ、その持つ意味、歴史的な背景、今後の行方を統一的に説明することにしよう。その中で戦後政治の歩みに言及しよう。そう切り替えることにした。

◇

歴史学者E・H・カーの言う「歴史とは現在と過去との対話である」ことを実感した。どんな歴史研究も、現代的な関心に裏打ちされていなければいけない。今に生きる私たちにどんな意味があるかを反芻《はんすう》しなければならない。そのことを改めて教えられた思いだった。

授業を始めるにあたって注意したことがある。私語は許さない。一方で、眠ることは妨げない。講義がつまらないから眠気に襲われることもあろう。その責任の一端は教師の側にもある。ただし鼾《いびき》は許さない。周りに迷惑をかけるからだ。

授業中ペットボトルのお茶を飲むことはもちろん、机に置くことも許さない。喫茶店ではないからだ。飲みたいのは、授業しているこっちの方だ。勘違いしてもらっては困る。

大学で学ぶとはどういうことか。個別の知識を得ることはもちろん必要だが、もっと大事なことは、物事を体系的、構造的にとらえる視点を身につけることである。そのためには、あたかも鳥が大空から見渡すように時間的、空間的に大きく見ることのできる「鳥の目」と、人々の喜び、悲しみを大切に考え、個に執着する「虫の目」を同時に持たなければならない。

たとえば、尖閣諸島の問題を考える場合、中国側のこれまでの主張に加え、習近平体制が置かれている権力状況や中国国内のナショナリズムの動向、米中関係、さらにはそもそも領土問題には解決の道があるのかという根本的な視点も併せ持たなければならない。

大学で学ぶにあたって大切なことは、誰かから「教えてもらう」ことではなく、自ら学ぶ姿勢がなければならないことだ。

◇

人類学者で考古学者の鳥居龍蔵（一八七〇〜一九五三）の『ある老学徒の手記』（岩波文庫）が出版された。小学校さえ出なかった鳥居は、飽くなき探求心で東大人類学教室の標本整理係から出発し、日本における人類学の礎を築いた。

「草鞋《わらじ》ばきの健脚で遼東半島に第一歩を印して以来、東北アジアの全域を南船北馬し、わが国最初のフィールド・ワーカーとして膨大な調査記録と研究報告と写真乾板の山とを積み重ねた」（中薗英助『鳥居龍蔵伝』岩波現代文庫）。「独学自修」を自ら実践したのである。

「私は学校卒業証書や肩書で生活しない。私は私自身を作り出したので、私一個人は私のみである。私は自身を作り出さんとこれまで日夜苦心したのである。されば私は私自身で生き、私のシムボルは私である」

「私は私」。そう言い切れるとはなんと強固な意志なのだろう。とても敵《かな》わないと思いつつ憧れてしまう。

このささやかなコラムを書くにあたって頭をかすめたのは哲学者西田幾多郎の「或教授の退職の辞」（『西田幾多郎随筆集』岩波文庫）である。

「回顧すれば、私の生涯は極めて簡単なものであった。その前半は黒板を前にして坐《ざ》した、その後半は黒板を後にして立った。黒板に向って一回転をなしたといえば、それで私の伝記は尽きるのである」

こう簡潔に言い切れる強さ、潔さもまた、及ばぬこととは知りつつ憧れてしまう。

（二〇一三年二月九日）

人は練磨で仁となる

人生の円環をどう閉じるか。決して思い通りにならないだけに、誰にとっても難問である。

岡崎次郎というマルクス学者がいた。一九八四年六月六日、東京・本郷の自宅マンションを引き払って妻と旅に出た。伊豆大仁温泉、浜松、京都、岡山、萩、広島、そして大阪までは足跡が残っている。その後は杳《よう》として行方が分からない。

出かける前、何人かにそれとなく別れを告げていた。「これから西のほうへ行く」。岡崎を知る親戚、知人は老夫婦の旅が「自殺行」であることを疑わなかった。西とは「西方浄土」と思った。この時、岡崎は七十九歳、妻クニは八十六歳だった。

岩波文庫版のマルクス『資本論』は向坂逸郎訳になっているが、岡崎次郎が訳したものだ。向坂のまえがきでは「岡崎次郎君には、大部分について、『下訳』を得た」と、わずか数行触れているにすぎない。

私の訳にしてほしいと言ったら、「君が自分の名でやりたいなら、もっと偉くなることだ」とにべもなかった。それならもっと印税をと求めたら、「その必要はない。上と下がいっしょに仕事をするときは、だいたい下の方がたくさんするのが普通だ」と拒否された。

岡崎にとって「下訳」の自分の日本語訳をより良い形にして出版することが目標になった。一九六四年、国民文庫版『資本論』全一一冊が完成した。

◇

岡崎は六十歳の時、「できれば貸し借りのない、損も得もなく生涯を終わりたい」と思った。医師にどのくらい生きられるかと聞くと、あと一〇年はもつだろうと言われた。人生を「七十歳」に定めた。元気だったので、その後も『剰余価値学説史』、『マルクス＝エンゲルス書簡集』の翻訳、『現代マルクス＝レーニン主義事典』の執筆をした。

そして「死出の旅」に立った。遺体が発見されることはなかった。朝倉喬司さんの『老人の美しい死について』（作品社）を読んで岡崎の一生を素描した。

「まさに春の霞《かすみ》ゆらめく野の道を、静かにその彼方《かなた》へ消えていく光景が目に浮んでくる」

朝倉さんはそう書いている。

朝倉さんの著書を熊野純彦東大教授の新著『マルクス資本論の思考』（せりか書房）で知った。岡崎訳の『資本論』を若い頃から幾度も読み返したという熊野さんは感慨を込めて岡崎の「死出の旅」に触れている。

その熊野さんの新著は七〇〇ページを超える大作である。今なぜマルクスなのか。どうして『資本論』なのか。

「マルクスを読むとは世界を読むことである。マルクスの遺《のこ》したテクストを読みとくことは、世界の現在を解きあかすことにほかならない」

なぜなら、資本主義は「始原的で暴力的なすがたをあらわにしつつある」からであり、「マルクスがはるかに見とおした資本制の動向は、二十一世紀に入ってなお間もない現在にいたって、その洞察をなぞるかのごとく、実現されるように見える」からである。

◇

熊野さんは哲学者廣松渉の高弟である。廣松の思考の軌跡をたどった『戦後思想の一断面』(ナカニシヤ出版)によると、高校一年の時に廣松の『唯物史観の原像』や『世界の共同主観的存在構造』を読んだ。翌年には『事的世界観への前哨』を発売と同時に買い求めた。

最近の熊野さんの仕事には刮目《かつもく》すべきものがある。カントの『純粋理性批判』と『実践理性批判』(作品社)を相次いで翻訳した。和辻哲郎『倫理学』(岩波文庫)全四巻には各巻ごとに詳細な解説を付けた。ハイデガーの『存在と時間』(岩波文庫)の翻訳は全四冊のうち三冊まで出版されている。

この難解な書の一冊一冊に「梗概」を付けるという試みをしている。

どの書も私の理解をはるかに超えている。でも、すごい仕事だろうことはわかる。マルクスも『資本論』のフランス語版の序文で書いている。

「学問には坦々《たんたん》たる大道はありません。学問の急峻《きゅうしゅん》な山路をよじ登るのに疲労困憊《こんぱい》をいとわない者だけが、輝かしい絶頂をきわめる希望をもつのです」

熊野さんの仕事を見ていると道元の教えを伝える『正法眼蔵随聞記』の一節が思い浮かぶ。

玉は琢磨《たくま》によりて器となる
人は練磨によりて仁となる

人は修練することによって立派な人間になるという。自分にとっては今さら遅いとは思うものの、少しでも近づくべく努力をしなければならないとの思いを新たにするのである。

（二〇一三年十月十二日）

一筋に生きる尊さ

大学生になった君へ

大学の門をくぐり、希望に胸ふくらませているでしょうね。大学の四年間は人生の中で最も大切な時かもしれません。師と友に巡り合い、学問の尊さを知り、一生の仕事を決める日々にしなければいけません。

悔いなき毎日を送るにはどうしたらいいのか。辞書の話から始めましょう。井伏鱒二さんに「おふくろ」という作品があります。久しぶりに帰郷した息子は八十六歳の母親に諭されます。「ますじ、お前、東京で小説を書いとるさうなが、何を見て書いとるんか。字引も引かねばならんの。字を間違はんやうに書かんといけんが。字を間違ったら、さっぱりぢゃの」

後の文化勲章受章者でさえそうなのです。辞書をいつも傍らに置くようでなければいけません。映画にもなった三浦しをんさんの『舟を編む』は辞書作りに青春をかけた編集者が主人公でした。佐々木健一さんの『辞書になった男』（文藝春秋）は二人の国語学者の物語です。

『三省堂国語辞典』の見坊豪紀《ひでとし》と『新明解国語辞典』の山田忠雄。『三国』は累計約一〇〇〇万部。『新明解』は約二二〇〇万部の『広辞苑』をはるかにしのぐ約二〇〇〇万部の部数を誇っています。

◇

ケンボー先生、山田先生とも「極めて独善的に、たった一人ですべての項目に目を通し、ほとんどの語釈も自ら書き、一冊の国語辞書に対する責任を全うした編纂《へんさん》者」だった。二人の個性を反映し、『三国』と『新明解』は全く対照的な辞書になりました。客観と主観、短文と長文、現代的と規範的……。

東大同期の二人は元々力を合わせて一冊の辞書をつくった仲ですが、ある日を境に別々の道を歩みます。そして二度と会うことはありませんでした。『辞書になった男』はその相克と決別の物語です。あたかも推理小説のようで、「字引は小説より奇なり」を実感させられます。

辞書は同じではないことを教えてくれます。極めて個性的なのです。『新明解』(三版)の「恋愛」はこんな具合です。

れんあい【恋愛】特定の異性に特別の愛情をいだいて、二人だけで一緒に居たい、出来るなら合体したいという気持を持ちながら、それが、常にはかなえられないで、ひどく心を苦しめる・(まれにかなえられて歓喜する)状態。

『辞書になった男』にはおもしろい語釈がたくさん出てきます。辞書を見る目が一変するに違いありません。と同時に、一筋に生きることがいかに凄《すご》いことかを教えてくれます。

ケンボー先生は、辞書作りのため一四五万例の言葉を集めました。探索の対象は新聞はもちろん、週刊誌、月刊誌、単行本から文学全集、テレビ、ラジオ、パンフレット、折り込み広告、ダイレクトメール、看板、掲示にまで及びました。

カーブミラー　見通しの悪いまがりかどに取り付ける、表面のもり上がった鏡。

このわずか二八文字のため全国を回り、カーブミラーの写真を山ほど撮影したというのです。二四時間、睡眠と洗顔と歯磨きの時以外は仕事をしていたと家族は回想しています。

◇

学問を究めるというのはそういうことなのでしょう。いま池内宏博士が昭和六年に出された『元寇の新研究』（東洋文庫）という大著を読んでいます。蒙古襲来を元の前線基地にされた高麗側から書いたものです。井上靖さんの『風濤《ふうとう》』は、この書に触発されて書かれました。

専門的なことはわかりませんが、とにかく凄いのです。圧倒されます。ここまで徹底して調べるのかと感嘆します。

池内先生のお弟子さんに三上次男さんという人がいます。三上さんの師を慕う美しい文章を読み、三上さんの金史研究三部作『金代女眞社会の研究』『金代政治制度の研究』『金代政治・社会の研究』（中央公論美術出版）を古本屋で求めました。

まだ少し読んだだけですが、中国の地を踏み、過去の史料に徹底してあたって、女真の国の姿を浮かび上がらせようとしていることがわかります。

ドイツの社会学者マックス・ウェーバーは『職業としての学問』で言っています。

「学問の領域で『人物』だといえるのは、ひたすらに自分の仕事に専心している人だけである」

学問に限りません。決して社会的に報われなくとも、一筋に己《おの》が道を歩んでいる、深く尊敬すべき人がいることを、ぜひ学生時代に知ってほしいのです。


（二〇一四年四月十二日）

外務大臣たるの心得

新聞記者になって四四年が過ぎました。自らに課してきたいくつかの「原則」があります。福澤諭吉は明治三十年（一八九七年）八月の『時事新報』の社説で、「新聞紙の外交論」と題し、次のように書いていています。

「外交の事態いよ〳〵切迫すれば、新聞紙の筆はいよ〳〵鈍るの常にして、我輩の如《ごと》き、身その局に在らずと雖《いえど》も、外交の事を記し又《また》これを論ずるに當《あた》りては自《おのず》から外務大臣たるの心得を以《もっ》てするが故に、一身の私に於《お》ては世間の人氣に投ず可《べ》き壮快の説なきに非《あら》ざれども、紙に臨めば自から筆の不自由を感じて自から躊躇《ちゅうちょ》するものなり。

苟《いやしく》も國家の利害を思ふものならんには此《この》心得なかる可《べか》らず。此心得あるものにして始めて共に今の外交を談ず可きのみ」

新聞にはいろいろな役割があるでしょう。よく言われるのは「権力の監視」です。権力の暴走を抑え、権力の腐敗を剔抉《てっけつ》する。それが唯一絶対であるかのように唱える人もいます。

しかし、それだけでは済まない時代になっています。国益に直結する外交・安全保障やエネルギー問題、社会保障など、単に批判するだけでなく、「あなたならどうする」ということが問われています。

◇

福澤の言うように、世間に拍手喝采されるようなスカッとしたことを言いたい気持ちを抑え、いま取り得る処方箋を示すことが求められているのです。それは権力に甘くなるということでは決してありません。自分の主張に責任を持たなければいけないということです。

テレビに出るようになって一五年になります。最初の頃、日本テレビ系の「ジパングあさ6」という番組で、フリーター批判をしました。「定職を持たないのはよくない。額に汗して働かなけれ

福澤諭吉（1835-1901）

ばいけない」。何のためらいもなく、自然な気持ちで言ってしまいました。一緒に出演していた当時日本テレビのアナウンサーだった魚住りえさんに、番組終了後こう諭されました。

「五郎さん、世の中には自分の夢を実現したくともできない人がいるんです。夢をかなえるために、フリーターをして頑張っているんですよ」

テレビを見ていた若い人からテレビ局にメールが来ました。「好き勝手なことを言ってカネもらっている人間に、俺たちの気持ちが分かるか」

そうなのだ。フリーターもさまざまだろうが、皆それぞれ必死に生きているのだ。それなのに自分は訳知り顔に高みから批判してしまった。深く恥じ入りました。

新聞記者への道を選ぶにあたって自分なりに確認したことがありました。世の中の「なぜ」に答えるとともに、自ら主張するすべを持たない人の立場に立とうということでした。

しかし、自分のやっていることはまったく反対ではないか。深く反省させられました。福澤諭吉とフリーター発言は、私にとって忘れてはならぬ「原点」として心に刻んでいます。

◇

このたび二〇一四年度の日本記者クラブ賞をいただくことになりました。「私にとって新聞記者としての四十余年はいかに生きるかということでもありました」とコメントしました。少し気負いすぎたかもしれませんが、偽らざる気持ちです。

新聞記者とは基本的に、自分のことを棚に上げて人のことをとやかく言う商売です。人が何十年もその道一筋で積み上げてきたものをわずか数日の取材で批判するのです。すこぶる傲慢な仕事です。

批判記事を書いたその夜、決まってみる夢がありました。批判した当の人たちに囲まれて、「お前は本当に分かって書いているのか」と詰め寄られている場面です。何度冷や汗をかいたかわかりません。

読売新聞で書評を書くようになって一六年になります。小説にしても哲学書にしても社会科学の本にしても、その道の専門家が書いたものを、素人が論評するのです。これもまた無謀で傲慢な所業かもしれません。

確かに、専門的な知識は乏しいでしょう。でも、ごく普通の読者の皆さんに理解できるように書く能力はあると密《ひそ》かに思っています。そのためには日々勉強しなくてはいけません。

日本記者クラブ賞をいただくことになり、改めて社会人になるときに母に言われた言葉をかみしめています。「何事にも手を抜いてはならない。常に全力で当たれ。傲慢になってはいけない。常に謙虚であれ」

（二〇一四年五月十日）

政治の原点を考える

政治記者をめざす君へ

大学生になった時から政治記者か政治学者になりたいと言っていましたね。学生時代に学ぶべき大切なことは、物事を考える場合の「原則」は何かということにつねに思いを馳《は》せる習慣を身に付けることです。

例えば、今政治的に一番ホットな問題は集団的自衛権です。限定的にせよ行使を認めるべきかどうかについては賛否両論あり得るでしょう。でも、随分おかしな議論が横行しているように思います。

おかしな議論その一は、憲法解釈を変えるのは「立憲主義」に反するという主張です。それでは自衛隊について政府はどう解釈してきたのでしょうか。

自衛隊は合憲である。なぜなら自衛隊は「軍隊」ではないからだ。自分の国を守るための最小限度のものしか持っていないし、それは「戦力」ではない。だから、憲法九条には違反していない。

それに対し、多くの憲法学者が「自衛隊違憲論」を唱えてきました。あたかもガラス細工のような、かなり無理のある論理構成で「自衛隊合憲論」を唱える内閣法制局を「三百代言」と攻撃してきました。それなのに今や、内閣法制局のOBと一緒になって憲法解釈を変えるなと言っているのです。

おかしな議論その二は、解釈を変えるなら憲法を改正すべきだという主張です。改憲論者が言うならわかります。でも憲法改正に反対し、国民の大事な権利である国民投票法にさえ反対してきた人が言うのは変です。憲法改正なんかできないと思っているから言っているとしか考えられないのです。

その時々で自分に都合のいいように主張するのを「ダブルスタンダード（二重基準）」と言います。要するに一貫性がないということです。

◇

そんなことを考えている時、五六年ぶりに復刊された『派閥――保守党の解剖』（弘文堂）を読みました。著者は読売新聞グループ本社会長・主筆の渡辺恒雄（88）です。会社の上司にあたる人の著書を取りあげることに迷いがないわけではありませんが、一貫して変わらぬ主張に新鮮な驚きを覚えました。

処女作にはその人の器量や可能性が凝縮されていると言われます。この本には政治を考える場合何が大切かが示されています。何よりも強調されているのは、政党とは民主政治の根幹をなすものであり、自由な存在でなければならないということです。戦前の反省から、政党が官僚や軍部など党外の勢力に支配されては民主政治は破滅するという強い危機感があります。

派閥については「政治の近代化」を阻害するとしてかねて批判があります。でも著者は「少なくとも今日の保守党にとって、必要悪である」と言い切っています。なぜなら、さまざまな意見を吸い上げる党内デモクラシーの確保と党内運営の効率化が可能になるからです。

今や派閥は弱体化しました。その一方で、党内デモクラシーは確保されているのか。半世紀前の著書からそのことも問われているように思います。

平時で党首を英雄化し偶像化する危険にも警鐘を鳴らしています。それは今にも通じます。『反ポピュリズム論』(新潮新書)などで著者が強調してやまない「大衆迎合政治」批判と軌を一にしているからです。

◇

政治はすぐれて人間的な営みです。政治とは人間の愛憎劇でもあることが『三国志』さながらに描かれているのも、この本の特徴です。池田勇人と佐藤栄作は旧制高校受験の時からの友だちですが、保守合同などを機に対立していきます。

「政治というものの持つ非人間的宿命の前には、三十年近い友情も、何の抵抗力も示さなかった。この離別のひと幕には一片の友情のかけらも見られず、醜悪な利害打算の爪痕だけが残されている」

リーダーとはいかにあるべきだろうか。首相まで務めたのに次々仲間を失っていく芦田均論を始め、歯に衣着《きぬ》せぬ人物論もこの本の主題です。

「芦田の身辺には大野伴睦がもつ熱い人情味も漂っていなければ、三木武吉のもつ闘志のこもった策略もなく、鳩山一郎や石橋湛山のような、どこか底の抜けたような人の好《よ》さもない。領袖として必要な人間的なアジがまったく欠如しているのだ」

政治を識《し》るには政治学はもとより歴史学や哲学、文学などにも親しまなければいけません。貪欲に学んでください。

（二〇一四年七月十二日）

池田勇人（1899-1965）

わからないと言う勇気

新聞にコラムを書き、テレビに出演するという「二足のわらじ」をはいて一五年になります。私にとって忘れようにも忘れられない思い出があります。

日本テレビ系の「ズームイン!!朝!」に出るようになって四カ月余りたった一九九九年七月二十三日、全日空機がハイジャックされ、機長が刺殺されるという事件が起きました。

「ズーム」では私のコーナーがありました。聞かれたことにコメントをするというのではなく、事件の全体像を説明し、なぜこういう事態になったか、どこに問題があるのか、どうすればいいのかを含めて一人で解説をするのです。

犯人は乗客が降りるところを逆走して全日空機に入ったというのですが、自分には羽田空港の構造もよくわかっていない。ましてどうすればいいのかをまとまった形で説明することは難しい。中途半端な知識で話してはかえって無責任になってしまう。そう考え、新聞を紹介することにとどめました。

その時、総合演出の佐藤一さんに厳しく叱られました。

「大きな出来事があった時、ズームを見ている人たちは、五郎さんが何を言うか、固唾《かたず》をのんで見ているんですよ。それでその人の一日が始まるんですよ。その期待に応えないことは許されないんですよ」

私は深く恥じました。そして心に刻みました。この仕事を続ける限り、どんなことが起きても対応できるよう準備しておかなければならない。そのためには勉強を怠ってはならないのはもちろん、この人に聞けばわかるという人をできるだけ多く友だちに持とう。

いま、読売テレビの「ウェークアップ！ぷらす」と「情報ライブ　ミヤネ屋」に出演しています。コメントを求められるたびに一五年前の出来事が蘇《よみがえ》ってくるのです。

◇

その一方で、遠雷のように響いてくる言葉があります。雑誌『中央公論』の一九五四年十二月号に評論家福田恆存の「平和論の進め方についての疑問」という衝撃的な論文が出ました。

――多くの平和論は待避線のうちから、若い青年たちを「平和か無か」という極端な思考に駆り立てている。基地が及ぼす学童への影響にしても、平和論を支える一本の柱として利用しているだけで、事態を改善しようなどという意図は毛頭ない。事態が悪化していると聞けば、平和論の支柱が太くなったと喜びそうな気配がある。

それは進歩的文化人に対する痛烈な批判でした。そして「文化人」なるものを次のように厳しく指弾しているのです。

文化人とは、何事につけてもつねに意見を用意してゐて、問はれるまゝに、ときには問はれぬうちに、うかうかといゝ気になつて口にする人種である。

それにしても、かれらは「自分にはよくわからない」とか、「その問題には興味がない」とか、「いままで考へたこともないことだから、にはかに答へられない」とか、さういつた返事をなぜしないのでせう。

「文化人」は自分にとつてもつとも切実なことにだけ口をだすといふ習慣を身につけたらどうでせうか。ほんたうにいひたいことだけをいひ、ほんたうに腹がたつことだけに怒り、大げさにいふと、これがなければ自分は生きがひなしとおもふことだけを求める――いはゆる社会の不安など、それでだいぶ落ちつきを得るのではないか。

◇

とても六〇年前の評論とは思えません。いまの状況をそのまま活写しているようです。同じころ福田とは思想的に全く正反対の政治学者丸山眞男はこんな指摘をしています。

――いまや知識人ジャーナリストは「文化人」という広範なカテゴリーに吸収され、「芸能人」の「文化人」への昇格と、「文化人の芸能人化」がおこっている。

ここにも半世紀以上の歳月を超えた鋭い洞察があります。すぐれた学者の予見能力の高さに脱帽します。そして自分はどうなのかと思ってしまうのです。「ほんたうにいひたいことだけをいってゐるのか」。そう正面から問われると、頭を垂れるしかないのです。

そしてまた丸山眞男が、政治学者はかくあらなければいけないとして引用しているJ・S・ミルの言葉をかみしめざるを得ないのです。

「真の教養人とは『あらゆることについて何事かを知っており、何事かについてはあらゆることを知っている人』である」

（二〇一四年九月十三日）

福田恆存（1912-94）

善を行ふに勇なれ

東京・八王子に住んで三〇年になります。近くには大正天皇の多摩陵《たまのみささぎ》、昭和天皇の武蔵野陵《むさしののみささぎ》がありますす。御陵のそばを走る甲州街道には長い銀杏《いちょう》並木が続いています。通るたびに心が洗われます。

四月から五月にかけ、銀杏の若葉が一日一日、見違えるように緑を濃くするからです。その光景を見るたびに、五〇年前の若葉の頃の自分自身のことが思い起こされます。

大学生になるというのは、私にとって別世界に足を踏み入れるということでした。十歳上の長兄は入学祝いに『福澤諭吉全集』（岩波書店、全二一巻）を買ってくれました。公務員の給料でよく買えたと思います。一冊一冊が重く、友人五人が手分けして運んでくれました。

政治学とは何かを問う潮田江次先生の「政治学」、現代政治学の最先端を紹介する堀江湛《ふかし》先生の「政治社会学」……。学問の扉をくぐろうとしているのだという気持ちになりました。

丸山眞男の『現代政治の思想と行動』（未來社）の華麗なレトリックに魅了され、安藤英治『マックス・ウェーバー研究』(未來社)を読んで、学問とは己の全存在をかけた苦闘にほかならないことを知りました。

◇

芥川賞作家の平野啓一郎さんが、岩波書店の『図書』五月号に、「〝我が事〟としての西洋政治思想史」という感動的な文章を書いています。平野さんは京都大学三回生の時に、小野紀明先生の授業を受けます。

その内容は、二年かけてホメロス期のギリシャ哲学からポストモダニズムまで網羅する壮大なものでした。思想家の思想は徹底してその人固有のものでありながら、同時に時代精神の産物だったことを緊迫感をもって語られたというのです。

「話が熱を帯びてゆく時の、背中を丸く強《こわ》ばらせて、眉間を険しくし、問いかけるように首を傾けながらまっすぐに学生を見つめる姿には、息を呑《の》むような存在感があった」

「その真剣さ、深刻さ、爽快な論理的明晰《めいせき》さと思いつめた暗い情熱、アイロニカルなユーモア、世俗に通じた柔軟な共感、禁欲的な公平さ、そして、圧倒的な博識、――そのすべてが、当時蔓延《まんえん》していた浮薄な現代思想ブームとは真反対だった」

そういう師に出会えた喜びを上廣《うえひろ》倫理財団編『わが師・先人を語る1』(弘文堂)にも見ることができます。

国際政治学の中西寛さんは高坂正堯先生から、理念を意識しながらその実現を図ることにこそ政治学の神髄があるという真の「現実主義」を学びます。

霊長類学の河合雅雄さんは、今西錦司先生に学問における切磋琢磨《せっさたくま》の重要さを教わります。弟子たちに個性と個性のぶつけ合いをさせ、まるで鋼鉄と鋼鉄の球が激しくぶつかる音を楽しむようだったといいます。

上廣倫理財団事務局長の丸山登さんがあとがきで書いています。「どのような優れた文化人でも、過去の人類の英知を、先人や身近に指導を受けた師を通して学ぶことなしには、本当の意味で、事を為《な》すことは出来なかったのではないだろうか」

◇

入学して一カ月あまりの大学生に「五月病」が忍び寄るといいます。環境の変化についていけなくて悩むのです。でも、いたるところに先生はいます。大事なことは、主体的に学ぼうとする姿勢があるかどうかです。人間として基本的なことを身につけようとするかどうかです。

一九四〇年十月、慶應義塾長小泉信三は塾生に五カ条の訓示をしました。神吉《かんき》創二著『伝記小泉信三』（慶應義塾大学出版会）によると、「訓示」は各教室に掲げられただけでなく、その意味を添えた紙を、塾生全員が持たされたそうです。

一、心志を剛強にし容儀を端正にせよ
一、師友に対して礼あれ

一、教室の神聖と校庭の清浄を護れ
一、途に老幼婦女に遜れ
善を行ふに勇なれ

容儀とは礼儀にかなった端正な身だしなみです。形を正すことは心を正す第一歩だと考えたのです。電車では、お年寄りや小さな子供、女性が安心して乗り降りできるよう、遜《ゆず》る心が大切だと諭しました。

正しいことを知りながら、それを行っていないのなら、正しいことを知らないことと同じです。ほんのわずかな勇気がなくて正しい行いができないというのなら、日頃から正しい行いをするのだと心に留めていなければならないのです。

「善を行ふ」とは、深く考えたうえで、自ら信じた道を勇気をもって歩むということなのでしょう。それは大学生に限りません。私自身も絶えずかみしめていなければならない教えだと改めて思っています。

（二〇一五年五月九日）

この世の「なぜ」に答える

中学生の君たちへ

新聞は何のためにあるのか。そもそも新聞は必要なのか。うまく活用するコツはあるのだろうか。インターネット世界に生きている君たちにはきっとそんな疑問があるでしょう。

その疑問に答えようと先月、秋田県横手市で、「中学生のための新聞講座in横手」が開かれました。読売新聞秋田支局が企画し、横手市教育委員会の全面協力で実現しました。

「考える力がつく新聞の読み方」と題した講演で私はこんなことをお話ししました。

——今朝の一面トップはＴＰＰ（環太平洋経済連携協定）です。ＴＰＰは関税をなくして貿易を活発にしようというものです。そうなると関税で守られてきた農業はじめ国内の産業は根本的な改革を迫られます。

新聞は数あるニュースの中でも今これが一番重要だと思われることを理由も含めて伝えています。ニュースの価値判断は新聞の大事な使命なのです。

それでは価値判断のために何が必要なのか。私は「鳥の目」と「虫の目」を併せもつことが大切だと言い続けています。鳥が大空から全体を見渡すような大きな視点が「鳥の目」です。虫が地べたをはうように細部に分け入るのが「虫の目」です。

パリの同時テロはなぜ起きたのか。宗教や民族の対立、貧困の問題も視野に入れて歴史的、構造的にとらえなければなりません。同時にテロリストが犯行に及んだ理由を、生い立ちや環境も含めて調べなければなりません。どうして平気で殺人や自爆ができるのかも考える必要があります。

二つの目はどうしたら養うことができるだろうか。四六年の記者生活で実感しているのは、新聞記事のスクラップというもっとも原始的な方法がもっとも役に立つということです。

切り抜きをしていると、その記事を三回読むことになります。何を切り抜くかを決めるにはまず読まなければいけません。切り抜きながら二回目を読みます。それをノートや紙に貼ります。これで三回です。これを一カ月やってごらん。大概のことは歴史や背景、構造も浮かんできますよと言っています。

そんなことを話した後、同僚の鈴木美潮編集委員の司会で、八人の中学生とのトークセッションに臨みました。十八歳選挙権と秋田の未来をどう考えるかがテーマでした。さまざまな意見やアイデアが出ました。

横手北中三年の伊藤龍朗《たつろう》君は「それぞれの政党が何をしているのかはっきり見えない。そこに不安を感じ、若い人は投票に行かないのではないか」ともっともな疑問を呈しました。

横手清陵学院中三年の大森瑛人《えいと》君は「人柄より政策が大事。独創的なプランがあれば、悪そうな人でも一票を投じたい」と冷徹な見方を示しました。

私は「選挙権は大事な権利です。権利を賢く行使するには自分も政党やその政策について積極的に知ろうとしなければいけません。それが国民としての責任なのです」と答えました。

横手明峰中三年の佐藤瑠衣《るい》さんや平鹿中三年の武田文斗《ふみと》君からは「新聞は全部読まなければいけないか」「時間がない中で有効な読み方はあるのか」と問われ、こう言いました。

「見出しを見て読みたいと思ったものから読めばいい。ただ興味がなくとも読めば勉強になりますよ。そして読んだら友だちに話してごらん。世界が広がりますよ」

中学生の皆さんの素朴な、それだけに基本的な質問、意見を聴きながら改めて思いました。新聞は何のためにあるのだろうかと。あたかも金科玉条のように言われるのが「権力批判」です。それは必須の要素ですが、それと同じくらい大事なのが、世の中の「なぜ」に答えることだと私は思っています。

たとえば安倍内閣をどうみるか。特定の新聞だけ読んでいると、これほどひどい内閣はありません。特定秘密保護法で日本を戦前の暗黒時代に戻し、安保法案で日本を戦争する国にしようとする悪逆非道の内閣ということになります。

しかし内閣の支持率はごく一時期を除いて不支持を上回っています。国民が瞞《だま》されているのか、それとも無知だとでも言うのか。ただ批判するだけではわかりません。なぜそうなのかを説明する責任があります。

その理由についてこれまでも触れてきたつもりですが、皆さんもこの世の「なぜ」に思いをめぐらせてほしいと思います。

（二〇一五年十二月十二日）

「知の共同体」は可能か

大学生になった君へ

「五月病」にかかっていませんか。大学に入学したばかりの学生が受験の重圧から解放されて目標を失ったり、大学の講義内容に失望したりしてうつ状態になることだそうですね。

四割もの学生が「五月病」の経験があるという調査結果には衝撃を受けました。専門家はカウンセリングを受けるよう勧めていますが、そもそも大学生になるというのはどういうことかをきちんと自覚することが大事だと思います。

学生時代に真に学ぶべきは何なのか。いろいろな考え方がありうるでしょう。私は「知る喜び」を感じることも大切ではないのかと思うのです。身近な例をひとつ挙げましょう。

昨年十一月、東大名誉教授で国際法学者の大沼保昭さんが中心になって「知の共同体」という勉強会が発足しました。学者のタレント化や、自分の狭い専門に閉じこもる「たこつぼ」化がどんどん進んでいる。

その一方で、複雑化する現実に立ち向かうべきジャーナリストの勉強不足も目立つ。安全保障など国の根幹に関わる問題で互いに相手の非をなじるだけで建設的な議論が成り立たない状況になっている。

そんな危機意識のもとに、互いに切磋琢磨《せっさたくま》する場をつくろうと始まりました。学者は法学、政治学、経済学、歴史学、社会学などさまざまな分野に及び、ジャーナリストは新聞社の論説委員や編集委員などです。

◇

最初は古典に準ずる書を読んで「現代」を考えようと、第一回は、中江兆民『三酔人経綸問答』（一八八七年）を取り上げました。「南海先生」のお宅を洋服を着た学者風の「洋学紳士君」と、カス

中江兆民（1847-1901）

りの羽織に袴《はかま》をつけた丈高く腕太い「豪傑君」が訪ねて「宇内《うだい》(天下)の形勢」について議論を戦わせます。

理論を重視する理想主義の洋学紳士君に対し、現実重視で冒険主義の豪傑君。その中間の漸進的改良主義者の南海先生という図式です。ここには民主主義論、不戦論や非武装の是非、進化とは何か、侵略主義の系譜などさまざまな論点があります。トランプ大統領の登場などで世界は混沌《こんとん》を極めています。日本の針路はどうあるべきか。一三〇年前のこの書にはそのヒントがあるように思います。

「三酔人」をめぐり、かねて議論のあるのが兆民自身は誰かということです。一回目の報告者は歴史学者で東工大教授の山室恭子さんでした。「兆民先生に化かされるの巻」と題し、それを解く鍵は小見出しのように付けられた「頭注」にあるというのです。意表をつく指摘にびっくりし、納得しました。

二回目は「歴史は現在と過去との対話である」で有名なE・H・カーの『歴史とは何か』でした。高崎経済大准教授の三牧聖子さんはカーの「英雄史観」を批判するとともに、巨大な進歩には巨大な犠牲が伴うことを肯定していいのかと厳しく論断しました。これに対し三牧さんの師である大沼さんは真っ向から反論しました。

まさに血の出るような議論が展開されたのです。歴史をどうみるべきか。時代的な制約も踏まえながら先人から学ぶことが必要だと痛感しました。三回目はマックス・ウェーバーの『職業としての学問』でした。斬新な報告と白熱した議論に「知る喜び」があるのです。

◇

つい最近出版されたばかりの東大教授、苅部直さんの『「維新革命」への道』（新潮選書）は「知る」ことの醍醐《だいご》味を存分に味わわせてくれます。一般に流布されている見方が根本から否定されているのです。

明治維新で日本の近代が始まったのか。そうではあるまい。江戸後期の十九世紀日本にすでにその萌芽《ほうが》があった。近代西洋の「文明」は決して日本人に理解不可能で神秘的だったわけではなかった。理解し共感できる要素が前近代の思想と文化にあった。明治維新は幕府から天皇への政権交代だけではなく、国家体制や身分制を根幹から変える「革命」だったのだ。

この本の魅力はこれにとどまりません。歴史や人間、社会を見る目に何とも言えない「しなやかさ」があるのです。たとえば、国学者本居宣長の「物のあはれ」を知ることに「異質なものに対する寛容の精神」を見ているのもそうです。

この世には自分の知らない世界が限りなく広がっています。かなわない人もたくさんいます。大学でそうしたことも謙虚に学んでほしいと思うのです。

（二〇一七年六月十日）

Ⅳ　人・人・人

1　人に学ぶ

今道友信と岩元禎――「美しい魂」と「偉大な暗闇」

大学院の頃、ライバルでもあった友人が肺結核で入院しました。彼は大学の売店でアルバイトをしている娘さんに恋をしていました。しかし、貧しい家の彼女との結婚は両親が許さないことも知っていました。

そんな彼をギリシャ哲学の泰斗、斎藤忍随先生と一緒に病院に見舞いました。有名ブランド「モーツァルト」のチョコレート一箱を持参しました。

病室で彼は言いました。「嬉《うれ》しいことがあったんだ。サエ子さん（恋人）がチョコをくれたんだ」。それはたった一枚の板チョコでした。貧しいゆえに一枚しか買えなかったのでしょうが、彼には何よりもうれしく、見せびらかすのでした。

その時、僕は無思慮にも「実は僕達もね……」と、鞄《かばん》からチョコの箱を取り出そうとしました。斎藤先生はすかさず「僕達も何か持ってくるべきだったなあ」と言って、僕を売店に連れていきました。そして板チョコより安いキャラメルを一箱買い病室に戻りました。

先生は「僕達は忙しくて何もお土産を持って来られなかったんだよ。これで勘弁してくれ。喉《のど》にはいいよ」と渡しました。

◇

今道友信東大名誉教授の『今道友信　わが哲学を語る』（かまくら春秋社）にあるエピソードです。この本で今道さんは、自分自身の大切なものを捧《ささ》げる「善」、他者のためにより大きな犠牲を払う「美」の大切さを説き、斎藤先生について「美しい心、美しい行為です。今でも斎藤先生の温かい心づかいに涙ぐみます」と書いています。

この本を読み私も感動しました。東西の哲学を究め縦横に論じながら、私たちのごく身近にある行為にこそ、いかに生きるべきかの解があることを教えてくれたからです。それを読売新聞の書評欄で書きました。

「碩学《せきがく》がたどり着いた終着駅にあるのは平凡すぎるほど美しいヒューマニズムである。哲学は決して遠くかなたのものではない。そう語ろうとしていることが実に感動的なのである」

この書評に対し、今道先生からお手紙をいただきました。それは病院からでした。自分の言いたかったことを簡潔に力強く明かしてくれたと感謝され、さまざまな治療を受け、字もうまく書けない、今日が何曜日で何日かもよく分かりませんとありました。癌《がん》と必死に闘いながら一面識もない私のことを心配され、こう書かれていました。

「まだ健康な頃の私は朝のニュースで少しお見かけしたのが橋本様かと存じましたが、前に比べて少しおやせになったように見受けられました。どうぞ私の見間違いで、お元気でいらっしゃることをお祈りします」

◇

今道先生のお手紙を前に、深い思いにとらわれ、先生がご自身の歩みを回想された『知の光を求めて』（中央公論新社）を読みました。その中で元一高教授岩元禎とアウグスティヌスに触れ、人間とは無限を受け入れる有限の器でしかなく、真理に対しいかに謙虚でなければならないかを強調されています。

以前古本屋で岩元禎の『哲学概論』（一九四四年、近藤書店）を買ったことを思い出し、読み始めました。岩元禎（一八六九〜一九四二）は「偉大なる暗闇」のあだ名を持ち、漱石の『三四郎』の広田先生のモデルといわれた名物教授です。高橋英夫著『偉大なる暗闇』（新潮社）には「窺《うかが》い知れぬ内面をつつんだ闇の人」「内部に暗闇を持った謎の哲人」と表現されています。

◇

「哲学は吾人《ごじん》の有限を以《もっ》て宇宙の無限を包括せんとする企図なり。（中略）之《これ》を包括するの不可能なる言を俟《ま》たず」

『哲学概論』は旧制一高での講義を岩元の死後まとめたもので、その冒頭の一節です。講義は難解を極め、当時の生徒には歯が立たなかったといわれていますが、岩元の弟子だった宗教哲学者の三谷隆正の序文は師弟愛に満ちています。

「その難解な言辞を通して何かしらひしと聴者に迫るものがあった。或《あ》る哲学的気魄《きはく》があった。先生の哲学には純乎《じゅんこ》たる精神の厳乎たる権威があった。この権威と気魄とが先生の学的態度の根本的特長であった」

三谷隆正については、『ビルマの竪琴』の著者、竹山道雄元東大教授の「三谷先生の追憶」（『竹山道雄著作集』４）という名文があります。

「先生を直接知った人にとってはそれは一つの体験であり、生涯の事件であり、幸福だった。先生は存在していられることそのものが、生きていることに意味があり、光明があり、頼りどころがあることを人に感ぜしめる人だった」

「先生はいいがたき醇乎《じゅんこ》たる人間味をもち、男性的な勇気をもち、つねに完成して平衡を保ち、沈静であたたかかった。欠点がなく、翳《かげり》がなく、浪漫的ないしは近代的な激情や官能味がなく、芝居がなく、飾り気がなく、無理がなく、エピソードがなく、逸話がなかった」

そう言い切ることの出来る人に巡り会えたことはいかに幸せか。今道さんが強調してやまない「美しい魂」に少しでも近づく道はあるのか。深く沈潜する「暗闇」を己の中に持つことは出来るのだろうか。

自問しなければならない問いがいくつもあることに気づかされました。

（二〇一〇年十一月十三日）

「無用の物」何かせん――細川護熙

「寒山の詩に『十年帰り得ず、来時の道を忘却せり』というのがありますが、同じような意味で好きな言葉に『没蹤跡《もっしょうせき》』があります。自分の足跡を滅し去って跡を残さずということです。足跡を残さない『跡無き工夫』こそ、私が先人たちから学んだ一番大事なことの一つだと、いつも肝に銘じてまいりました」

私も選考委員の一人である第六回後藤新平賞の授賞式が先月、都内で行われた。受賞者は細川護熙元首相。熊本県知事時代の文化的な街づくり、首相としてのウルグアイ・ラウンド決着、さらに東日本大震災で生じた膨大な瓦礫《がれき》を活用して、長さ三〇〇キロの緑の防波堤をつくるという「森の長城プロジェクト」構想が評価されての受賞だ。

この日、細川さんは出席がかなわず、代わりに佳代子夫人が細川さんの受賞のあいさつを代読した。自分には文明のあり方に思索をめぐらし、それを新しく方向づけるような業績は全くなく、かえって後藤新平賞の名を汚すことになると再三辞退した経緯を話された。

「家内への遺言でも、叙位、叙勲とかそういう類の話は、私があの世へいってからでも決して受けてはならんと常々きつく申しております。しかし、ご要請もだし難く、これ以上お断りするとせっかくの素晴らしい活動に水を差すことになってもと愚考し、恥を忍んでお受けすることにいたしました」

◇

細川さんのあいさつは、3・11が私たちに突きつけたもの、原発をどう考えるか、紙幅があればもっと紹介したいところだが、私にとってとりわけ印象深かったのが「没蹤跡」である。聞きながら『正法眼蔵随聞記』（懐奘編）の一節を思った。

道元禅師が教えて言われた。唐の太宗に外国から一日に千里を走る名馬が献上された。しかし太宗はこれを喜ばなかった。「たとえ千里をゆく駿馬《しゅんめ》でも、自分ひとり乗って千里の先を走っても、あとについて来る家来がなかったなら、そのかいがない」と考えたからだ。

太宗はその馬に黄金や絹織物を背負わせて贈り主に返した。まして禅僧は、袈裟《けさ》や応量器以外の物は無用だろう。「無用の物、是《これ》を貯《たくは》へて何かせん」

聞きながらギクリとした。自分のことを言われていると思ったのである。というのも、最近『総理の器量』（中公新書ラクレ）という本を出したばかりだった。この本は、政治記者として出会った首相のエピソードを綴《つづ》りながら、政治リーダーのあるべき姿を考えようと思ってまとめたものである。

中曽根康弘にみる「王道の政治」、大平正芳にみる「韜晦《とうかい》の政治」、小泉純一郎にみる「無借金の政治」などと、歴代首相の政治の特徴を一言で表した。そこから導き出される宰相の必須の条件とは、国を一身に背負う悲壮なまでの使命感であり、「政治とは鎮魂である」という謙虚さであり、歴史への深い理解と、政治家とは歴史という名の法廷で裁かれている被告であるという「諦念」を持っているかではないのか。

あまりに卑小な今の政治への深い憂いがあったからだが、その一方で、『総理の器量』などというお前の本こそ「無用の物」ではないのか。そう言われているような気がしたのである。

◇

八党会派による細川内閣はわずか八カ月の短命政権だった。しかし、高い支持率を背景に、コメの部分開放と選挙制度改革を柱とした政治改革の二つの難事業を成し遂げた。その首相在任中の日記が『内訟録』(日本経済新聞出版社)である。

日記を辿《たど》っていくと、取材者として当時抱いていた細川首相像の変更を迫られてくる。実権を持ち政策決定していたのは首相ではなく小沢一郎氏だったという「権力の二重構造」論は事実に反し、コメの開放など重要な意思決定は首相自らが下していた。リーダーは「何がやれるか」ではなく、「何をやるべきか」を考えなければならず、政権は長きをもって尊しとせず、常に引き際を考えていたことを知るのである。

そして何よりも大事なのは、歴史の中の存在であることを常に意識し、賢人の言葉を反芻《はんすう》しながら政治を行っていたことである。「内訟」とは『論語』で孔子が「吾《わ》れ未《いま》だ能《よ》く其《そ》の過ちを見て内に自ら訟《せ》むる者を見ざるなり」と嘆息したことに因《ちな》んでいる。確かに、自分の過ちを認め、自分で自分を責めることのできるような人物はなかなか見当たらないものである。

（二〇一二年八月十八日）

頂の高さ見せつけよ——天野篤、及川秀子

「心臓外科医は要人の警護にあたるＳＰの方々と同じです。自分の命を捨てられるくらい訓練し、気持ちも体も経験もそこに詰め込まないと、とても患者さんに立ち向かえません」

八月下旬、伊豆の天城高原で開かれた「天城会議」で、順天堂大学の天野篤教授（56）は気負いなく淡々と言われた。

天城会議は日本アイ・ビー・エムが主催、経済界や学界、政界、官界、言論界などの有志が年一回集まり、合宿しながら時代が直面する問題を話し合ってきた。四三回を迎えた今年のテーマは「専門知の結集」だった。

今年二月、天皇陛下の心臓手術にあたった天野さんと、宮城県気仙沼市でデニム会社を経営している及川秀子さん（65）が講師。天野さんは「命を捨てられる訓練」に加えて心臓外科医の心得についてこう語った。

「患者さんのすべての情報を取り、まだ取り足らないと思うところまで行って手術に向かう。いざ

手術となった時には鳥が羽ばたくように上空に舞い上がり、一度自分がもがいてきたものを全部見渡す。俯瞰《ふかん》する」

どこの世界でも、次の世代をどう育てるかが課題になるが、天野流は徹底している。

「手取り足取りで育てたが、効率が良くない。自分もどんどん妥協してしまう。ともかく頂の高さを見せつけてやる。富士山を登ったヤツにはエベレストの高さを見せつける。トップランナーとしての生き方を見せ続けることに価値がある」

◇

及川さんは東日本大震災で自宅を流されたが、会社を避難所にし一五〇人の被災者を受け入れた。避難所にいた漁師さんたちが大型発電機を運んできてくれ、四月初めには仕事を再開した。ハローワークに出した入社条件は「入った時から正社員。本来の仕事が見つかったらいつ辞めても構わない。募集人員は無制限」。復興まで一〇年と考えれば、わずか一年の投資は挽回できると考えた。

及川さんは安さではなく、オリジナルブランドのジーンズ作りを目指してきた。デニムの糸に、強くて服になじむ麻糸を使うことに成功した。麻糸には強すぎて縫えないという弱点があったが、独特の技術でそれを克服した。だから日本の縫製技術に自信があった。

及川さんには夫亡き後支えてくれた三人の息子がいた。親子で縦糸となり横糸となって一歩一歩進めてきた歩みがあった。天野さんと及川さんの二人に共通しているのは「使命感」であり、プロとしての誇りである。

天城会議の趣意書は世話人の一人である私が書いた。「今こそ『専門家』の復権を」と、次のように呼びかけた。

「民主主義の成熟とは玄人と素人の間の境目が限りなく不分明になることを意味する。『国民目線』と言われただけで玄人は沈黙してしまう。それは民主主義の利点だが、同時に大きな『陥穽《かんせい》』にもなり得る。素人の鋭い批判精神は貴重だが、最終的に責任をとることはない。

一方で玄人は情報化の波の中で素人の批判に晒《さら》され、限りなく自信を喪失していく。今こそ専門家は『専門家であること』に自信を持たなければならない。人間が生み出した原発事故を乗り越えるのも、専門的な技術なのである。官民やイデオロギーを超えて『専門知』を結集しなければならない」

◇

民主党の代表選と自民党の総裁選が来週告示される。これから激しくなるであろう政策論争を前にぜひ確認してほしいことがある。本格的な政権交代をしてからの三年間をきちんと総括してもらいたいのである。

あれだけ期待されながら民主党政権はなぜこうまでひどい状況にあるのか。どこが悪かったのか。政治とは何か、国を統治するとはどういうことかについてあまりに安易に考えていたのではないか。政治の限界を自覚しつつ協力し合いながら一歩一歩進めるという「謙虚さ」に欠けていたのではないか。

一方の自民党は、五四年間政権党であり続けた誇りと責任感がどこまであったのか。国家的な課題に対し、自分たちだったらどうすると示してきたのか。三年前の国民の厳しい審判を受けて、どれだけ自己改革の努力をしたのか。民主党と同じように総括しなければならない。

両党のみならず日本の政界全体に今問われているのは、リーダーのあるべき姿だろう。政治の専門家として「頂の高さ」を見せつける覚悟と備えを示してほしい。私欲を捨てた使命感を見せてほしいのである。

（二〇一二年九月八日）

総理になるということ——中曽根康弘

一九八三年一月五日は私にとっても忘れられない日である。中曽根首相が韓国を訪問すると発表したのである。教科書検定問題などで、日韓関係は最悪の状況だった。外務省高官は「カネ（経済協力）は、びた一文やらない」と公言していた。日韓関係は二〇年間改善されないとも言われていた。

当時首相官邸の担当だった。頭をよぎったのは「第二の伊藤博文」だった。訪韓すれば中曽根は暗殺されるのではないかと思った。しかし、杞憂《きゆう》だった。四〇億ドルの経済協力ですんなり合意したのである。

その陰には入念な準備があった。韓国側との下交渉は伊藤忠商事の瀬島龍三が行った。瀬島はマスコミに察知されることを恐れ、ソウルや東京ではなく、大阪や福岡、太宰府、金沢、釜山で極秘の詰めをした。

中曽根自身も密《ひそ》かに韓国語を勉強していた。ＮＨＫの韓国語講座を録音し、移動の自動車や風呂で聞いて勉強を続けた。一月十一日に訪韓、金浦空港に降り立った第一声の半分は韓国語で行った。全斗煥《チョンドゥファン》大統領主催の歓迎晩餐《ばんさん》会でも、冒頭と最後の部分を韓国語であいさつした。その後の小宴では、「黄色いシャツを着た男」という韓国でもっとも有名な歌謡曲を韓国語で歌った。全大統領は「影を慕いて」を日本語で歌った。

◇

これによって日韓関係は様相を一変した。首脳外交の神髄を見せられた思いだった。総理大臣はどうあるべきか、「総理の器量」を考えるとき、真っ先に思い出す光景である。

アメリカではオバマ大統領が再選された。中国では激しい権力闘争の中で習近平体制が生まれようとしている。来月には韓国大統領選も行われる。

一国の首脳の外交能力が国の行方を決定的に左右することは昔も今も変わらない。出版されたばかりの『中曽根康弘が語る戦後日本外交』（新潮社）はそのことを教えてくれる。

学者七人による膨大な聞き書きから、いくつかの「中曽根外交哲学」を導き出すことができる。第一は、何のために政治家になったのかという「原点」に関わることだ。次の文章に集約されている。

「敗戦の屈辱から如何に早く脱却するか、如何に国民に自主独立の気力と目標を設定するか、この新しい環境で日本を国家として復活させ、自立を取り戻し、独立国家として無事に育てねばならなかった」

第二に、「外交の翼」をできるだけ広げようとした。日米関係を基軸としつつも、決して米国一辺倒にならず、アジアにも軸足を置こうとした。

聞き手の一人である中島琢磨・龍谷大学准教授はこう解説している。「日米関係とアジア外交を二分論的に分けげず、むしろそれらの相互作用を緻密に計算しながらなされた」。内閣発足後まず韓国を電撃的に訪問、次にアメリカに飛んだ。

第三は、首脳同士の信頼関係の構築に腐心したことである。レーガン大統領との「ロン・ヤス」関係はその象徴だ。退任後逮捕され、山に入って隠遁《いんとん》生活を送っていた全斗煥大統領には、羊羹《ようかん》や靴下、CDを送り、わざわざ逢《あ》いに行った。

そして第四は、冒頭に挙げた「周到な準備」である。事に当たっての準備の重要性は外交に限らないが、国益がかかっているだけに一層大事だ。日本外交の現状を見るにつけ、こうした「外交の要諦」がどれだけ自覚的、体系的に追求されているのか、深い疑問にとらわれる。

◇

この原稿をまとめている最中に、蔦子夫人の訃報に接した。一九四五年に中曽根氏と結婚、九十一歳で亡くなるまで六七年間、政治生活を支えてきた。八日のお通夜で中曽根氏は、可愛《かわい》い妻であると同時に、ずけずけとものを言ってくれる批判者でもあったと回想された。

群馬に住んで夫の選挙区を守り、東京から帰る夫を駅まで迎えに来た。昭和二十年代は自転車の荷台に乗せてくれた。三〇年代は自動車を運転してくれた。駅から家までの間が、夫婦の「和合」

のときだった。

お通夜でしみじみと語る中曽根さんに、政治家にとっての家庭の大切さを思った。政治家の妻であることの宿命を見た。

つつましく老ゆる心に梅の花

五年前の二月十一日の結婚記念日に中曽根さんが詠んだ句である。蔦子夫人のお棺には次の句を書いて入れたという。

頼みあう夫婦となりて年のくれ

（二〇一二年十一月十日）

ゆずり葉に宰相を思う――中曽根康弘

大正七年生まれの元首相中曽根康弘は五月二十七日、九十七歳の誕生日を迎えました。その心境を色紙に認《したた》めていただきました。

埋《うも》れ火は
　赫《あか》く冴《さ》えたる
　　ままにして

一世紀近くを生き、なお沸々とたぎる情熱を内部に抱えているのです。「永遠の青年」を見る思いがします。誕生日のお祝いに、「鶴」というウイスキーを持参しました。お礼のお手紙にありました。

「老いたとは申せ、少しでも国家のお役に立てればとの一念で日々精進を重ねてまいりましたが、はるけくも、来つるものかなの感慨一入《ひとしお》の思いがございます。しかしながら、この老輩の身にして、人生　潤は深く　行路未《いま》だ定まらず　の心境でもあります。なお一層の研鑽《けんさん》を積み重ね国家に最後のご奉公をしてまいりたいと存じます」

少し耳は遠くなりましたが、背筋をぴんと伸ばし、「今、カントを真似《まね》ているんですよ」と言われました。哲学者カントの午後の散歩は有名です。

カントは毎日決まった時間にケーニヒスベルクの決まった道を散歩しました。街の人々はその姿を見て時刻を知りました。中曽根さんも背広をきちんと着て事務所に通っています。

◇

中曽根さんの長い人生の中でその行動を規定してきた原理は何だったのか。それはカントにあると『自省録』（新潮社）はじめ随所で語っています。

カントは、「善」なる行為は幸福や快楽といった目的によるものではなく、直接に「この行為をなせ」と命じるところに従うものと述べている。これをあえて通俗的に意訳すれば、「自分の判断が誰の眼《め》から見ても、人間と自然の大道に則《のっと》っており、妥当性があるように行動せよ」ということになる。

そしてその判断は、それぞれの「良心の断言命令」に従うところにある。『実践理性批判』の結語でこう記している。

「繰り返し、じっと反省すればするほど、常にそして高まり来る感嘆と崇敬の念を持って心を満たすものが二つある。わが上なる星の輝く空と、わが内なる道徳律である」

自分もカントの哲学をなぞるように生きてきた。確かに過ちも犯しただろうが、人間の深奥に道徳律があるということについて、私は根本的に疑ったことがない――。

中曽根さんは五年間の首相在任中に一六七回、東京・谷中の全生庵に通って座禅を組みました。座禅とは無意識の世界の探求であり沈潜でした。熾烈《しれつ》なまでの権力闘争に耐え抜き、困難な政策の遂行に立ち向かうための、かけがえのない「自省」の時だったのでしょう。

その中曽根さんに、安倍晋三首相はどう映るのか、聞いてみました。集団的自衛権の見直しや憲法改正などまじめに正面から取り上げる真摯《しんし》さは認めつつも、決定的に欠けているものがあるというのです。

「ユーモアがない。笑いがない」というのです。首相が野党のヤジにヤジで立ち向かうことが「宰相の所作」なのかということなのでしょう。たとえ理不尽な質問であっても、ユーモアで耐える余裕、ふくよかさがなくてどうする、ということなのでしょう。

◇

そんなことを考えながら『ゆずり葉の頃』という映画を観《み》ました。八十四歳の八千草薫さんが主人公です。着物の仕立てをしながら一人で暮らしてきた市子はかつて疎開した軽井沢に向かいます。世界的な画家でひそかに心寄せていた人が描いた一枚の絵、幼い自分が描かれている絵を見たいと思ったのです。

一人息子進は海外の商社に勤め、一時帰国したところ母がいないので、心配になって母を追います。田園風景が広がるバス停で二人が顔寄せ合うシーンはこの上なく美しく映ります。

転職し帰国することを考えている息子に母は言います。あなたは私が生きてきた証し、希望なのだから、母のことは考えず、その生き方を見せてほしい。

「保育園に通う途中にあった公園、覚えている？　その公園の片隅にゆずり葉という木があるの。その木は何時《いつ》も緑で美しい。ゆずり葉はね、新芽が育つと古い葉が青いままで散るの。そこで緑の葉が茶色になり自然に土に帰る、私、ゆずり葉のように生きて行きたい」

「うーん、ゆずり葉ね、判《わか》ったよ、お袋はお袋らしく生きなよ、俺も俺らしく生きるよ」

凛《りん》として生きることの大切さをしみじみ教えてくれます。

（二〇一五年六月十三日）

一日一〇〇回笑ってみよう――葉加瀬太郎

本コラムのコラージュには一応原則らしきものがあります。取り上げる人物の写真と関連する本を組み合わせるというものです。しかし、今回は変えてみました。一枚の写真をそのまま使うことにしました。今回書こうとしていることを象徴的に示しているからです。

この写真は九月二十八日、東京・代官山のヒルサイドフォーラムで行われた「葉加瀬太郎と一緒に落書きをしよう」という催しの一こまです。会場では翌日から始まるバイオリニスト葉加瀬さん(47)の絵画展の準備に追われていました。集まった六歳から十歳の男女四五人は、葉加瀬さんの大作に囲まれながら共同制作に挑戦したのです。

まず葉加瀬さんが二〇〇号の白いキャンバスに大きな円を描きます。そして「これは地球です。みんなはここに何を描きたいですか」と聞きます。さまざまな答えの中に、空気、風などというのもありました。

さあ、いよいよ絵筆を執ります。銘々勝手に描いたかのようでしたが、一時間後に出来上がったのを見ると、海と陸が描かれ、その周辺に家、子ども、大人、信号、マンション、ビル、虎や猿などの動物、魚、さらにはキャラクターまでいます。

誰が指示したわけでもなく自然に出来上がった作品には生きとし生けるものが平和に共存しているのです。最後に葉加瀬さんが円の周りを青く染めます。宇宙です。これによって「僕らの惑星《ほし》」は完成しました。

「絵とは絵の具を使ったどろんこ遊び」と思っている葉加瀬さん。現代のどろんこ遊びで子どもたちにスマホやゲームにない世界を知ってもらいたい。それが葉加瀬さんの願いです。子どもたちの手を見ればわかりますが、青い絵の具、緑の絵の具で汚れています。

「子どもは自分が描きたいものを自由に描いている。大人になるということはそれを忘れてしまうことです。捨ててしまうことなんです。子どもたちを見ることによって忘れたものを取り戻してるんです」

◇

そう語る葉加瀬さん。小さいときからバイオリン漬けの日々で、本格的に絵を描くようになったのは東京芸大に入ってからだといいます。学生時代に結成した、クラシックやポップスなどジャンルの枠を超えたグループ「クライズラー&カンパニー」を一九九六年に解散し、ソロデビューをします。その直後に初めての絵の個展を開きます。

私が葉加瀬さんの絵を見るのは先日の「葉加瀬太郎絵画展二〇一五」が初めてでした。とても温かい気分になりました。ほのぼのとした気持ちで家路に就くことができました。

葉加瀬さんは一日一〇〇回笑うことにしているそうです。自分の絵を見て、思わずくすくす笑みがこぼれてくる。そのとき「やった」という気分になるそうです。笑えるというのはとても幸せなことだと思います。

葉加瀬さんがバンドを結成したときから付き合いがあり、絵の才能を高く評価してきたのがアート　オブセッション社長の出川博一さん（72）です。最初の個展のときから関わり、ずっと支えてきました。出川さんは「太郎さんの個展は家族で見る展覧会です」と言います。その通りだと思います。

◇

葉加瀬さんは、妻でタレントの高田万由子さん、娘の向日葵《ひまり》さん、息子の万太郎君とともに八年前にロンドンに居を移し、ロンドンと日本を往復、世界各国で公演活動をしています。

日本では昨年九月から年末にかけ、四七都道府県すべてを回る全国ツアーを行いました。今年も九月に始め、年末まで全国五二回の公演を予定しています。妻子と一緒のときがどうしても少なくなってしまいます。

出川さんが子どもたちと絵を描いている写真を送ったら、万由子さんからはこんな返信があったそうです。

「日本の子どもたちに喜んでもらってとても嬉《うれ》しく思います。でも、二人の子どもたちに父の背

葉加瀬太郎さんと幼稚園年長・小学生1年生の子どもたち約40名で描いた「僕らの惑星」(2015年9月28日　代官山ヒルサイドフォーラム)

(提供・アートオブセッション)

中を見せることができません。これもロンドンに生活の拠点を移し、アーティストを父に持った子どもの宿命だと覚悟していますが……」

葉加瀬さんの公演はどこでも人気です。仕事とはいえ、その分わが子に割かれるべき時間が少なくなってしまいます。万由子さんの気持ちが痛いほどわかる気がします。

(二〇一五年十月十日)

「貯金」残さず「貯人」残す――山本保博

関東大震災後の復興で著名な後藤新平は救急医療の先駆者でもありました。一八八二年（明治十五年）四月、自由民権運動家板垣退助が岐阜で刺客に襲われました。治療に向かったのは数え年わずか二十六歳の愛知医学校長兼病院長の後藤新平でした。この時の模様について「憲政の神様」尾崎行雄は「人物回顧録」（『尾崎咢堂《がくどう》全集』第七巻）でこう描写しています。

「見れば、極めて年の若い美少年である。板垣伯を取巻いて居るところの豪傑連、『何だ、こんな小僧に療治が出来るか』といふやうな様子であつた。後藤君は平気で『療治をするのには傷口を見なければならぬ、着物を脱がせて下さい』と云《い》つた。冬のことで、毛皮のチョッキを着てゐたが、その上から刺されたのだつた。

傍に居つた壮士連が『この大怪我《けが》をしてゐるのに、衣服を脱がせることが出来るものかッ』と云つた。後藤君は『痛くないやうに脱がしたらよからう』と云ひながら、鋏《はさみ》を持つて高価な毛皮のチョッキを、チョキ〳〵と切つてしまつた。豪傑連も初めて『この小僧、なかなか容易ならぬ奴《やつ》だ』と感じたらしく、これがぱっと評判になった」

◇

前置きが長くなってしまいましたが、東京曳舟病院長で日本医科大学名誉教授の山本保博さん（75）が第一一回後藤新平賞を受賞しました。その祝賀会が十一月十八日、東京都内のホテルで開かれました。四〇年近く世界の災害現場に赴き、多くの命を救った山本さんにふさわしい賞だといえます。

カンボジア難民キャンプをスタートに、エチオピア干ばつ、メキシコやサンフランシスコ、イランの地震、カメルーンの有毒ガス、クルド難民、インド洋津波など海外の災害現場に駆けつけること二三回。もちろん阪神大震災、東日本大震災でも救急治療にあたりました。

イラン北西部の地震では災害援助チームの一員としてテヘランに向かったものの、乗り継ぎに乗り継ぎを重ね、成田を出発してから到着するまで三二時間もかかったこともありました。専用機が一機あれば日本の援助ももっと効果が上がったのにと悔しい思いをしたそうです。

長い間の活動を通じ、山本さんは国際的な医療協力を阻む五つの壁を実感したといいます。「国境の壁」「民族の壁」「文化の壁」「政治の壁」「宗教の壁」です。

民族の壁ではこんな出来事に遭遇しました。干ばつのあったエチオピア北部のコプト族の被災者を治療した時のことです。ある夜、近所の人が多数集まってわんわん泣いています。

誰か亡くなったのかと思って聞いてみると、赤ちゃんが生まれたというのです。喜んでいいのに、なぜ泣くのか。「お前さんはなんでこんなにつらい嫌な世の中に生まれてきたのか」と悲しみ、泣いていたのです。

山本さんは思います。五つの壁は究極的にはわれわれ自身の「心の壁」ではないのか。「心の壁」を乗り越える力とは「人間愛」ではないだろうか。

◇

真の国際人とはどんな人なのか。幾多の困難に遭遇した山本さんの結論は「何を飲んでも何を食べても下痢をしないこと」だというのです。それでは下痢をしないためにはどうしたらいいか。クスリと笑いながら答えてくれました。「生水を飲まないことではなく、ビールを飲むことです」

祝賀会で芙佐子夫人が明かしました。子どもが風邪で寝込んでどうしたらいいか迷っている時、夫から突然電話。「これから海外に出かけなければならない。着替えをバッグに詰めておくように」。こんなことは何度もあったそうです。山本さんの活動は家族の支え、犠牲がなければとても成り立ち得なかったに違いありません。

結婚した時、夫人はこう〝宣言〟されたそうです。

「俺は貯金は残せないが、貯人は残せる」

それからの山本さんの歩みを見ると、有言実行（?）の日々だったようです。それはまた後藤新平の人生哲学をそのまま体現したように思われます。

後藤はさまざまな分野で才能ある人材を見つけ、重要ポストにつけて腕を振るわせました。「人材登用の名人」だった後藤に名言があります。

ビスマルクはいえり。「一も金、二も金、三も金」

予はいわん。「一も人、二も人、三も人」

私もかくありたいものだと痛切に思います。

（二〇一七年十二月九日）

2　父母、そして家族

母を恋うる詩——産んでくれてありがとう

映画監督、新藤兼人さん（98）は四人兄姉弟の末っ子である。小さい頃「腰びょうたん」と呼ばれた。お酒を入れた瓢簞《ひょうたん》にも似て、お母さん（トヨさん）の腰にぶら下がるように、どこにでもついて行ったからだ。

お母さんは広島から西へ山二つ越えた草深い田舎に嫁いだ。ただ黙々と農業に勤《いそ》しんだ。秋には稲を刈り、麦を植える。そのためには切り株を鍬《くわ》で一株ずつ起こさなくてはならない。それを一人でやった。

「何万株と植えてありますから、見渡すと最後のほうはかすんで見えるほど遠いんです。でも、こんな気が遠くなるような広い田んぼでも、(中略)とにかく一株ずつ起こしていけば、いずれ向こうへ着くという感覚があって、お母さんはやっていたわけです」

「これは自分に与えられた仕事なんだから、自分がやるのは当たり前だと思っていたのでしょう。大きな仕事をしているのに、自分で大変なことをやっているんだと少しも思わないし、子どもにもひと言も話さない。愚痴をこぼしたこともない」

◇

「母の日」を前に、元NHKアナウンサーの遠藤ふき子さんから頂いた『母を語る』(NHKサービスセンター)から引用させてもらった。遠藤さんはNHKの「ラジオ深夜便」で一五年前から母を語るインタビューを続けている。

映画の仕事をするようになった新藤さん。何事も稲の株を一株ずつ起こすように一歩一歩自分の力でやるんだと思うことが出来たのは、お母さんの無言の教えがあったからだ。撮影だって同じ。石段を一段ずつ上るような感覚で、一歩一歩、凝縮しながら撮って進むのである。

家が破産、お母さんは暗い蔵の中で亡くなった。新藤さん十五歳の時だった。『うわっ、八十歳』(講談社)には、母を思う慟哭《どうこく》の文章が綴《つづ》られている。

「お母さんがそんなに恋しいのか。

恋しいですとも。お母さんにもういっぺん抱かれて、お母さんのオッパイをしゃぶりたい」

◇

『母を語る』には、詩人で子守唄《うた》研究の第一人者だった松永伍一さんも出演している。松永さんには、お母さんが働く畑のあぜで大きな籠《かご》に入れられ、泣き出すとオッパイを吸わせてもらった記憶がある。オッパイは麦の匂《にお》いがした。それが母の子守唄でもあった。

八十五歳で亡くなる二、二カ月前、ちょっとつまずいて転んだのがもとで寝込んだお母さんを見舞った。体をさすっていて、「そうだ、〝母守唄〟を歌ってあげよう」と思いついた。即興の詩にメロディーをつけて歌いながら体をさすっていると、安らかな顔で眠りに落ちた。

東京で仕事をしている松永さんに、お母さんは福岡から三六〇通もの手紙をくれた。最後は自分が書き、お棺に入れようと思った。書斎にこもって原稿用紙に向かっても、文章が浮かばない。結局、越前和紙の便箋《びんせん》にたった一行書いただけだった。

「母上様、私を産んでくださってありがとうございました。伍一」

遠藤ふき子さんのお母さん、有馬きぬ子さんは二年前、九十四歳で亡くなった。若い頃、中国にわたってアナウンサーをしていたこともある。九歳でお父さんを失った遠藤さんはお母さんにとても感謝している。

「女手ひとつで育ててくれて、ありったけの愛情を注いでくれました。おかげで、父がいないことを引け目に思ったり、悲しいとか、不公平だとか思ったことはなかったんです」

◇

この連休、津和野（島根）と萩（山口）を回った。萩は大変な人出だった。松陰神社には多くの人が詰めかけ、吉田松陰人気のすごさを物語っていた。境内には松陰の歌碑がある。

親思ふこゝろにまさる親ごゝろけふの音づれ何ときくらん

処刑される一週間前、松陰は父や兄に宛《あ》てた「永訣《えいけつ》の書」を書いた。その冒頭にある。実母滝と養母には、自分の首は江戸に葬り、使っていた硯《すずり》と書を萩に祭ってもらいたいと頼んだ。

滝について、徳富蘇峰は『吉田松陰』でこう書いている。

「姑に事《つか》うる至孝、子を教ゆる則あり、仁恕勤倹《じんじょきんけん》、稼穡《かしょく》の労に任じ自から馬を牧する」

松陰の松下村塾の門下生、伊藤博文は農家の子として生まれた。父が下級武士伊藤家を継いだため、伊藤姓を名乗った。母琴子は厳しい人だった。

利助（博文の幼名）十二歳の時のこと。奉公先の主人に言いつけられた用事を無事終え、わが家の前を通った。折からの大雪、余りの寒さに耐えかね、暖を取ろうとわが家に入った。

その時、母は近所の子供たちに餅を焼いて食べさせようとしていた。主家へ帰る途中だと聞くや激しくわが子を叱《しか》った。

「主人より言い付けられし用向きをまだ済まさぬ中に、寒さに恐れて自分の家に立ち寄るとは何事ぞや、一刻も早くその履物を主家に持ち帰れ」

利助の唇が紫色に変わるのがわかりながら、白湯一杯さえ与えず追い返した。春畝公追頌会編『伊藤博文傳』にあるエピソードである。ここにも、頭を垂れざるを得ない母の姿がある。

（二〇一〇年五月八日）

「ありがとう」の最上級形

天国のあなたへありがとう。

あなたがいなくなってから七年が過ぎました。あれからいろんな事がありました。あり過ぎました。まごも四人増えましたよ。あなたが生きていれば、今年で結婚四〇年だったのに……そう思うと淋しい限りですね。

あなたが残していってくれた万年筆をいつも使っています。万年筆をあなただと思って大切に使っていきます。メールの時代だからこそ、いろんな人に心をこめてペンを走らせていきます。あなたからの大切な万年筆で……。ありがとう、あなた。ありがとう、万年筆。

私が審査委員長の「ありがとうメッセージコンテスト」の昨年度ハートライン賞受賞者、御木栄子さん（61）の作品である。審査をしながら目頭が熱くなるのを抑え切れなかった。

ハートラインプロジェクト実行委員会は、万年筆が似合う人を表彰する「万年筆ベストコーディネイト賞」を主催してきた。今年の受賞者は俳優の伊東四朗、鈴木京香、井上真央、黒木メイサ、そしてサッカー元日本代表監督岡田武史さんの五人。蛇足ではあるが、私も三年前、この賞をいただいた。

「ありがとうメッセージコンテスト」はその姉妹企画だ。日頃なかなか口に出せない「ありがとう」の気持ちを万年筆に託し、手書きで表現してもらおうと始めたものである。

◇

今年のハートライン賞は大阪府藤井寺市の中野雄介さん（23）の「おばあちゃんへ」だった。

俺は母子家庭だった。「介護」の道へすすもうと決意したとき、それは喜んでくれたね。でも俺は人一倍不器用。それを知ってか、おばあちゃんは俺のために辛抱強く、何度も繰り返し、指導してくれたね。

そして俺があきらめかけたとき、「雄介の介は介護の介だから、あなたにできないはずはない」と支援してくれた。励ましてくれた。今こうやって元気にプロの「介護福祉士」として働けるのはおばあちゃんの尽力によるもの。ただ……『ありがとう！』。俺にはことばが見つからないから。

中野さんは小学校では「学習障害」と診断され、中学三年の時にお父さんが家出し、お姉さんがうつ病に襲われた。審査員評で私はこう書いた。

「三重苦、四重苦を抱える孫をひたすら信じ、辛抱強く激励するおばあさんに『日本の母』の原型を見ました。おばあさんへの、この深い『ありがとう』の気持ちがある限り、どんな困難も乗り越えられるでしょう」

後援している郵便事業株式会社賞は秋田市の鎌田なお子さん（37）が受賞した。

地震がおきた時、私は泣きながら、ただ驚いていた。大変なことになったとわかっていても、私は何もできなかった。でも夫は違った。テレビが映るようになった時、夫は画面の中にいた。がれきの中から、おばあさんを救出したと、あとで聞いた。自衛官の夫は誇りだ。

審査員評「日頃家族から頼りない夫、父親と思われている我が身だけに、『自衛官の夫は誇りだ』の言葉はいっそう輝いて迫ってきました。この大震災で、肉親を誇りと思う人たちはいっぱいいたに違いありません」

◇

入選作のひとつ、神奈川県茅ヶ崎市の新田知枝さん（36）の「お母さんへ」にも万感の思いがこもっている。

今、ひとつの言葉をさがしています。それは「ありがとう」の最上級形です。在り来りでは、お母さんへの感謝の気持ちは伝えきれないから。そんなスペシャルありがとうの言葉を見つけるまで、どうか元気溌剌でいて下さい。

高名なデザイナー、芦田淳さん（81）は「ありがとう」の大切さを説いてやまないおひとりである。芦田さんの著書『人通りの少ない道』（日本経済新聞出版社）は出会った人々への感謝の気持ちで溢《あふ》れている。

息子が帝大を出ることが生き甲斐《がい》だった父の期待に背き、ファッションデザイナーの道を志した芦田さん。社員一〇人で始めた会社は五〇年経《た》って社員四〇〇人、年商一二〇億円の企業に育った。その間、皇室デザイナーを一〇年務め、当時の皇太子妃・美智子さまや浩宮さま（現・皇太子さま）の洋服を仕立てた。

これまでのすばらしい出会いに感謝し、芦田さんは家族や子孫、まだ見ぬ社員に次の言葉を残したいと思うのである。

「人間は常に自分の信じる道をただ一筋に進むこと。それが〝人通りの少ない道〟であろうとも……」

（二〇一一年十一月十二日）

三八年前の母の手紙

あきのかぜまくらを吹けば放浪の子も思ふなり母の白がみ

「あまり登られることのない高峰」（富永健一）と形容された社会学者にして経済学者だった高田保馬（一八八三〜一九七二）。一四〇〇ページに及ぶ大著『社会学原理』（一九一九年）には「老いませる母上の喜寿の記念に」と献辞、母への思いを歌にしている。

佐賀平野の三日月村に生まれた保馬は、長く患った父を十六歳で失い、苦労する母クスを見て育った。『高田保馬博士の生涯と学説』（創文社）には、母を思い孝養を尽くした姿が家族や弟子によって描かれている。

佐賀中学時代、往復四里の道を通い、粗末なおかずの弁当を道路脇のやぶに隠して帰りに食べた。町の子のように奈良漬のおかずが欲しかったが、貧しい母に願うわけにはいかない。昼食時には一人で鉄棒した。

教職を得て、留学する機会は幾度もあった。しかし、年老いた母をおいて行くに忍びず見送った。トルストイに会うのが夢だった。しかし、その夢が叶《かな》うことはなかった。

◇

母にはそれぞれの姿がある。NHKラジオ深夜便の『母を語る』の第二集と第三集（NHKサービスセンター）を遠藤ふき子さんからいただいた。遠藤さんはこの企画を一六年前に始め、一八〇人にインタビューしている。第二集に収録されている作家なかにし礼さんの「わが人生最大のヒロイン」は衝撃的だ。

一九四五年八月、母よきさんと姉の三人で満州から列車で逃げる途中、ソ連機に襲われる。母は「お前は小さいから椅子の下に隠れなさい。そうすれば大丈夫だから」と言って、列車から降りて灌木《かんぼく》の陰に隠れた。

おそらく一緒に逃げると足手まといになって面倒と思ったのだろうが、ソ連軍の機銃掃射は向いの椅子を撃ち抜き、乗客は亡くなった。もし飛行機が旋回してきたら自分は多分殺されていたに違いない。

その様子を外で見ていて母は相当後悔したと思うが、戻って来てこう言ったのだ。

「これからは、お前はお母さんの言うことでも信じてはいけない。自分で必死になって逃げて、自分の意志で生きなさい」

この言葉を聞いた瞬間から何があっても泣きもしない、笑いもしない、面倒もかけない、実にしっかりした子になった。

「あのときの言葉こそ、彼女がぼくに残した最大の名言だし、母が最高にすばらしく見えたのも、あの瞬間でした。まったく正直だもの」

◇

年の瀬を前に身の回りを整理していたら、一七年前に八十一歳で亡くなった母からの、三八年前の手紙が出てきた。読売新聞に入社し浜松支局に赴任して三年目の五月二日の消印がある。

――今あなたから送られた浜松のお茶を飲んでいます。今日はこれから山の畠《はたけ》に老人の憩いの森を作るため桜の植樹に出かけます。道路でバスを待っていると誰かが車に乗せてくれます。野菜がなくなると誰かが持ってきてくれます、逢《あ》う人逢う人がお友達になってくれます。

ありがたい人生です。勿体《もったい》ない人生です。このありがたい人生の還暦を迎えて、老後をいかに美しく生きるべきかと考え、車や汽車で遠くへ花見に行けぬ老人たちの憩いの森を作るべく土地を開放し自費で桜を植えようと思います。桜の下には山つつじ、たんぽぽ、すみれ、栗の木も五、六本つけます。

母さんはこんな楽しい計画で胸が一杯です。あなたは事故を起こさぬ様、偏食せぬ様、そして体操する事。たとえ何人のお話でも馬鹿にせず何かのヒントをつかむ様にし、今のうちにどんどん吸収して大きくなる事、幅広くなる事です。

色々な壁にぶつかる事でしょうが、青空のような五郎の明るさを失わぬ様、母さんは何時《いつ》も念じて居ります。そして信じて居ります……。

統合で廃校になったわが母校、秋田県山本郡三種町の旧鯉川小学校に図書館を作ろうと思ったのは、母の「老人憩いの森」が頭にあったからだ。

今年四月二十九日に「橋本五郎文庫」がオープンして七カ月余。開館日は水、土、日の週三日間だが、人口わずか六〇〇〇人の地域にこれまで三六〇〇〇人以上の人が訪れてくれた。東日本大震災で大きな被害に遭った岩手県大槌町の小学六年生三五人も修学旅行に文庫を選んでくれた。

文庫のソファに腰掛けながら静かに本を読んでいる母の姿を、そっと想像してみる。

（二〇一一年十二月十日）

鷗外の「父なるもの」

「夜中に目をさまして、『パッパ、おしっこ』そう言うと、隣の布団がむっくり持ちあがって、父が立ちあがって便所へ連れていってくれた。握られた父の手からは、無限のやさしさが伝わり、廊下は冷たかった。

用をたすあいだ父は廊下に立っていた。父は細長く三つに折った懐紙を取り出して、一二滴の粗相のあとをていねいに拭ってくれた」

三男類の『鷗外の子供たち』（ちくま文庫）で描かれた父親としての森鷗外である。次女小堀杏奴は『晩年の父』（岩波文庫）で回想している。

「父は一緒に寝床までついて来てくれて、枕許に坐《すわ》って話しているか、そうでなければもうとってある父自身の寝床に横になって話して行った。『パッパ、手』。そういって私は父の差出す手を両手で大切そうに持って寝た。（弟の類も）『パッパ、僕にも手』。そうして何時の間にか、私は知らない中に眠ってしまった」

長女茉莉の「幼い日々」（小池真理子選『精選女性随筆集　森茉莉・吉屋信子』文藝春秋）を読むと、父はあたかも永遠の恋人であったかのようである。

「私は軍服を着た父が、好きだった。……その軍服の胸の中に、小さな胸一杯の、私の恋と信頼とが、かけられているのだった。『パッパ』。それは私の心の全部だった。父の胸の中にも、私の恋しがる小さな心が、いつでも、温かく包まれて入っていた」

◇

森鷗外は一八六二年（文久二年）一月十九日（陽暦二月十七日）、石見の国（島根県）津和野藩の代々が御典医の長男として生まれた。今年が生誕一五〇年、『別冊太陽』（平凡社）が特集を組んでいる。森鷗外記念館館長の山崎一穎さん監修のこの一冊には、鷗外の人と作品のさまざまな断面が余すところなく描かれている。

鷗外は田辺花圃、北田薄氷、大塚楠緒子、田沢稲舟、若松賤子、小金井喜美子、与謝野晶子ら女性作家に支援を惜しまなかった。清水紫琴ら女権拡張運動の先駆者たちにも好意的評価をした。それは「大逆事件」を受けて書いた小説『沈黙の塔』にもはっきり表れている。

「どこの国、いつの世でも、新しい道を歩いて行く人の背後には、必ず反動者の群がゐて隙を窺つてゐる。そして或る機会に起つて迫害を加へる」

「歴史の宿命」を見つめる鷗外の諦念を感じさせる。佐久間象山の『省諐録《せいけんろく》』に寄せた勝海舟の「序」を思った。

「花の、春に先だつ者は、残霜の傷ふ所となり、説の、時に先だつ者は、旧弊の厄する所となる」鷗外のもっとも根本にあったのは「嫡男意識」だった。唐木順三は漱石との比較で論じている（『唐木順三全集』筑摩書房、第二巻）。漱石には末子でなければ持ちえない自由さがあった。鷗外は常に柁《かじ》を取って難所を切り抜けていかなければならない嫡男、船頭だった。

「鷗外は一家の家長としての體面《たいめん》を立派すぎるほど立派に保つた。賢くて気の強く美しかつた母峰子に対して一生鞠躬如《きっきゅうじょ》として仕へた。これもまた気の強く美しくもあつた己が妻と母との、ともすれば波も風も起つてしかるべき間柄を、できるだけ小波微風でとどまらせようとして巧みに『柁を取つた』」

◇

鷗外は母に仕えて鞠躬如であったように、陸軍の長老山県有朋に仕えてもそうであった。さらに天皇に仕えてもまことに鞠躬如であった。

一九二二年七月九日、鷗外は六十歳の生涯を終えた。最後まで医薬を斥《しりぞ》け、延命治療を拒否した。死の三日前、親友の賀古鶴所に遺言を口述した。

「余ハ石見人森林太郎トシテ死セント欲ス……墓ハ森林太郎墓ノ外一字モホル可ラズ」

死因は「萎縮腎」と発表された。直接の死因が「肺結核」だったと公表されたのは三二年後のことである。鷗外三十三回忌に際し、長男於菟が鷗外の主治医額田晋博士から聞いた話として明らかにした（森於菟『父親としての森鷗外』筑摩書房）。

鷗外は主治医に「このことだけは人に言ってくれるな、子供もまだ小さいから」と頼んだという。唐木は「未婚の子女をもった鷗外は、結核の家系とみられることを怖れて、おのが死病の名を変へて発表させる工作をした」と書いている。

鷗外は最後まで子どもたちを守ろうとした。それに比べ、自分はいかなる父親なのか。深く自問せざるを得ないのである。

(二〇一二年二月十一日)

森鷗外(1862-1922)

「羽生三原則」に学ぶ

道を究めた人の言葉には幾重にも味わい深いものがある。六月初旬の土曜日、将棋の羽生善治さん（41）に、私も関係している東洋英和女学院「楓の会」で講演をしていただいた。「天才棋士は何手先まで読むのだろう」。羽生さんは私たち素人の誰もが知りたい疑問に答える形で、棋士がどんな風に考えているのか話された。

一番最初に使うのが「直感」である。一つの場面で約八〇通りの可能性がある。その中から二つか三つを瞬時に選択する。残りの七七、七八の可能性は、見た瞬間捨てるのである。「直感」とは、カメラで言えばピントを合わせるような作業だ。一秒にも満たないわずかな時間の中で、なぜそれを選ばなかったのか、なぜそれを選んだのかをきちんと論理立てて説明できるのが直感だ。

そのうえで具体的に先を「読む」プロセスに入る。三つの選択肢には三つの選択肢があり、さらに三つ……。そう考えていくと、三の一〇乗、六万通りにもなってしまう。その一つ一つを確かめることはできない。

そこで三番目に必要になるのが「大局観」である。ここは積極的に動いたほうが良いと大局観でわかれば、過去も振り返り積極的な選択はどれかということだけに集中して考える。大局観とは状況判断ができる力、本質を見抜く力である。

◇

直感、読み、大局観という羽生さんの「三原則」を聞きながら、棋士の一手一手にはそれまで集積された、あらゆる知恵や経験を動員した「決断」があることを知るのである。

羽生さんは小学一年の六歳で将棋を始め、小学六年で二上達也九段に師事した。十九歳で竜王のタイトルを獲得し、二十五歳で王将、名人、竜王、棋聖、王位、王座、棋王の七大タイトルを独占、将棋界始まって以来の「七冠」を達成した。

そして今月五日には、棋聖位を防衛、タイトルの獲得数は通算八一となり、大山康晴十五世名人の八〇期を抜いて、三〇年ぶりに記録を更新した。

「七冠」を達成したあと、米長邦雄さんに、釣った鯛《たい》を例えにこう諭されたという。

「じっと見ていてもすぐには何も変わりません。しかし、間違いなく腐ります。……時の経過が状況を変えてしまうからです。だから今は最善だけど、それは今の時点であって、今はすでに過去なのです」

勝負の世界では「これでよし」と消極的な姿勢になることが一番怖い。常に前進を目指さないと後退が始まってしまう。米長さんの戒めを羽生さんは今も胸深く刻んでいるという。

『決断力』(角川書店)という著書には、「羽生哲学」がちりばめられている。

「勝つのは一点差でいい。五点も十点も大差をつけて勝つ必要はない。常にギリギリの勝ちを目ざしているほうがむしろ確実性が高くなる」

「『オールラウンドプレーヤーでありたい』。一つの形にとらわれず、いろいろな形ができる、そんな棋士であり続けたいと思っている。そのためにも、『自分の得意な形に逃げない』ということを心がけている」

◇

「羽生三原則」は、試行錯誤の末に辿《たど》り着いた一つの境地かもしれない。そこにはある種の普遍性がある。いや応なく消費増税で混乱する政治に思いをめぐらせてしまった。

野田首相は本人自身が言うように、「出来れば逃げたい、出来れば避けたい」消費税の引き上げの道をあえて選んだ。なぜ消費増税かについては、それなりに説明はされている。

問題は、法案成立までの「読み」と、「大局観」に基づく戦略の心もとなさにある。困難な政治課題には、周到な準備を含めた確固とした戦略とそれを実現する布陣が必要になる。そのいずれもが見えないのである。

消費増税法案はともかくも成立するだろう。しかし、参院での採決を機にさらに離党者が出て、衆院での内閣不信任案の可決が現実味を帯びることが十分考えられる。不信任案を阻止し得たとしても民主党内はさらに混乱し、九月の民主党代表選での再選に赤信号が灯《とも》る――。

容易に予想できる状況が待ち構えている。それを乗り越えられる道はただ一つだろう。逆説的だが、首相のポストを「捨てる」ことである。タイミングが問題になるが、首相であることに恋々とせず、早い時期に国民の審判を仰ぐことを明確にすることだ。退路を断って大切なことを訴えることである。

（二〇一二年七月十四日）

涙で読む「母への手紙」

秋田出身の女優、浅利香津代さんが朗読を始めると、会場はシーンとなった。

あなたは私が十三歳の時出奔しました。私は私を捨てたあなたを確かに憎んできました。そのあなたと再会したのは、父が亡くなった夏、私は四十五歳になっていました。

待ち合わせの場所は、とあるバス停でした。私はベンチの端に座りあなたを待っていた。あなたは待ち合わせの時間になっても現れない。ふと、自分を見ている視線に気付いた。

小柄な白髪の老女が小首をかしげ、「かつみさん?」と声をかけてきました。その老女を見て驚きました。あなたでした。ベンチの端と端に腰をおろした二人はお互いに自分の待ち人に気付かなかったのです。

あなたは八十歳を超えて故郷の北九州に一人で生活しています。七十歳近くまで看護婦として働いてきたあなたは、出奔してからの私の知らない日々を、一人の女として生きるために闘ってきたのでしょう。

「あの世に持っていけん金やから」と、二人の孫を持つ身になった私に送金までしてくる。そのあなたを自慢に思い感謝しつつも、再会してから一度もあなたのことを「お母さん」と呼んだことがありません。

それは私を捨てたあなたへの感情のしこりのゆえではありません。一人の女として人生を生き抜いてきたあなたへの私の賛辞です。「お母さん」と呼んでしまうと、その甘い感情の中で私の知らない歳月を懸命に生きてきた一人の女性の姿を見失ってしまいそうな気がします。

あなたは死ぬまで、私の中で尊敬に値する一人の女性です。「お母さん」、そう呼べるのはあなたが亡くなった後のことのような気がします。

◇

浅利さんが読み進むと、あちこちで涙を拭く姿が見られた。十一月二十四日、秋田県山本郡三種町鯉川の橋本五郎文庫で、「母への手紙」作文コンクールの表彰式が行われた。最優秀賞は茨城県潮来市の高橋克巳さん（56）の三二年ぶりの母との再会をめぐる作品だった。

廃校になった小学校が図書館として生まれ変わった橋本五郎文庫が「母への手紙」を募集した。直接言うのは恥ずかしい、あるいは言おうにもこの世にいないお母さんに手紙を書こう。そう呼びかけたところ、ありがたいことに全都道府県から、さらに海外からも応募があり、その数は一三一三通に上った。

審査員の一人として通勤の電車で、地方出張の飛行機の中で応募作品を読んだ。どの作品も涙なしでは読めないものばかりだった。周りの人に泣いているのを見られまいと苦労した。そこにはそれぞれお母さんとの濃密な人生があった。

◇

井上靖さんに「養之如春《ようしじょしゅん》」という随筆がある。幼少期に過ごした天城山北麓の家の二階の座敷に、この四文字の額がかかっていた。「これを養うや春の如《ごと》し」と読むのであろう。医者の家なので、病気を治すには、春の光が万物を育てるように焦らず、ゆっくり養生すべきである。長い間そう解釈してきた。しかし、今はもっと広い意味で考えている。

「之」には何を当てはめてもいいだろう。家庭を作るにも、仕事を大成させるにも、子供を育てるにも、みな春の陽光が万物を育てるようになすべきである。井上さんはそう解釈しながら毎年書き初めにはこの四文字を書いていると結んでいる。

「春の陽光」、これこそ母なのではないか。私にはそう思われてならない。表彰式のあいさつで、「これが『父への手紙』だったら、どのくらい来ただろうか」とつい言ってしまった。でも、「母は強し」を実感させられたのだった。

井上さんには「無形遺産三つ」という随筆もある。自分の子供たちに、自分が他人から貰《もら》い、自分の一生を支配したすばらしいものを遺産として与えたいとして三つを挙げている。

無形遺産の第一は、学問を尊び、芸術を愛する心である。第二は「克己」である。小学五年か六年の時、村の渓谷の道を散歩しながら若い教師にこの言葉を教えられた。その夜の静けさや星の輝きを今も思い出す。

遺産の第三は、読書の楽しさである。読書の楽しさを知ると知らないでは、人間の一生がまるで違ったものになる。お花畑を歩くのと沙漠の中を歩くぐらいの差違がある。

私も二人の娘を持つ父親として何ができるのか改めて考えなければと思ってしまった。


（二〇一三年十二月十四日）

井上靖（1907-91）

的つらぬくは心なり——後藤新平

後藤新平の母、利恵子はわが子が心配だった。息子がすぐれた才能を持っていることにいささかの疑いもなかった。しかし豪放磊落《らいらく》で時に激しい言葉を発し、人を諷刺揶揄《ふうしやゆ》して怒らせることがあることを懸念していた。それゆえ毎朝毎晩、仏壇の前に座って合掌、祈願した。

「どうか新平が言語動作を慎みますように」

新平の女婿、鶴見祐輔の『正伝 後藤新平』（藤原書店）ではこんな母の日常を描き、「愛児の言語の婉温《えんおん》ならんことを祈っていた」と書いている。

満鉄総裁や東京市長などを務め、関東大震災時には内務大臣として復興に尽くし今日の東京をつくった後藤新平。父実崇は六十五歳で亡くなったが、母は九十九歳まで生きた。六六年間、母は子を、子は母を助けて暮らした。

藩の侍医の長女に生まれた利恵子は、禄高《ろくだか》の多くない後藤家に嫁し、和歌を学び、謡曲を唄《うた》い、和漢の書に目を通しながら苦しい家政を切り盛りした。

亡くなるまで夙起《しゅっき》（早起き）だった利恵子は息子が晏起《あんき》（朝寝坊）にならないよう、大臣になってからも寝室に行って起きたかどうかを確かめた。

大正八年（一九一九年）、新平が欧米歴訪に旅立った際には和歌一首を贈って餞《はなむけ》とした。利恵子九十五歳だった。

◇

梓弓《あずさゆみ》ひく手はいかにつよくとも的つらぬくは心なりけり

事をなすにあたって大切なのは力にあらずして心である。人を動かすのは誠心なのである。そう言いたかったのだろう。

この母に子は善く仕えた。新平は外では傍若無人な男と思われていた。しかし、家に帰って母の前に座るや、まるで悪戯《いたずら》をした駄々っ子のように小さくなっていた。母が亡くなると、終日棺《ひつぎ》の傍らに座り、三昼夜ついに眠らなかった。

母の最晩年、麻布桜田町の邸内に洋館を建てることを計画した。「生きているうちに一度洋館というものに住んでみたい」と言う母を喜ばせたかった。

設計にあたっては母の部屋を最優先にした。歩行が不自由な母のため、エレベーターを取り付けようと思った。しかし、工事が始まってまもなく母は帰らぬ人となった。

「もう母堂がおかくれになったのですから、エレベーターを廃しましょう」。そう人々は勧めた。後藤は暗然と、しかしきっぱりと言った。

「いや、やっぱり旧《もと》のとおりにしておこう。このエレベーターを見るにつけ、老母の在りし日を偲《しの》んで、その教訓を想起するよすがにしたいのだ」

◇

利恵子の生涯を追いながら、山本周五郎『小説日本婦道記』(新潮文庫)の一編「松の花」を思い出した。紀州徳川家の千石の年寄役、佐野藤右衛門は藩に伝わる烈女節婦の伝記に朱を入れていた。その時、妻やす女が息を引き取った。

夜具からこぼれ出ている妻の手を握り、初めて荒れてざらざらしているのに気づいた。それまでまるで知らなかった妻の一面に触れた思いをした。

藤右衛門は初七日の法会のあと、やす女の形見分けをした。簞笥《たんす》の中には、ひとつとして新しいものはなく、洗い清めてはいたが継ぎはぎだらけの木綿物ばかりだった。婢頭《はしたがしら》のそよは形見分けにあたって涙を押しぬぐいながら言った。

「お末の者が祝儀不祝儀に奥様からいただいたものは、新しく買った高価な品ばかりでした。それなのに奥さまがお身につけていたのは、みな質素なお品ばかりでした。この色のさめたお召物《めしもの》をよく拝んでください。継ぎのあたったこのお小袖をよくよく拝んでください」

藤右衛門は深く反省する。烈女節婦は伝記に残された人だけではない。世間にはもっと頌《ほ》むべき婦人たちがいる。この人たちが土台石になっているのだ。

廃校が図書館になった秋田の「橋本五郎文庫」で九月三十日まで、「母への手紙」コンクールの作文を募集している。お母さんに感謝の手紙を書こうと呼びかけて始まったこの企画。なぜ「父への手紙」はないのかという声もあって、二回目の今回は「父への手紙」も合わせて募集することになった。

最優秀賞には賞金一〇万円と、あきたこまち六〇キロ。優秀賞も五万円にあきたこまち三〇キロ。賞品は盛りだくさんだ。児童虐待が深刻な状況になっている。「頌むべき母」がそれぞれの心の中にいることを確認することは、とても大切なことと思う。

（二〇一四年八月九日）

後藤新平と母・利恵子

父なるものの強さ

この世には社会的地位も名誉も、ましてお金も求めない人がいる。小島祐馬《おじますけま》（一八八一〜一九六六）もその一人だろう。岡村敬二『小島祐馬の生涯』（臨川書店）が出版されたのを機に改めて小島の足跡をたどり、その感をいっそう深くした。

東洋学者で京都帝大人文科学研究所初代所長の小島については、元筑摩書房社長、竹之内静雄さんの「南海の隠逸　小島祐馬先生」（『先知先哲』新潮社）がある。心から敬愛していなければ決して書くことのできない評伝の見本である。

昭和十六年（一九四一年）、六十歳の定年間近の小島は、教授たちからぜひ京大総長選挙に出てほしいと懇請された。小島は即座に断った。

「私には、土佐に、九十になる父がおり、ひとりでくらしている。いままではおおやけの仕事があって、父につかえる事ができなかった。さいわい、このたび、定年退官の時が来た。私は、土佐に帰って、父の世話をする」

敗戦後まもなく、時の文部次官が高知県吾川郡弘岡上ノ村（現・高知市）の小島家を訪ねた。家には九十を過ぎたと思われる老翁が縁側で日なたぼっこをしていた。翁の耳もとに口を寄せて小島の所在を訊《たず》ねると、「祐馬なら畑へ行っちょる」とその方角を指さした。

行ってみると、いかつい老人が畑を耕していた。次官は「次の文部大臣にぜひとも小島先生になっていただきたい」という吉田茂首相の要請を伝えた。

鍬《くわ》を止めて話を聞いた小島は、ちょっと考えて答えた。

「わしは、麦を作らんならん。そんな事をしているひまは、無い」

◇

湖南《こなん》内藤虎次郎、君山《くんざん》狩野直喜の京大支那学の流れを汲《く》む抱甕《ほうおう》小島祐馬。その学問を貫くのは「該博精深」だった。精深を竹之内さんはこう説明する。

『商』とか『富』とか『帝』とか、ただ一字一語についてでも、博引傍証、厳密な実証的研究が尽くされての上、その本義由来を解き、深く中国文明の本質を明らかにして行くのがつねであった。吉川幸次郎博士のいわゆる『著者の言はきわめて矜慎《きょうしん》であって、言言句句、みな精思の余に出づる』とされる所以《ゆえん》である」

その祐馬も父の前では単なる子どもにすぎなかった。子が持ち帰った万巻の書に、茂太郎翁は「祐馬が、座敷じゅう、むやみに本を積み上げるから、風通しが悪くてかなわん」と、すこぶるご機嫌斜めだった。

祐馬が多年心にかけて集めた学術雑誌がどうしても見当たらない。父に聞くと、「あれか、あれは、みな風呂に焼《く》べた」。まさに『老子』の「学ヲ絶テバ、憂イ無シ」だった。小島祐馬と深い信頼の絆で結ばれていたマルクス経済学者、河上肇は、土佐に還《かえ》る小島に書いた手紙に和歌を添えた。

　ももとせをこさせたまへとおんちちをかしづきゐますわが老博士

父を想《おも》う気持ちの切なる姿を「北国の春」や「高校三年生」などの作曲家、遠藤実（一九三二～二〇〇八）にも見ることができる。晩年のほんの二年弱のお付き合いだったが、戦後歌謡史における遠藤実を描きたいと思っていた。

いではくさん、長田暁二さんと昨年十二月の七回忌に、『不滅の遠藤実』（藤原書店）を出版することができた。北島三郎、橋幸夫、舟木一夫、千昌夫さんらにもインタビューした。私がもっとも打たれたのは、遠藤実の父親に対する絶対的なまでの尊敬の気持ちである。

父直治は農家を捨て、さまざまな仕事に就く。しかし、ことごとく失敗、家族は貧困から抜け出せない。本来ならそんな父に批判的になるものだが、遠藤実はどんなに怒られても決して父を恨むことはなかった。

「父ちゃんは貧しさから抜け出して子どもたちを幸せにしようと思っている。しかし、なかなかできない。せめて自分にできることは他人から後ろ指さされないように厳しく育てなければいけないと思っているのだ」

そう思って父に感謝する。そして、社会の底辺のような境涯にあっても、父のように、おめず、おくせず、隠すことも偽ることもなく、堂々と生きようと思うのだった。

小島祐馬と遠藤実。一見何の関係もない二人ではあるが、私には、そういう子を持つ父の幸せ、そういう父を持つ子の幸せが、まぶしくてならない。


（二〇一五年一月十日）

小島祐馬（1881-1966）

父の心はお前の側に

父への手紙

十八年前、六歳だった私が自分の目線の高さにある車いすのハンドルを、ふうふう息を切らしながら押し、病院の中庭でお父さんと一緒に満開の桜の下を歩いたのが最後でしたね。目の前が桜色の雲で包まれたようでとても綺麗《きれい》でした。

でもね。まさか今年の春、今度は私が車いすに乗って同じ病院の桜を眺めることになるなんて予想もできませんでしたよ。

先生からお父さんと同じ病気であることを告げられたときは少なからずショックを受けたけれど、不思議と怖くはなかったんです。お父さんと同じ病だからこそ、よし戦ってやろう！　と沸々と闘志が湧きましたから。

幸い、いい先生に恵まれてお父さんのときには叶《かな》わなかった治療法や薬もできて、私の戦いは勝ち戦になりそうです。

だから、今でもお父さんのことは大好きだけれど、会いに行くのはもうちょっと後でもいいですか。支えてくれた大切な人たちが頑張れって言ってくれるんです。辛《つら》い治療はまだまだ続くけれど、その人たちのためにも、もう少しこっちで頑張って生きてみようかなと思います。

お父さんに似て旅好きになりましたし、いろんなところを旅して、もっとたくさん美しい桜が見てみたいです。

もしよかったら電話してください。今、とてもお父さんの声が聴きたいです。ちょっとハスキーで渋い、優しく私の名を呼ぶお父さんの声が。

◇

私のふるさと秋田県山本郡三種町の橋本五郎文庫が昨年「母への手紙・父への手紙」を募集しました。一七二五通の応募があり、その中の入選作、栃木県小山市の宮内正世さんの作品です。審査にあたった私は、透き通るようなまでに美しい父娘の姿に打たれました。

病室から送っただろう作者のことを忘れかけていました。最近になって、私の娘の大学の先輩を通じて宮内さんが亡くなったことを知りました。びっくりしてお母さんに電話しました。正世さんは卵巣がんのため、今年六月、三十五歳で亡くなられたというのです。お父さんは肝臓がんだったそうです。

文庫では入選作を一冊にした『母・父への手紙』を出版しました。正世さんの手元に届いたのは亡くなる三日前でした。正世さんの手紙を読んだ主治医の先生が感動して、コピーを取ってサインを求めました。正世さんはにっこり笑ってサインしたそうです。「父への手紙」を書くことで生きる力になったのかもしれません。

お母さんは、正世さんの棺《ひつぎ》に『母・父への手紙』を入れてやりました。父娘が桜の下で逢《あ》えるようにと、正世さんの遺骨を桜の下に埋めたそうです。

正世さんの人生のほんの一瞬ですが、文庫が関わったことに運命を感じました。そして『善の研究』の西田幾多郎と娘たちのことを思いました。

◇

西田の最初の妻寿美《ことみ》は脳溢血《いっけつ》で倒れ、五年余りの闘病生活の末亡くなります。その間、長男を失い、娘たちは相次いで病気にかかります。親友鈴木大拙は心からの同情を寄せています。

「彼の心の如何《いか》にも荒涼たりしを想《おも》いやられる。『死にたくもあり死にたくもなし』と、胸を打って浩歎《こうたん》した彼！　よくこの難関を突破したものである」

そんな中でも、三女静子にとっては父との思い出はかけがえのない美しいものでした。西田は敗戦直前の一九四五年六月亡くなります。その三年後、静子は長姉弥生との共著『わが父西田幾多郎』（アテネ文庫）を出版します。この中にはいくつもの心に沁《し》みる光景があります。

「父はよく校庭（学習院）の芝生の中に咲いた菫雛菊《すみれひなぎく》忘れな草を数本摘んで帰つて呉《く》れることがありました。この御土産は春の日が行き過ぎるまでつゞいて、私にとつては楽しい嬉《うれ》しい御土産でした。御玄関に父を迎へて青白い手から紫の菫の花を戴《いただ》いた事はいま私の心に深くしみついて懐しい思出となつて忘れ難いものです」

「私は父が二階の書斎から下へ降りて便所へ行くけはひがすると、階段の下に待ち便所へ行く廊下の入口まで何時もお手々つないで父の足の上にのつて歩いてもらふのが好きでした。毎日毎日うるさがりもしないで足の上にのせて呉れました」

静子は西田が亡くなる前年、遺書にも等しい手紙を父から受け取りました。そこにはこう書かれていました。

「遠くに離れていても父の心は何時もお前の側にある」

（二〇一五年十一月十四日）

西田幾多郎（1870-1945）

「具者の兄」が贈った勲章

陸軍中佐福田健一は昭和十九年二月十六日未明、フィリピン・ミンダナオ島沖で、輸送指揮官として乗っていた「長城丸」が米潜水艦に撃沈され亡くなった。二三年余の短い人生だった。

栃木県北部の船生村（現塩谷町）に生まれた福田は貴公子然とした思索的な風貌で、陸軍士官学校の同期生に「具者の顔」と呼ばれた。「具者」とは秀才で知徳を兼ね備えた優秀な者を意味するという。

優しい人柄については部下が等しく指摘している。いくつものエピソードがある。福田隊長付の運転手は回想している。

――隊長は煙草《たばこ》が大変お好きで、そのほとんどを私が買いに行きました。あとで隊長の「陣中日記」を読むと「剣持上等兵は、買い物上手なり」と書かれてあり感無量でした。私は隊長殿のお吸いになった煙草の空き箱をすべてスクラップ帳に貼って整理し保管しておりました。

福田は士官学校から帰郷すると、十二歳下の末弟の布団に入り枕元にあったハーモニカを吹いて聴かせた。弟は自分が音楽の道を歩んだのは、兄のハーモニカの音色が出発点になったのかもしれないと思っている。

弟博郎《ひろお》はのちに作曲家船村徹となる。今年度の文化勲章を受章した船村は、これまで幾度となく困難にぶつかった。打ちひしがれるたびに心の支えになったのは兄だった。

「兄の存在がなければ、今の私はなかったであろう。兄との思い出なくして私は私でありえなかった」。そう思う船村は栄えある文化勲章受章を誰よりも早く、七二年前に亡くなった兄に報告したに違いない。

◇

船村をはじめ家族が兄の死を知らされたのは、敗戦二年後、亡くなって三年がたってからだった。「遺骨があるから取りに来なさい」と連絡があり、宇都宮の連隊区司令部に行った。

白木の箱に入った「遺骨」を渡され、家に帰って開けると、そこには「故陸軍中佐　福田健一之霊」と書いた薄い一枚の板が入っていただけだった。

兄を偲《しの》ぼうにも何もない。それが昭和五十六年四月を境に一変する。船村が読売新聞日曜版に連載していた「演歌巡礼」を読んだ士官学校同期生から手紙をもらったのだ。

同期生の全国大会に出席、さらに「長城丸」の生存者に会って兄の実相が次第に明らかになっていく。昨年船村が出版した『兄の戦争』（潮書房光人社）では、二七人が福田健一の人となりを偲んでいる。

そして昭和六十二年二月十五日、四三年来の悲願が実る時がきた。ミンダナオ沖を航行している川崎汽船のLNG（液化天然ガス）輸送船「尾州丸」に乗せてもらい、供物と花束を海に投じて洋上供養することができた。帰りには船内で始めた「写経」を兄の眠る南溟《なんめい》に供えた。

『兄の戦争』で船村は「私はここで戦争賛歌を謳《うた》うつもりはない」と断りつつ、大東亜戦争について綴《つづ》っている。

――日本に他国を不当に侵略する意識はなかった。当時の日本人の国家意識はあくまでも「防衛」だった。日本一国がアジアの国々を侵略し、戦争を起こしたなどというのは、とんでもない歴史の読み違えである。

私の兄は他国を侵略するために戦地に赴いたのではない。祖国を守るために死を賭して「長城丸」に乗船したのだ。なぜ今、日本だけが悪者になるのか。

◇

「柿の木坂の家」「王将」「矢切の渡し」「みだれ髪」など数々のヒット曲を世に送った船村徹の文化勲章受章は歌謡界で初めてである。私はかねがね日本の文化行政は歌謡曲に対して冷たいと思ってきた。

古賀政男、服部良一、吉田正の国民栄誉賞は死後だった。遠藤実の国民栄誉賞も死後だが、遠藤は二〇〇三年、歌謡界で初めて文化功労者に選ばれた。五年後には船村も二人目の文化功労者となった。しかし、文化勲章への道は遠かった。

遠藤実も船村徹も作曲した歌は五〇〇〇曲を超える。それがどれほど人々を鼓舞したことか。もっと早く文化勲章をもらって当然ではないのか。そこには歌謡界への偏見があるのではないか。そう思うのである。

船村は若くして亡くなった無二の親友、作詞家・高野公男とコンビを組み、「別れの一本杉」など数々のヒット曲を出した。高野の存在が自分を励まし人生を教えてくれたと、彼の死後も命日の供養を続けている。兄と高野公男。作曲家船村徹にとって二人の存在がいかに重いものであるか、改めて痛感した。

（二〇一六年十一月十二日）

母は守護神、妻も守護神——白川静

全国で学園紛争が吹き荒れた一九六〇年代末、京都の立命館大学でも全学封鎖の事態となった。しかし、中国学のS教授の研究室だけは紛争の全期間中、夜一一時まで煌々《こうこう》と明かりが灯《とも》っていた。団交で疲れた後も、学生に鉄パイプで殴られた翌日も変わることはなかった。内ゲバを警戒して深夜校庭に陣取る学生たちは、そのたった一つの部屋の窓明かりが気になって仕方がなかった。教授は多弁な人ではない。学生たちのどれかの党派に共感的な人でもなかった。しかし、その教授が団交に出席すれば、一瞬雰囲気が変わった。無言の、しかし確かに存在する学問の威厳を学生が感じたからである。

作家高橋和巳の『わが解体』(河出書房新社) で人口に膾炙《かいしゃ》することになったS教授白川静*が九十六歳で亡くなって一一年。十月三十日の命日に、不世出の漢文学者を最もよく知る人による『対談 私の白川静』(エディシオン・アルシーヴ) が出された。

教え子の立命館大教授芳村弘道さんを司会に、長女津崎史《ふみ》さんと白川を尊敬してやまない編集者西川照子さんが縦横に語っている。この書によって険峻《けんしゅん》なる高峰「白川学」の背後にある「人間としての白川静」「普段着の白川静」が浮かび上がってくる。

学園紛争の当時、白川は『金文通釈』と『説文新義』を執筆するため、「一日の放佚《ほういつ》をも許されないという状態だった」と『回思九十年』(平凡社)で回顧している。史さんによると家庭でもそうだった。

夜遅く研究室から帰ると、トレース紙に写した甲骨文を一文字一文字出典を添えて単語カードに書き入れる毎日だった。仕事をすることを白川は「神と遊ぶ」と表現した。トレースする時、父の心は無になっていた。一心にペンを走らせている時、古代の人の心が乗り移り、もはや孤独ではなかった。古代の人たちとの心の交通があったのだろう。史さんはそう思うのだ。

◇

白川にとって母と妻の存在は極めて大きかった。自分にとって「守護神」があるとすれば、それは「我が母」であるとかねて言っていた。そして妻ツルさんも守護神だった。菊池寛賞受賞の際の歌がある。

賞といふものの欲しきにあらざれど糟糠《そうこう》の妻に贈らむと思ふ

白川にとってツル夫人は自らの美しい羽根で反物を織る「鶴女房」だった。「家の心配はしないで下さい。おとうちゃんは好きなことしてたらええんよ」と言っていた。ツルさんがいなかったら、白川静の学問はこれだけ成長していなかったかもしれない。まさに白川の母でもあったのだと西川さんは思う。

だからこそだろう。史さんはこの歌が最も好きだという。

五十年を君は旅することもなし我れ留守居せん遊べ遊べ遊べ

長い間苦労をかけた妻への感謝の気持ちにあふれている。ツル夫人は闘病中にいつも夫と同じような冗談を言っていた。白川は妻の「戯《ざ》れ言」が聞ける幸福を感じていた。

衰へは眼にしるけれど戯《たは》むれの言《こと》絶えざればよしと思へり

「先に『あっち』へ行って、おとうちゃんが来たら一緒に住む家を探しておくから、安心して」。ツル夫人の口癖だった。

現《うつ》し世に住む家は君が定めたり華臺《けだい》の下《もと》によき家求めよ

もう君の声は聞けないけど、あの世で待っていてほしい。そこでまたゆっくり語り合いたいと思い、白川は歌う。

意識絶えて今はの言《こと》は聞かざりしまた逢はむ日に懇《ねんご》ろに言へ

こうしてみると夫婦の間ではもはや「生」と「死」を分かつ境界はなくなっている。あの世でも親しげに語り合っている姿が目に浮かんでくるのである。

白川は芳村さんが大学講師の職を得るにあたり推薦状を書き、次の言葉を添えた。『孟子』（「離《り》婁《ろう》」下）の「原泉混混、不舎昼夜（原泉混混として、昼夜を舎《お》かず）」である。

豊かな源泉から昼となく夜となく盛んに水が湧き流れるように、豊富な研究の蓄積があってこそ成果を生む。努力を怠らないようにせよというお諭しだったと芳村さんは深く感謝する。私自身も自らを省みてこの言葉に粛然たる思いを禁じ得ない。

＊白川静（一九一〇～二〇〇六年）『字統』『字訓』『字通』の字書三部作。『白川静著作集』全一二巻など

（二〇一七年十一月十一日）

3

追悼と追憶

尊敬する人々――「死の成熟」を共有する

人の死と遺《のこ》されたものの重さについて、考えざるを得ない日々が続いた。六月三十日、近藤道生《みちたか》さんが九十歳で亡くなられた。請われて国税庁長官から博報堂社長となった。「中興の祖」と呼ばれた。いくたびか、著書を書評する機会に恵まれた。

大茶人益田鈍翁の実像を、主治医で茶友だった父近藤外巻《とまき》の日記から掘り起こした『平心庵日記』（角川書店）、数寄の世界に沈潜する幸せを感じる『茶の湯がたり、人がたり』（淡交社）、憂国の情に溢《あふ》れた『国を誤りたもうことなかれ』（角川書店）『不期明日』（日本経済新聞出版社）。

襟を正して読んだ。そこには文化と教養の深さを体現した一人の知識人がいた。ノブレス・オブリージ（高い身分に伴う道義上の責任感）を生涯持ち続けた「矜持《きょうじ》の人」がいた。

近藤さんは、自らの戦争体験を語り、先の大戦で散った人への痛恨の情を綴《つづ》り決意する。

「日本ほど異質の文化、異質の価値観に対して寛容な国があるだろうか。この謙虚な寛容こそが、日本文化の核心であるとともに、文化と文化との共生を通じて世界平和を実現するための、唯一最大の起動力たり得るものだと信ずる」

人の死とは畢竟《ひっきょう》、「どう生きたか」ということであり、どんな志があったかということなのではないのか。

◇

四年前に亡くなった作家吉村昭さんとの日々を、妻津村節子さんが『遍路みち』(講談社)で綴った。仕事があるゆえに夫の最期の口々に寄り添えなかった悔恨が今なお津村さんを苦しめる。この書の書評で書かずにはいられなかった。

「人の死は生者にも限りない苦悩を与えるものであると痛切に思う。もし癒やしてくれるものがあるとすれば、それは時間だけなのかもしれない」

さまざまな読者の方からお手紙をいただいた。七十五歳まで末寺の僧侶として葬儀を執り行ってきた埼玉県の住職の方は自らの体験を記してこられた。

職場の機械事故でご主人を亡くした夫人は、葬儀の後、深い悲しみの中で私の衣にとりすがり、「どうかこれから私を助けてください。心を支えてください」と肩を震わせた。

やがて三回忌の法要の日が来た。私は神妙な面持ちで夫人の家の戸口に立った。奥から出て来たのは、趣味のいい落ち着いた柄のワンピースを着て、ちょっと濃い化粧をした見違えるほど綺麗《きれい》に装った奥様だった。

「ご住職さま、しばらくでございます。今日はよろしくお願い申し上げます」。明るい声でおっしゃった。ああ、すっかり立ち直られたんだなあと、こちらも気が楽になった。
悲しみの賞味期限は二年。時間は悲しみや苦悩を癒やしてくれる最高の薬です。「時間」は坊さんの説教なんかはるかに及ばない良薬なんですね。そう書いてあった。

◇

多田富雄さん。今年四月、前立腺癌《がん》で亡くなった。免疫学の大家だが、九年前、脳梗塞《こうそく》で声を失い、右半身不随となった。しかし、左手でワープロを使い精力的に著作活動した。脳出血に倒れ奇跡的回生を遂げた鶴見和子さんとの往復書簡『邂逅《かいこう》』（藤原書店）は、知的交歓のこの上ない見本である。

多田さんの遺作『残夢整理』（新潮社）は、ともに昭和を生きた死者たちとの対話である。切実に振り返れば青春が蘇《よみがえ》るという記録である。

とりわけ中学時代からの友人の画家永井俊作との交遊を描いた「珍紛漢」は、これほど友の死を切実に描いた作品はあるだろうかとさえ思う。奈良の古寺をめぐった日々、発明に没頭し、新たな絵画の境地を極めようと苦悶《くもん》する青春があった。

しかし俊作は四十代半ばで上顎《じょうがく》癌が再発し、二度目の入院をする。端正だった顔は半分切り取られ、醜く変形した。多田さんは亡くなるまでの半年余り、一日も欠かさず病院に通った。

俊作は癌の末期であることをわかっていながら、多田さんには結核で通した。

「私のほうから告知できないわけなど、とうに見通していたと思う。私たちはお互いに、あからさまな秘密を守りながら、ひとつの死が成熟するのを、共同で待つことになる」

「入院してからも半年余り、私は彼の痛みとの戦いに毎日付き合った。俊作の死は、一日一日密室の中で成熟していった。それが私たちにとって、かけがえのない濃密な時間であった」

俊作は「狼《おおかみ》に肉を食いちぎられるような激しい痛み」に執拗《しつよう》に襲われながら、五〇号の絵「廃砲と廃兵」を完成させた。遺体が火葬された直後、日仏現代美術展から帰ってきた。天に向かってむなしく砲口を向ける廃砲は俊作の果たせなかった「熱情」だろう。青空にたなびく白い雲は、どうしても得られなかった「永遠」ではないか。

誰が何と言おうと、俊作は天才だ。わずか何人かにしか見せなかった天才の素顔に、直《じか》に接することができたのは私にとって奇跡だった。

残夢はひっくり返すと無残である。私はこれから何年、残夢をひっくり返しながら生きなければならないのだろう。そう書いて、多田さんは亡くなった。


（二〇一〇年七月十日）

蛇の喉から光を奪え――多田富雄

天は二物を与えずという。しかし、人によっては二物を与えるのかもしれない。免疫学の世界的権威、多田富雄さんが七十六歳で亡くなって二年が過ぎた。出版されたばかりの『多田富雄新作能全集』（藤原書店）を手にしてそう思う。

脳死と臓器移植をテーマにした「無明の井」、相対性原理の世界を描いた「一石仙人（ドイツ語のアイン＝一、シュタイン＝石）」、原爆の地獄を死者が振り返る「原爆忌」……。人間の所業を根源から問う世界がここにはある。

「時間と場所、サイエンスとアートを旅する、まるで能楽師のような旅人だった。（中略）多田先生は治癒というものをもっと大局的に見るように、熱心に顕微鏡をのぞくと同時に顔を上げて宇宙を見上げ、夜空の美しさを感じるようにと我々をいざなってきた」

『多田富雄の世界』（藤原書店）には、アメリカの作家パティ・クリスティーナ・ウィリスさんのこの美しい文章など九五人の追悼文が収められている。ここには「ルネサンス人のような全人的教養人」(作家の木崎さと子さん)が息づいている。

多田さんは二〇〇一年五月二日、旅行先の金沢で脳梗塞の発作に襲われた。三日余り死地を彷徨《さまよ》い、目覚めた時は右半身は完全に麻痺《まひ》、高度の構音、嚥下《えんげ》機能の障害で叫ぶこともできない。死を考える日が続いた。その誘惑を断ち切ることができたのは妻の献身的な看護だった。「私の命は私だけのものではない」。無言で妻は教えてくれた。

リハビリが始まった。二カ月たっても行動半径は車椅子で五〇メートルを超えなかったが、突然ひらめいた。もし機能が回復するとしたら神経が再生したからではない。新たに創り出されるのだ。だったら新しいものよ、早く目覚めよ。わずかに動く指でキーボードを叩《たた》き、詩を書いた。

死ぬことなんか容易《たやす》い
生きたまま これを見なければならぬ
よく見ておけ
地獄はここだ
遠いところにあるわけではない

多田さんは、書けるなら書いてやろう、今いる状態が地獄ならば、私の地獄篇《へん》を書こう。そう覚悟し、新作能を、詩を次々書き続けた。

前立腺癌《がん》にも侵され、多田さんは九年に及ぶ壮絶な闘病の末力尽きた。その日々はご自身の『寡黙なる巨人』（集英社）に詳細に描かれている。そこにあるのは、最後まで強靱《きょうじん》な意志力で生きるとは何かを全身で示した「巨人」の姿である。

◇

その多田さんが最晩年に障害者の先頭に立ったのが「リハビリ闘争」だった。診療報酬改定で、発症後一八〇日を過ぎれば一部の疾患を除いて医療保険の対象にならなくなった。一八〇日を過ぎた慢性期、維持期の患者は目立った回復は望めないかもしれない。しかし、それ以上機能低下を起こせば動けなくなる。リハビリとは単なる機能回復ではない。社会復帰を含めた人間の尊厳の回復なのだ。

改定撤回を求める多田さんの闘いは実らなかった。いま私は多田さんの思いを切実に感じている。二カ月前に妻がくも膜下出血で倒れたことは本コラムで触れた。幸い一命を取り留め、リハビリ専門病院に移った。医師も驚くほど体力が回復、杖《つえ》なしでも歩けるまでになった。

しかし、言葉がなかなか出てこない。本人もそれがわかるだけに、いらだちが募っていく。辛抱強く、一歩一歩前に進むしかない。毎日病院に足を運んでいると、ささやかだが、いくつもの発見がある。こちらの言っていることは相当理解できるようになったが、妻の言っていることは言葉になっていないので想像するしかない。

ある日のこと。「からだ」と言っているようだ。そうか、自分の体を洗ってほしいのだろうと思い、シャワーを浴びることになっていると言うと、違うと手を振り、看護師さんを指さしている。看護師さんが昨夜から夜勤で詰めているので「体は大丈夫なの？」と言っていたのだ。自分のことを要求する患者から一人の母親になっていたのだ。新鮮な驚きだった。

多田さんは生きる希望を、若い頃読んだハンス・カロッサの言葉に見いだした。

「蛇の喉から光を奪え」

一点の光も見えない蛇の喉のような絶望の闇からも、一筋の希望の光を見つけて生きよという意味だという。いま私たち家族にとってリハビリは「希望」の光である。

（二〇一二年六月九日）

多田富雄氏（1934-2010）

われ以外　皆わが師——川島廣守

「弱冠遂に高文パス　躍って見せたぞ、焼いたスルメが　川島君独学苦闘の栄え」

昭和十七年（一九四二）六月十七日の読売新聞福島版にこんな見出しの記事が載った。

「君がパスすりゃ焼いたスルメが躍り出す」。同僚の嘲《あざけ》りに発憤、郷土の大先輩野口英世にも似た〝会津魂〟を発揮し、激務の余暇を割いての猛勉強は遂に競争激烈を極めた高文行政科を征服した、という内容だ。

昨年十二月九日、九十歳で亡くなった川島廣守さんは、警察庁警備局長などを歴任、官僚の頂点である官房副長官（田中、三木内閣）に上りつめ、その後プロ野球セ・リーグ会長を一三年、コミッショナーを六年務めた。しかし、前半生は「苦学力行」そのものだった。

九人兄弟の長男として生まれたが、次男、長女が年子だったため祖父母に育てられた。極度の貧乏で大学進学はあきらめなければならなかった。旧制会津中学でさえ授業料が払えず、何度も退学を考えたほどである。仙台税務監督局に勤め、翌年高文試験予備試験に合格した。

仙台には夜学がなかったため上京、昼は大蔵省で働き、夜は中央大学専門部法律学科に通った。野口英世を心の師に、会津の地が育んだ「忍耐」の二文字を支えに高文試験に挑み、私大出でも幹部採用の道が開かれていた内務省に入ったという。

◇

ふるさと会津を深く愛した川島さんは東京の会津会会長や在京会津高校同窓会会長などを長く務めた。母校での講演や学生寮の訓話、同窓会報に掲載された文章などを、川島さんを慕う千葉宏、原田洋一、穴澤耕二の三人が「卒寿をお祝いする三人の会」をつくって『魂の感動　川島廣守心訓抄』としてまとめた。完成したのは川島さんが亡くなる三日前のことだった。

川島さんは作家、吉川英治が座右の銘にしていた「吾以外皆吾師」を信条としてきた。この本には川島さんにとっての師がたくさん登場する。

「学ぶ心さえ失わなければ自然はもとより、歴史と人物みな吾が師である。反面教師も得難き吾が師である」

経済学者で社会学者の高田保馬教授も師と仰ぐ一人。

「高田先生は高文試験官であられた。私の経歴を読んだあと、試験官という立場ではなく、自分の教え子のように話された。『君はよく勉強してここまで来たなぁ。これからも一所懸命しっかり勉強しなさい。私も応援するから』と口頭試問中にもかかわらず、とても親切におっしゃられた」

高名な学者の励ましが少年にどれだけ勇気を与えたことか。高田保馬については、一昨年十二月の本コラムで触れた。佐賀中学時代、往復四里の道を通い、粗末なおかずの弁当を道路脇のやぶに隠し、昼食時には一人で鉄棒をして帰りに食べた、というエピソードも紹介した。

川島さんはそれを読み、「私も幼い頃は先生と似たような生活だったので、このくだりを読むだけで涙があふれ出る。先生は自分の幼い頃については一切おっしゃられなかった。この記事を見て初めてわかった」と話していたという。

◇

川島さんは若い人たちに期待し、熱情をもって呼びかけた。

「言い訳は絶対に探すな。今日はこういうことがあって出来なかった。こうだから、ああだから、と言い訳をいう。『でも』『どうせ』『だって』という言葉は禁句だ」

『念ずれば花ひらく』の仏教詩人坂村真民さんの詩を紹介しながら、「自信、自愛、そして自尊の心をもって、いまこの瞬間を精一杯生きることだ」と説いている。

「生きるのだ」
いのちいっぱい／生きるのだ
念じ念じて／生きるのだ
一度しかない人生を／何か世のため人のため
自分にできることをして

この身を捧《ささ》げ
生きるのだ

「烈士暮年　壮心不已」

『魂の感動』冒頭で中曽根康弘元首相は魏の曹操の言葉を引き川島さんを称《たた》えている。「年齢を重ねても尚《なお》、研鑽《けんさん》精進の精神をもつ者は老いることを知らない、という意味だが、川島さんも私もこうした気概を持って自らの人生を歩む。常に学び、自己練磨に努める気持ちこそ人生の肝要であろう」

多くの師を持ち得た川島さん、川島さん亡き後「川島廣守人間学」の伝道師になろうと通夜の席で決意する穴澤さん。羨ましい限りである。

（二〇一三年一月十二日）

川島廣守氏（1922-2012）
（提供・読売新聞社）

「気品の泉源」を求めて――服部禮次郎

拝啓　服部禮次郎様

服部さん、私はあなたをずっと「不死身の人」と思い続けていました。九十歳を超えたとは到底思えない行動力、資料にあたり現場に足を運ぶ探求心、明晰《めいせき》な頭脳、羨ましい限りのふさふさな髪……。天に召されるなど考えられなかったのです。

二回り以上も違い、経営にも疎い私は、企業家としての服部さんについてほとんど知りませんでした。三月十五日の「お別れの会」での服部真二さん（セイコーホールディングス代表取締役会長兼グループＣＥＯ）の追悼の辞でよくわかりました。

一九六四年の東京オリンピックで、電子計時システムを導入して世界を驚かせました。時計産業に革命をもたらすことになった世界初のクオーツウオッチを発売して、セイコーブランドが海外で認知される出発点になったとも聞きました。

私が最も印象に残ったのは、真二さんが駐在していたロンドンに服部さんが視察に訪れた時のことです。現地社員を紹介されると、受け取った名刺に何やらメモ書きしている。何を書いているのだろうと思ってのぞき込むと、似顔絵を描いていたというのです。

◇

一度会った人の顔は覚えておこう。まして社員なのだから、忘れないようにしなければならない。自ら実践していたのですね。いつお会いしても、人懐こく接してくれた服部さんらしいエピソードだと思いました。

福原義春さん（資生堂名誉会長）は、二人三脚で「銀座らしさ」を追求してきたことを強調されました。「銀座の服部さん」であり、「慶應の服部さん」だったと追想されました。

服部禮次郎氏（1921-2013）
（提供・読売新聞社）

私が服部さんにお目にかかるようになったのも「慶應の服部さん」でした。慶應の卒業生でつくる八百有余の三田会組織を束ねる慶應連合三田会会長を二五年以上務めました。福澤諭吉協会理事長を足かけ一八年、親睦組織である慶應倶楽部の会長は二七年の長きにわたりました。

その間心血を注いだのが「福澤精神」を継承し、普及させることでした。その結晶が『慶應ものがたり』（慶應義塾大学出版会）でした。福澤諭吉は慶應義塾で何を目指したのか。一八九六年の福澤の演説を服部さんは随所で紹介されました。

「我日本国中に於ける気品の泉源、智徳の模範たらんことを期し、之を実際にしては居家、処世、立国の本旨を明にして、之を口に言ふのみに非《あら》ず、躬行《きゅうこう》実践、以て全社会の先導者たらんことを期する者なれば、今日この席の好機会に恰《あたか》も遺言の如くにして之を諸君に嘱托《しょくたく》するものなり」

託された私たちは「気品の泉源」「智徳の模範」であろうと努力しているのか。忸怩《じくじ》たるものがあります。

服部さんは、福澤の著作を読んでいると、一万円札の透かしと同じように、もう一人の福澤が常にソッと寄り添っているのが見えると指摘されました。

一身の独立、一国の独立の重要さを唱えながら、「立国は私なり、公にあらざるなり」と国家制度の限界を指摘しました。「独立自尊」の一方で、小学生たちには「今日、子供たる身の独立自尊法は、ただ父母の命によって進退すべきのみ」と書き与えました。

現状に満足している人々から公平な意見が出てくるはずがない。「公平の論は不平の人より出《い》づ」

と言いながら、「馬鹿不平多し」と言うことも忘れませんでした。

◇

服部さんは学生、教員、卒業生も含めた仲間である「社中」の協力の大切さを力説されました。「社中」は「近代の自発的結社を意味する福澤社会論の鍵概念」（松沢弘陽氏）ですが、服部さんは福澤門下生の足跡を徹底調査し、『福澤諭吉と門下生たち』（慶應義塾大学出版会）にまとめられました。

家族やふるさとを愛せないで愛国心などあり得ないと思います。同様に自らの母校に愛着を持てないで他の人の母校に敬意を抱けないでしょう。そのことを教えていただきました。

昨年七月、『総理の器量』をお贈りした時には長文のお手紙をいただきました。歴代総理への極めて適切な論評と、病気の私の妻に対する心からの激励が書かれていました。癌《がん》と闘って入院中だったことを後で悦子夫人からお聞きしました。

律義でした。最後の最後まで服部さんでした。これからの人生を、服部さんのように生きることができたらどんなに幸せかと思っています。

（二〇一三年四月十三日）

「高潔の友」を送る——五十嵐武士

五月十一日、東京の府中の森市民聖苑で行われた葬儀での弔辞は、家族はもとより参列者の心に深く染み入るものだった。

彼は何よりも高潔な人格の人でした。彼には、鄙劣《ひれつ》な所、卑怯《ひきょう》な所、俗悪な所がありませんでした。

研究室での修業期間が始まって間もない一九六九年夏の頃でした。昼食のため二人で研究室から正門に向かった時、正門の横で数人の学生が一人の学生を取り囲み、罵声を浴びせながらこづいたり、殴ったりしているのが目に入りました。

私は「ああ、またやっているな」と思いました。しかし、彼は走って近づき、「おい、やめろ」と声をかけました。取り囲んでいた学生たちは「何だ、〇〇か」と対立する団体の名前を挙げました。

彼は「いや違う。そんなことは関係ない。目の前でたった一人を囲んで暴力を使っているのを見過ごすわけにはいかない」。そう強い口調で言いました。その気迫に押されて、学生たちは去って行きました。

その時、私は彼の人格に深い尊敬の気持ちを抱きました。私の人生にとって重大な事件でした。彼は、その人格と行動それ自体で、人としてきちんと生きるとはどういうことかを教えてくれたのです。

彼は、孤立を懼《おそ》れませんでした。自分が正しいと思えば、私的な人間関係や多数意見とは関係なく、それを主張いたしました。一対六でも、一対六〇でも、一対六〇〇でも、それは同じでした。私利私欲のためでも、まして鄙劣な動機によるのでは決してありませんでした。原理原則のためであることを誰もが理解しておりました。

そして、家族について話す時の少し照れたような笑顔は、彼の心の優しさをよく示しておりました。彼において孤立を懼れないということは友情を重んじないということではありませんでした。彼はいつも義理堅く、そして親切でした。

◇

アメリカ政治研究の第一人者だった桜美林大学教授（東大名誉教授）の五十嵐武士君は五月六日、膵臓癌《すいぞうがん》で六六年の生涯を閉じた。生前の希望で、法政大学教授（東大名誉教授）渡辺浩さんが弔辞を読んだ。深く友を知る哀《かな》しみに満ちていた。五十嵐君と高校同期の私には、渡辺さんが指摘されたひとつひとつに思い当たることがある。

五十嵐君は一四年前、悪性リンパ腫で移植手術したが、一年後に再発。骨髄移植しようにもドナーが見つからない。このままでは長くて七カ月しか生きられないとさえ言われた。一縷《いちる》の望みをもって使ったイギリスの未承認薬が功を奏したのだろう。再発から一〇年たって癌の症状が消えていた。見事癌を克服したはずの彼だったが、今年三月に腹部の不調を訴え、四月になって膵臓癌とわかり、入院から一カ月もたたないで帰らぬ人となった。

悪性リンパ腫が再発してからも、膵臓癌が見つかってもはや手遅れとわかってからも、いささかもたじろぐことはなかった。現実を淡々と受け入れた。家族に負担をかけたくないと思ったのかもしれない。痛い、苦しいと訴えることもなかった。

病床でも米元大統領ウッドロー・ウィルソンの資料を調べていた。一冊にまとめたかったのかもしれない。しかし、未練がましいことは言わなかった。

◇

五月五日、葬儀について長男に口述筆記させた。小さな葬式でいい。遠方と七十歳以上の人には知らせないように。連絡は研究室同期の六人と直弟子一二人、高校の同期四人、あとは親族。弔辞は渡辺浩君と久保文明君……。そう言い残し、翌日、永遠の眠りに就いた。

廃校を利用した図書館「橋本五郎文庫」に五十嵐君は五〇〇冊の蔵書を贈ってくれた。国際政治や日本政治思想史についての拙い質問にも付き合ってくれた。同時期に胃がんの手術を受けた私に、死に直面しいかにあるべきかも教えてくれた。

五月の連休、私は家族で沖縄に行った。一年前にくも膜下出血で倒れた妻のリハビリを兼ねての旅だった。食事をしながら娘たちに言った。

「お父さんはどんなに生きても一〇年か一五年なんだよ。逆算して、その間どう生きるか考えざるを得ないんだ」

しかし、「高潔の友」を失った今、その日を静かに迎える覚悟だけは持ちながら、与えられた仕事をきちんとこなし、淡々と一日一日を大切に生きよう。そう思い始めている。

（二〇一三年六月八日）

五十嵐武士氏（1946-2013）
（提供・読売新聞社）

永遠の「哲学の巫女」——池田晶子

古希まであと三年。深夜眠りに就く前に自らに問うことがあります。自分はより善く生きてきただろうか。やがて来る死にうろたえることのない心の備えができているだろうか。

そう思うたびに、一人の女性哲学者が浮かびます。七年前の二月二十三日、腎臓がんのため四十六歳の若さで亡くなった池田晶子さんです。生涯を賭して自分で考えることの大切さ、言葉の重要さを説き続けました。

——考えるということは、自分が在ることや生命の不思議を知りたいということです。考えることで、自分が生きて死ぬということがどういうことかがはっきり自覚できるのです。

日常の不思議さを自覚しながら生きることは、納得と確信を手にすることです。そうすると強く生きられます。人々がそういう不思議の感覚に目覚めれば争わなくなります。自分が、と主張して争いを始めるその自分とは何なんだ、と問うてもよくわからないからです。

君たちは、しょせんは言葉、現実じゃないよという言い方をする大人を、決して信用しちゃいけません。そういう人は現実とは目に見える物のことであるとただ思い込んで、言葉こそが現実を作っているという本当のことを知らない人です。言葉を大事にすることが自分を大事にすることなのです。

◇

『あたりまえなことばかり』『14歳からの哲学』（トランスビュー）から拾い出してみました。言葉に携わる職業に就いている者として深く考えさせられます。池田さんとは一度だけお会いしたこと

池田晶子氏（1960-2007）
（提供・NPO法人わたくし、つまりNobody）

があります。もう一六年も前のことです。

政治部長として有識者にインタビューする「二十一世紀に向けて政治を問う」というシリーズに登場してもらいました。「変革阻む『精神性の欠如』」「自分を見詰め直そう」という見出しで掲載されました。その時の模様は、池田さん自身が『考える日々』（毎日新聞社）に詳細に書かれています。『帰ってきたソクラテス』や『悪妻に訊け』（新潮社）などの池田さんの著作を読んで圧倒され、話を聞きたいと思いました。期待通りでした。池田さんは「当の政治部長は私の寝言の本気性を正確に読み取ってくれていた」と書いてくれました。インタビューを読んだ読者からは購読紙を読売新聞に替えたというお便りもありました。

◇

プラトンは、哲学とは、ものを考えるとは「死の練習」だと言ったそうですが、「自分にはいのち根性がない」「私、死ぬのを怖いと思ったことがない」が池田さんの口癖でした。

亡くなる直前に出版された大峯顯さん（大阪大学名誉教授）との対談『君自身に還れ　知と信を巡る対話』（本願寺出版社）でも、死ぬことよりも、「つまらない生を生きる方が怖い」と話しています。『三田文学』の最新号に、大峯さんの「回想の池田晶子」というエッセーが載っています。『君自身に還れ』も、古今の哲学を深部で理解されている先輩哲学者があらん限りの愛情で仏教の神髄を伝授しようとした本ですが、このエッセーも深く心に沁《し》みます。

この中で大峯さんは、亡くなる四カ月前に池田さんから届いた手紙を紹介しています。

「相変わらず厄介な病気を抱えておりまして、日々、剣が峰を歩いております。が、それは本来の人間の在りようなのだから、ちょうどいい修行だと腹をくくっております。

ひとつ気がついたのは、例の〝いのち根性がない〟ということ、生きようとするのは執着なのだと私はずっと思っていたのですが、どうもそうではないようですね。人が生きようとするのは意志、生命本来の意志として肯定さるべきことのようなのです」

これを読んだ大峯さんは大いに喜びました。「明るい孤独な思惟《しい》の中で池田晶子の長い旋回はついにその最終的な局面に入っていたに違いない」と思ったそうです。

江戸時代後期に仙崖義梵という臨済宗妙心寺派の禅僧がいました。辞世に「老師、一句書いてください」と色紙を渡され、どんな覚《さと》りの言葉を書くと思ったら、何と「死にとうない」だった。

これでは示しがつかないと困った弟子は「老師、もう一言、何か」と頼んだら、小さな字で「ほんまにほんまに」と書いたというのです。

これも大峯さんに教えられました。私には限りなく親近感を覚えるエピソードです。

（二〇一四年二月八日）

偉大なる羅針盤失う——岩見隆夫

拝啓　岩見隆夫様

あの時はいつもの岩見さんではありませんでしたね。昨年八月一〇日、土曜日の朝でした。大阪でテレビ出演したあと携帯を見たら着信が二回ありました。かけてみると「岩見です」と返ってきました。携帯を持っていなかった岩見さんの病院からの電話でした。

この日の読売新聞朝刊「五郎ワールド」で、岩見さんの著書『敗戦　満州追想』（原書房）を取り上げました。「ありがとう、ありがとう。これでもう思い残すことはない」。泣きながらそう言われました。

こんな気弱な岩見さんは初めてでした。「何を言ってるんですか。早く良くなってまた飲みましょう」と言うのが精いっぱいでした。十一歳まで住み、過酷な引き揚げの経験を持つ満州への深い思いと、病気の進行を思わざるを得ませんでした。

一月十八日、毎日新聞専門編集委員の山田孝男さんからの電話で亡くなられたことを知りました。

『中央公論』二月号で「政治記者の総決算」を書いて健在ぶりを示されたばかりでした。深い喪失感にとらわれました。

まもなく毎日新聞の政治部から電話があり、コメントを求められました。まとめる時間が必要だと思ったのでしょう。「かけ直しましょうか」と言われました。その必要はありませんとその場で話したのが翌日の毎日新聞に載りました。

「政治記者として偉大な先達であり、深く尊敬するジャーナリストの一人だった。『政治とは人間の営みである』との観点から政治評論を書き続け、多くの人に政治を身近なものに感じさせてくれた。時代の雰囲気に迎合することなく、国士のように、いつも国全体のことを考えておられた。最後まで自ら書き続けた記者だった。多くのことを学ばせていただいた」

◇

二月二十八日、岩見さんの「お別れの会」が開かれました。場所は日本記者クラブ賞受賞者の岩見さんにふさわしい東京・内幸町のプレスセンターでした。安倍首相はじめ各界から多くの方が来られました。

岩見さんのコラムの根底を流れていたのは「人間」だったと思います。『政治家』（毎日新聞社）でも強調されていました。「政治家を理解しなければ、政治現象の意味も十分に汲《く》み取れない」と。二四年余に及ぶ「近聞遠見」はその結晶でした。金字塔でした。

日中国交正常化のための田中首相訪中に同行し、北京から送られた原稿にもそれがよく表れていたと思います。

「北京の土が、北京の空が田中首相をしっかりと受止めた。もの静かな老政治家、周恩来首相との歴史的な出合い。思えば遅すぎた握手であった。しかしよかった。一九七二年九月二十五日。この日から日本と中国は新しい時を刻み始めたのである。

過去を素直に詫《わ》び、未来に光をあてる、民族と民族の和解の日だからだ。閉ざされたままだった国交のトビラにいま両首脳は手をかけた」

そして日中復交も、田中首相の決断力と大平正芳外相の周到な外交手腕があって初めて実現できたと今でも確信しているとも書かれています。

◇

岩見さんのコラムを読みながら思い浮かべるのは、歴史学者E・H・カーの有名なテーゼです。「歴史とは現在と過去との対話である」

政治家を通じて政治を描く場合も常に実践しておられたと思います。岩見コラムには昔話が多いとの指摘もありましたが、範は歴史にあることを教えていただきました。

岩見さんは末期の肝臓がんを宣告されながら、最後まで筆を離しませんでした。ジャーナリストの一人として、自分もかくありたいと強く思っています。

岩見さんが序文を書かれたお姉さん、田辺満枝さん（87）の『満州を描いたよ』（原書房）が亡くなったあとの二月末に出版されました。『敗戦　満州追想』のために八十歳を過ぎて絵を描き始めたお姉さんが、二〇年にわたる満州の日々をメルヘンのようなタッチで描いた、本当に素晴らしい絵本です。

ジャーナリストとして事実に即して書くことを心がけてきたが、気がつけば文章には虚飾や誇張がつきまとうことは避けがたかった。姉の絵には虚飾、誇張がはぎとられたすがすがしさが残っている。岩見さんは序文でそう書かれています。

私も虚飾と誇張を排し、岩見さんに少しでも近づきたいと心から思っています。

（二〇一四年三月八日）

岩見隆夫氏（1935-2014）
（提供・毎日新聞社）

深き叡智と他者への愛——粕谷一希

お通夜からの帰り道、「ご挨拶」と書かれた封筒を開き、深い感慨を覚えました。そこには亡き夫に対する妻の万感の思いが綴《つづ》られていました。

「うずたかく積み上げた本の真ん中に座って自分を語るような一生でございました。一人のジャーナリストとして偏愛ともとれる情熱で新しい才能に執着をして参りましたが、それは仕事人間と申しますより、人間の能力に対する追求と称賛ではなかったかと思っております。

私ども家族は、一希との距離にもどかしさを感じながらも、それぞれが自分の中で一希像を作り上げ、これでよしとして付き合い続けて参りました」

雑誌『中央公論』の編集長として名を馳《は》せ、評論家として数多くの評伝を残した粕谷一希さんは五月三十日、八四年の生涯を終えられました。

幸子夫人の文章には、夫の為《な》した仕事に対する尊敬の気持ちがあります。決して平坦《へいたん》ではなかった人生を共に歩んできた同志としての複雑な思いも込められているように思いました。

政治学の永井陽之助、国際政治の高坂正堯、『ローマ人の物語』の塩野七生、劇作家の山崎正和……。粕谷さんが発掘、世に出した〝駿馬《しゅんめ》〟は枚挙にいとまがありません。

◇

粕谷さんは、哲学への深い理解と確固たる歴史観に裏打ちされた思想家でもありました。それは奇しくも亡くなられた日が発行日となった『粕谷一希随想集1　忘れえぬ人びと』（藤原書店）に凝縮されています。

粕谷さんの本領のひとつは人物論にありました。それも対比の妙にありました。「小林秀雄と丸山眞男」「保田與重郎と竹内好」「花田清輝と福田恆存」「安岡正篤と林達夫」……。私たちは「対比列伝」を読むことによって、偉大な先達をめぐる人と時代と思想の意味を知ることができました。

粕谷さんは若い才能を愛しました。永井陽之助の『平和の代償』三部作についてこう書いています。

「その圧倒的迫力は、湧き上るような情念と厳密な思索力に基き、アメリカに関する新鮮で高度な情報、アメリカ学界の最高峰に触発された方法論に貫かれており、私自身、知的昂奮《こうふん》、いや全身がしびれるような昂奮に包まれたのであった」

粕谷さんには戦後の支配的風潮への強い懐疑がありました。

なぜ国のために亡くなった人に道義的評価を与えないのか。太平洋戦争は帝国主義戦争の一面をもっていたが、明治維新で成立した近代国民国家の延長としての戦争でもあった。

祖国存亡の危機に際し青年たちが身命を賭したのは、軍国主義のためでも帝国主義のためでもなく、共同体としての民族のための死ではなかったか。

吉田満の『戦艦大和ノ最期』が永遠に感動を呼び起こすのは戦士の美徳を真摯《しんし》に描いているからであり、それが民族敗亡の美学たりえているからだ。

そう思う粕谷さんは個人主義的人格主義に強い違和感をもっていました。『宗教哲学』『時と永遠』などで愛としての他者実現を目指すべきであると説いた哲学者波多野精一に出会い、安らぎを覚えるのでした。

◇

随想集出版にあたっての粕谷さんの言葉は、コラムを書いている身としてはこたえます。

「学問が体系的思考だとすれば、メディアはコラムを単位に艶やかな伸び伸びとした文筆が第一である」

私もそうありたいと思ってきましたが、まだまだ「道遠し」だからです。でも、わが身を振り返りながら、次の情景だけは粕谷さんと似ているようで、たまらなく親近感を覚えます。

「私の生涯は本に明けくれてしまった。東畑精一さんのことば『読書とは読むものでなく持つものだ』をよいことに、玄関から書斎から、廊下、物置まで本に埋まっている」

それにしても、人を語ることは自分を語ることであるとつくづく思います。

「人間は多くの人々の目を気にするよりも、一人の人の目を怖《おそ》れなければならない。林達夫は多くの知識人がその目を怖れた存在であった」

「ジャーナリストとして生きて来られた松本重治氏の姿勢には、学者とは異なった繊細な包容力と俠気《きょうき》と野性味すらが感得される。逆に政治家や財界人とは異なった〝知性の尊重〟と客観性への節度がある」

そのまま粕谷さんに当てはまるように思います。私にとって粕谷さんは仰ぎ見る高峰です。

（二〇一四年六月十四日）

粕谷一希氏（1930-2014）

「余命一年」を生きる――近藤彰

六八年間生きてきて、とても敵《かな》わないと思った人は何人もいます。お会いする機会はありませんでしたが、元NHK記者、近藤彰さんもそのお一人です。

近藤さんは二〇一二年十月、四二年間のサラリーマン生活を終えました。これから悠々自適の生活に入れる、そうはずんだ気持ちになったのも束《つか》の間、十二月に膵臓癌《すいぞうがん》が見つかります。ステージは4b末期。「余命一年」の宣告を受けたのです。思えばこれまでの生活は「癌街道」まっしぐらだった。アルコールは毎日欠かさず、煙草《たばこ》は一日一箱、黒毛和牛は大好き。癌になるのも無理はないと思いながら癌に立ち向かいます。

抗がん剤、鍼《はり》治療、漢方薬、温熱療法とさまざま試みます。その一方で、死への支度を始めます。どんなお墓がいいか考えます。遺影を探します。モナリザの微笑のような眼差《まなざ》しの写真があればいいと思うのですが、なかなか見つかりません。

家族で梅や桜を見、韓国旅行もします。長女に勧められ、ブログも始めました。末期癌であることを積極的に公表し、残された歳月をねばり強く生きていこうと思います。

好きなカラオケで九八点を目指します。これまで最高は石原裕次郎の「二人の世界」で九二・三点でした。高得点の研究を重ねやがて九七点を記録します。

◇

しかし、癌は容赦しません。一三年六月半ばから何を食べても味がしない味覚障害になります。九月にはとうとう抗がん剤が効かなくなります。十二指腸狭窄《きょうさく》や黄疸《おうだん》防止のための手術を余儀なくされ、大量の吐血・下血にも見舞われます。

正月まで生きて、おせち料理を食べたいと痛切に思います。そして、なぜ神は理不尽にも過酷な試練を与えたのかと問い、癌になった意味を考えます。

老後過ごせたはずの一〇年以上の歳月を失ってしまった。子供の結婚を見届けることも、孫を抱くこともできない。妻や子の経済的損失も無視できない。その一方で、毎日を大切に生きようと思

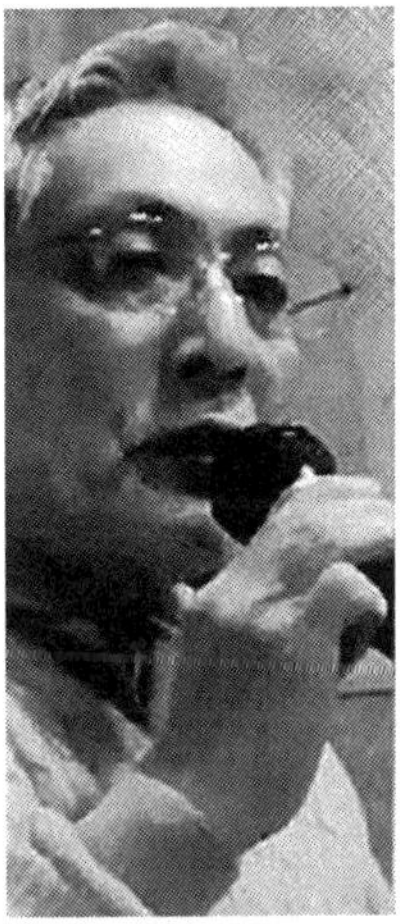

近藤彰氏
（1948-2013）

い、極めて密度の濃い充実した一年を送れる。

どう考えても差し引きは大幅なマイナスです。そこで発想を変えます。末期患者にならなければブログを開設できなかったではないか。闘病記には社会的な価値がある。神は私に最後の仕事として癌を与えたのだ。

そう思うことで納得しようとします。近藤さんのブログ「どーもの休日」には、癌の治療法、医療費の実態、癌難民の現実、癌を取り巻くすべてがあります。何よりも多くの人に生きる勇気を与えました。

十一月二日、近藤さんは最後のブログ「さようなら」を残し、六十五歳の生涯を終えました。そこにはこう書かれています。「運命には逆らえない。あの世にもいろいろ事情があるのだろう。そう思って少しは明るい気分で逝くことにしたい」

近藤さんとNHK同期の大島敏男さんは書いています。

「感傷に流れず、過剰な思い入れや無理な思い込みもなく、時にユーモアもあり、事態をできるだけ正確にありのままに捉えて正面から向き合おうという姿勢で一貫しています」

◇

私も癌の経験があります。一五年前、胃癌を宣告され、遺書を五通書きました。仕事を残してはいけない、二人の娘に父親のオロオロした姿を見せてはいけないと思い、努めて明るく振る舞おうとしました。娘が「お父さんが楽天的だったことで救われました」と勤め先の上司に語ったことを後で知りました。

近藤さんの長女、まり子さんは、父が抱いていた「死への恐怖」を共有してあげられなかったことを後悔しています。

「父は子である私たちに一度も涙を見せることはありませんでした。どんなに恥ずかしくても、カッコ悪くても素直な感情を父に伝えることで、父の思いも受け止めることができたのではと今でも悔いが残ります」

でも、まり子さん、後悔することはありませんよ。あなたの気持ちは十分すぎるほどわかっていたと思います。父親とはそういうものなのです。家族に心配させまいと苦痛を我慢し、明るく振舞うのです。

私は思います。そんなに遠くない時にやってくるその日に、まり子さんのお父さんのようにできるのだろうかと。おそらく無理だと思います。

でも、最近出版された『どーもの休日』(風媒社)で、自分が円環を閉じる時いかにあるべきかを学びました。心からお父さんにお礼を言いたいと思います。

(二〇一五年二月十四日)

一本の道とほりたり——竹田行之

感謝のことば——皆さまへ
多くの人から慈みを受けました
多くの人の厚意に支えられてきた自分
師と友と家族との出会いがあって
時代の問題と向い合ってきた一個の自分
「見つくせない程のもの」を見た
美しいものを見
美しいことばと奏楽を聞き
美しい精神のあり方を知った
本の世界に身をおいて、読み書き作り
「暮しが仕事　仕事が暮し」ですごし

程よい美酒佳肴《かこう》に恵まれ養生し
万事が五感充足　楽しかった
（中略）
皆さま、ありがとうございました。
二〇一五年　予《あらかじ》めしるす

今年五月二十五日、一人の編集者が亡くなった。竹田行之《こうし》。享年八十七歳。岩波書店に入社、編集部長などを務め、『ハーバート・ノーマン全集』や『馬場辰猪全集』、R・ドーアの初期作品の日本語版編集に携わった。

岩波退職後は福澤諭吉協会の理事に就任、『福澤手帖』『福澤諭吉年鑑』を編集した。

昨年秋、肝臓がんが見つかった。かねて準備していた「感謝のことば」に手を入れた。「何でも用意のいい人」（久美子夫人）で、葬儀の段取りまで家族に指示した。

遺灰は故人の希望で八月、米北西部ワシントン州のサンフアン諸島の海に散骨した。シアトルに住む娘さんを訪ね、この地が好きになったという。

◇

竹田さんとのお付き合いは必ずしも長くはなかった。「五郎ワールド」に感想を寄せられ、書かれたものを送っていただいた。篤実な人柄に強く惹《ひ》かれるのを感じた。

みすず書房の創業者小尾俊人さんを偲《しの》んだ「編集者の器量」（『丸山眞男手帖』六〇号）は尊敬する先達への敬慕にあふれた心揺さぶられる文章である。

小尾さんは「本の世界」をそのまま生きた人だった。それは読む人・書く人・作る人・売る人がかたちづくる世界である。小尾さんはそのいずれでもあった。四者兼備だった。

信州生まれの出版人といえば岩波茂雄、小林勇という先達がいる。三者三様ながら、進取の気性、気骨、人に訴えてやまない熱誠、事に当たって徹底してやまぬところが共通していた。

すぐれた編集者は五感のすべてを働かせる。見る、聞く、嗅ぐ、味わう、触れるなどすべてを動員する。イデオロギーによる正邪の裁断と対極にある、開かれた心は編集者の最大の稟質《ひんしつ》である。小尾さんにはこれらいずれも備わっていた。『みすず書房の五十年』という総目録がそれを証明している。

そう書く竹田さんも四者兼備の人だった。『小泉信三書簡　岩波茂雄・小林勇宛百十四点』（慶應義塾福澤研究センター）の校訂・注解を見ればいい。それ自体読み物になっている。そして私にとって忘れがたいのは『交詢社の百二十五年』（非売品）である。

一八八〇年一月、福澤諭吉は「知識交換世務諮詢《しじゅん》」を目的に交詢社をつくった。日本近代化のため「全国人民のために知識集散の一中心たることならん」と考えた。竹田さんはその歴史を簡潔に格調高く書き上げた。そこには竹田さんの歴史観と哲学がちりばめられている。

「事業の盛衰は一に人の和にかかる。交詢社には人の和があった」

「時代が暗転した。『大正の春』から『夏』がなくて、一気に昭和前期の『冬』へである。交詢社を象徴するひとりであった犬養毅が暗殺され、戦争をはさんで、交詢社にとっても苦しい時代が続くことになる」

あかあかと一本の道とほりたりたまきはる我が命なりけり

竹田さんが仕え尊敬した元岩波書店会長の小林勇は、斎藤茂吉を思うたびに茂吉のこの歌が浮かび、思わず口ずさんでいたと、自伝『一本の道』（岩波書店）に書いている。

歌意は「一本の道があかあかと陽《ひ》に照らされて続いている。この道こそがわが命、すなわち進むべき道である」（永田和宏『近代秀歌』岩波新書）。極めて直截《ちょくせつ》な歌である。

竹田さんもまた編集者という「一本の道」を貫いて生きたのではないか。そう思い至り、とても羨ましく思うのである。

（二〇一五年九月十二日）

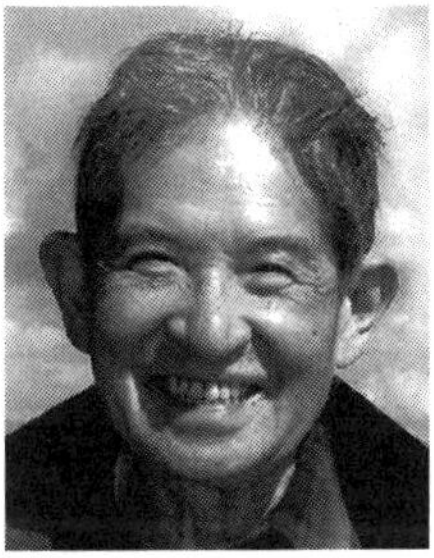

竹田行之氏
（1927-2015）

「大使の夫」になりたい——伊奈久喜

伊奈久喜君

あなたが逝って三週間がすぎました。前夜式や葬儀ではあなたをもっともよく知る人たちがあなたを偲《しの》びました。

駐英大使の鶴岡公二さん、同志社大前学長の村田晃嗣さん、時事通信解説委員の鈴木美勝さん、日本経済新聞入社同期の論説主幹芹川洋一さん。皆さんの弔辞は、日経特別編集委員で外交・安全保障の第一人者だったあなたの業績や人柄を伝えて余りあるものでした。

村田さんは、二〇年前にあなたと同じ六十二歳で亡くなった国際政治学者高坂正堯さんの「日本人と愛国心」を紹介されました。

「自分は愛国者であると自認することには、なんとなくためらいを感ずる。また、私は、自分のしていることが日本のためになって欲しいと思っている。しかし、自分は国家のために働いているのだといいたくはない。しかも、なお自ら愛国者と名乗りたくはないが、何十年か後で、人びとが私のことを『彼は愛国者だった』といってくれたらうれしいと思うだろう」

そして付け加えられました。「何十年どころか、あなたを失ってからまだ数日しか経《た》っていませんが、それでも私は自信をもって断言します。『伊奈久喜さんは愛国者だった』と」

その通りだと思います。私はあなたのコラムを読むたびに福澤諭吉が一八九七年に「時事新報」に書いた「新聞紙の外交論」を思い起こしました。

外交の事を記し又これを論ずるに当《あた》りては自《おのず》から外務大臣たるの心得を以《もっ》てするが故に、一身の私に於《おい》ては世間の人気に投ず可《べ》き壮快の説なきに非《あら》ざれども、紙に臨めば自から筆の不自由を感じて自から躊躇《ちゅうちょ》するものなり。苟《いやしく》も国家の利害を思ふものならんには此《この》心得なかる可《べか》らず——。

◇

あなたが精魂込めた『戦後日米交渉を担った男』（中央公論新社）を改めて読み返しました。日米核持ち込み密約の裏方の中心人物だった外交官東郷文彦が何を考え、どう取り組んできたかに光を当てています。

この本からは、あなたの人生観や人間観もほの見えます。次の文章なんかそうですね。

「東郷メモは『密約』の証拠とされた。それを書いた外交官は、歴史のなかでいわば汚れ役を引き受けたのだろう。それは日本の安全保障のためと考えたからであり、一貫した言動には、困難な現実のなかで品格ある外交の理想を求めた硬骨外交官の姿が浮かぶ。ぶっきらぼうだが、情の深いひとだった」

外務事務次官として東郷は中国、韓国などとの摩擦処理に追われた。胃がきりきりする場面に遭遇すると、きまって渡辺允秘書官に「番を呼んでくれ」と頼んだ。番とは外務省同期の番徹夫。外務省では必ずしも高位につかなかったが人柄の良さで知られていた。番は昼食をともにしながら、「東郷頼むぞ」と激励した。東郷はそれに慰められた――。この部分を読むたびに目頭が熱くなります。

◇

昨年七月に胃の全摘出手術を受けて以来、がんとの壮絶な闘いの毎日でした。食べ物がまったく喉を通らず、点滴だけが頼りで、体重は七〇キロ台から四〇キロ台に減ってしまいました。それでもあなたは書くことをやめませんでした。死の直前まで、日経政治面のコラム「風見鶏」や電子版の「日米外交六〇年の瞬間」を書き続けました。塩野七生さんへのインタビューもしました。

亡くなられる二週間前、病室でいろんな話をしましたね。腹水がたまり、苦しそうにしているあなたに、がんの経験者として率直な気持ちを伝えました。

「いろいろ心残りはあるだろう。でも、自分なりに一生懸命生きてきたのではないか。あとは自然にまかせればいい。私だってあとで行くよ」

あなたにとって心残りのひとつは、四年前、外務省の貴島善子さんとの結婚披露宴で宣言した「善子大使の夫として赴任する」ことができなかったことでしょうね。でも、善子さんは葬儀で「大使の夫」の予行演習をしたことを明かしましたよ。

インドネシアで大使主催のレセプションが開かれた際、席をはずした大使の代理として応対した善子公使の隣に、あなたは例の蝶《ちょう》ネクタイ姿で立ち、お客さんに「大使、お招きをありがとうございました」とあいさつされご満悦だったそうですね。

善子さんとの結婚があなたの人生に大きな輝きをもたらしたことを示す、何よりの証しだったと私には思われるのです。


（二〇一六年五月十四日）

伊奈久喜氏（1953-2016）

「吏道」を求め続けた一生――香川俊介

拝啓　香川俊介様

あなたがお亡くなりになって一年半になろうとしています。昨年十二月には財務官僚・香川俊介追悼文集『正義とユーモア』が出版されました。

心のこもった追悼集はその人のすべてを照らすものだとつくづく思いました。官房長官の菅義偉さんはこんなエピソードを明らかにしています。

香川さんが財務次官として消費税の一〇%再増税に向けて動いていると聞いた菅さんは、あなたを首相官邸に呼んで、静かに諭したといいます。「消費税の引き上げはしない。おまえが引き上げで動くと政局になるから困る。あきらめてくれ」

香川さんはこう答えたそうですね。「長官、決まったことには必ず従います。これまでもそうしてきました。ですが、決まるまではやらせてください」

あなたの人となりを示す、面目躍如たる逸話です。

香川さんは、千葉大学教育学部付属中学校から東京の私立開成高校に入り、東大法学部を卒業、財務省では官房長、主計局長、次官とエリートコースを歩みました。

二〇一二年八月の「社会保障と税の一体改革」に関する三党合意は、官房長としての香川さんの下支えなしにはありえなかったといわれています。その関連法が成立した直後に入院、その後復帰しましたが、次官時代に癌《がん》再発がわかり、最後は車椅子で使命を全うしました。

それにしても、人脈の広さ、深さがこれほどまでとは思ってもみませんでした。財務官僚として身を削るように仕事に打ち込みながら、友とグルメを求め、一緒に旅したことが追悼集に満載されています。

◇

追悼文集発行委員会の代表で三〇年来の親友である神蔵孝之さん（イマジニア株式会社会長）がそんな香川さんについて語っておられます。

「彼の凄《すご》いところは、政治家たちに一人で突撃していって主張すべきを主張するのに、持ち前の愛嬌《あいきょう》と誠実さで、敵にならないどころか仲良くなってしまうところでした」

「彼は『詭道《きどう》』的な手法を取りませんでした。いつも、まっすぐに、なおかつユーモアを忘れずに仕事に、相手に、ぶつかっていきました。しかも、それは常に正義感、『公の心』に裏打ちされていました」

政治家に対する人脈の濃さは追悼文を寄せた顔ぶれをみても一目瞭然です。麻生太郎、太田昭宏、小沢一郎、小渕優子、古賀誠、菅義偉、園田博之、二階俊博、野田佳彦。それは与野党や主義主張を超えています。

現財務省官房長の岡本薫明さんの文章は限りなく胸を打ちます。香川さんが三年間も過ごされた財務省二階の官房長室にはあなたが好きだった観葉植物も机もソファもその時のまま残っているそうです。そして、こう漏らされているのです。

「病を告げられた後もこの部屋で一人で苦しい思いをされていたのだと思う。人の出入りの少ない部屋に一人でいる時、この同じ光景を香川さんも眺めていたことを思うと胸がつまる」

◇

香川さん、あなたのお母さんは「母の鑑《かがみ》」です。あなたが亡くなる八カ月前に他界されましたが、お母さんの周りの人たちは、あなたが東京で役人をしていることは知っていても、財務省の次官だったことは知らなかったそうですね。神蔵さんは書いています。

「お母様にとって香川さんは自慢の息子だったに違いありませんが、そのことを周りにことさらに吹聴することはなかったのです」

香川さんを思う時、「吏道《りどう》」という言葉が浮かんできます。警察官僚から政治家になり、中曽根内閣の官房長官を務めた後藤田正晴さんは、『政と官』（講談社）の中で、役人が一つの政策に固執する「思い上がり」を厳しく戒めています。

「役人は政治に対して政策を押しつけてはならない。政策立案に必要な資料を揃《そろ》え、それらの資料を分析し、政策案を策定する。一つの政策に固執するのは越権行為である。決定するのは政治家である」

その通りだと思います。その一方で、役所に限らずどんな世界でも、いざというときに上司やトップに「諫言《かんげん》」できなければ、その組織はだめになるのではないのか。そのことでたとえにらまれようとも、恐れてはいけないのではないのか。

香川さん、あなたは「諫言」できる「吏道」という道を歩んできたように思われるのです。

（二〇一七年一月十四日）

香川俊介氏（1956-2015）
（提供・財務省）

あとがき

二〇一八年は、お世話になった多くの人との別れに立ち会わなければなりませんでした。

小学校の同級生、宮田幹保君は長く秋田県山本郡三種町の町会議員として活躍しながら、七年前に廃校になった母校の小学校を利用してスタートした図書館「橋本五郎文庫」の設立から運営まで献身的に努力してくれました。お陰で蔵書は三万九千冊を超え、わずか五百人の村に三万人の人々が足を運んでくれました。どんなに感謝しても感謝しきれません。夏の全国高校野球選手権大会で母校の金足農業高校が準優勝したのを見届けるように、その直後にこの世を去りました。

初代内閣安全保障室長、佐々淳行さんには公私にわたってお世話になりました。一国のリーダーのあり方、危機管理の重要さとその要諦はもちろん、情熱的に仕事に取り組むことの大切さを教わりました。

ファッションデザイナーの芦田淳さんは、エレガントとは何か、真の品格とは内に情熱を秘めながらもそれを抑えるところに生まれるものであることを身を以て示したように思います。テレビ出演の際には、芦田さんに送っていただいたネクタイとポケットチーフを身に着け、身を引き締めてきました。

東大名誉教授、大沼保昭さんからは、「パーフェクトに生きる」ことを教えられました。大沼さんとは、日本の論壇が極論の闊歩する場ではなく、伸びやかに議論する場であることを願いつつ、学者とジャーナリストが切磋琢磨する「知の共同体」をつくって古典を読んできました。大沼さんは会の運営にあたっても、議論するにあたっても決して手を抜くことなく、どんな親友でも、おかしいと思うことは容赦なく批判することを常としていました。その端然とした姿を目の当たりにして、記者としての初心を思い起こされることもしばしばでした。

お世話になった皆様のご冥福を心からお祈りし、僭越ではありますが、ささやかなこの書を皆様の霊に捧げたいと思います。教えていただいたことを日々の生活の中で生かすべく研鑽しなければと気持ちを新たにしております。『範は歴史にあり』と同様、今回も藤原書店の藤原良雄社長と刈屋琢さんにお世話になりました。採算を度外視し、ひたすら良書の出版に身を粉にしている出版社から出していただけたことを本当にありがたく思っております。読売プラス校閲センター長、鈴木明男さんにはまったくのボランティアで毎回原稿の段階で点検していただき心から感謝しております。秘書の阿部匡子さんには、新聞掲載時にも出版にあたっても、私以上に一字一句ないがしろにしない厳しさで助けてもらっています。こうしたすべての人々のお陰で、この年まで務めることができ、出版することができました。ありがとうございました。

二〇一八年一一月

橋本五郎

ワ行

ヤ　行

ラ　行

マ　行

ナ　行

ハ　行

タ 行

サ行

カ 行

主要人名索引

本文から主要な実在の人物を採り，姓・名の五十音順で配列した。

ア　行

ワ 行

マ　行

ヤ　行

ラ　行

タ　行

ナ　行

ハ　行

サ 行

書名索引

本文から書名・論考名を採り，五十音順で配列した。

ア 行

カ 行

著者紹介

橋本五郎（はしもと・ごろう）

読売新聞特別編集委員。1946年秋田県生まれ。70年慶應義塾大学法学部政治学科を卒業後、読売新聞社に入社。論説委員、政治部長、編集局次長を歴任。2006年より現職。読売新聞紙上で「五郎ワールド」を連載し、書評委員も20年以上にわたって担当している。また、日本テレビ「スッキリ」、読売テレビ「ウェークアップ！ぷらす」、「情報ライブ　ミヤネ屋」にレギュラー出演。2014年度日本記者クラブ賞受賞。

著書『範は歴史にあり』『「二回半」読む　書評の仕事 1995-2011』『虚心に読む　書評の仕事 2011-2020』『不滅の遠藤実』（共編）（藤原書店）『総理の器量』『総理の覚悟』（中公新書ラクレ）『心に響く51の言葉――一も人、二も人、三も人』（中央公論新社）『官房長官と幹事長――政権を支えた仕事師たちの才覚』（青春出版社）ほか。

宿命《しゅくめい》に生《い》き　運命《うんめい》に挑《いど》む

2019年1月10日　初版第1刷発行
2022年11月25日　初版第2刷発行

著　者　橋　本　五　郎
発行者　藤　原　良　雄
発行所　株式会社　藤　原　書　店

〒162-0041　東京都新宿区早稲田鶴巻町523
電　話　03（5272）0301
ＦＡＸ　03（5272）0450
振　替　00160－4－17013
info@fujiwara-shoten.co.jp

印刷・製本　中央精版印刷

Printed in Japan
ISBN978-4-86578-204-2

1989年11月創立　1990年4月創刊

二〇二二年九月一五日発行（毎月一回一五日発行）

月刊

機

2022
9
No. 366

発行所　株式会社 **藤原書店**©
〒一六二－〇〇四一　東京都新宿区早稲田鶴巻町五二三
電話　〇三・五二七二・〇三〇一（代）
FAX　〇三・五二七二・〇四五〇

◎本冊子表示の価格は消費税込みの価格です。

編集兼発行人
藤原良雄
頒価 100円

「日中国交正常化」五十年記念にあたり、三人の日中の識者から特別寄稿

日中外交はどうあるべきか

元仏・韓国大使　**小倉和夫**

元中国大使　**宮本雄二**

神戸大学名誉教授　**王　柯**

一九七二年九月、日本は敗戦後二七年、中華人民共和国は建国後二三年、いわゆる「日中国交正常化」が成立した。田中角栄首相が北京を訪問し、周恩来国務院総理と会談、二九日に「日中共同声明」に調印した。それから五〇年が経過。歴史問題、安全保障等、解決への道すじは見えてきたのだろうか。日中関係について考察してきた三人の識者からご寄稿いただいた。

編集部

● 九月号 目次 ●

日中関係の回顧と展望

青山学院大学特別招聘教授
日本財団パラスポーツサポートセンター理事長
小倉和夫

関係正常化を促した三つの潮流

五〇年前の正常化交渉に自身携わった筆者から見ると、国交正常化は、三つの大きな潮流によって促進されたといえる。国際情勢、日中両国内の国内政治動向、そして両国の国民感情の動きである。

国際情勢からいえば、

（一）ヴェトナム戦争収拾や対ソ戦略を考慮し、米国政府は、外交戦略の新展開として対中接近をはかろうとしていた（キッシンジャーの劇的な秘密訪中はまさに米国の戦略転換を示していた）。

（二）国連における中国の代表権が中華民国から中華人民共和国に移ったこと。

国内政治情勢に目を転ずれば、日本では佐藤内閣から田中内閣への移行があり、中国では、毛沢東の後継者問題や対ソ戦略もからんで、いわゆる左派の上海グループと実務派の政争がくすぶっており、対外関係の安定化が課題となっていた。

（台湾擁護に徹していた佐藤内閣に対して、田中内閣は、自民党総裁選挙中から、日中関係の打開を唱導していた。）

（一方、中国はといえば、毛沢東の後継者として公式に認められていた林彪《リンピャオ》が、前年、ソ連に逃亡中モンゴルで死亡。また、周恩来総理は、田中首相の上海立ち寄りに固執し、自ら日本の特別機に乗り込んだほどで、上海グループへのなみなみならぬ気の遣いようをみせていた。）

国民感情の点については、日本では、国民の間に共産主義中国の政治体制にまつわる違和感はあったが、いまだ貧しい、新生中国の真摯さに対する漠とした思いやりがあり、また、漢詩や古典を通じた中国文化への親近感を含めた隣人意識があった。

（田中首相は、北京空港到着時の感慨を漢詩に詠い、大平外相も万里の長城を漢詩に詠んだ。）

一方中国では、共産党による人民学習会がひらかれ、日中戦争の傷痕を云々する人々に対して、「悪いのは、日本軍国主義者であり、日本国民一般は、中国人民と同じく戦争の犠牲者である」との啓発が行われた。

今後のために考慮すべき三ケ条

右の経緯に鑑み、今後の日中関係を展望する際、次の点を考慮すべきである。

（一）現在の国際社会において、中国は、大国としてロシアと提携し、米国と対立する一方で、開発途上の国々と連帯するという二面性を維持している。他方日本は、米国との連携を深めG7の一員であり、いわゆる「西側陣営」に属しているとともに、アジアに属する国としてのアイデンティティを重視するという二面性を維持している。日中両国は、こうしたお互いの二面性を十分理解しておかなくてはならない。

▲小倉和夫氏（1938-）

こうした情勢の下で、日本としては、必要に応じて、米中双方に対して、緊張を劇化するような行動を慎むよう働きかけ、米中対立を抑制する政策をとることが望ましい。

同時に、将来の国際社会のありうべき姿について、また、人口問題や環境問題などの世界的課題について、アジアの主要国たる日本と中国が、忌憚なく語り合える非政府間のグローバルアジェンダ・フォーラムを、両国政府の支持の下に創設することも検討すべきである。

（二）国内政治上では、お互い相手国への警戒感や体制の違いをいたずらに強調し、それを以て国内政治に「利用」するが如き行動を慎むことが望ましく、この点についての政治指導者同士の理解を深めることが望ましい。

（三）現在日本国民の対中感情は悪化しており、隣国としての親近感は薄れている。そうした状況下で、日中ともに、その安全保障政策において、軍事力の強化だけに頼らず、相互の友好関係の維持こそ重要であることについて理解を深め、国民を啓発する活動を強化すべきである。

また、若者を中心とする現代文化、スポーツ分野での交流を促進することに併せ、日中双方の古典文学、伝統芸能、儒教、仏教、道教文化などに関連する交流を拡大し、国民一般の親近感醸成を図るべきである。

日中国交正常化五〇周年と日中関係の未来

元駐中国特命全権大使／宮本アジア研究所代表　宮本雄二

歴史的決断の精神的基盤

五〇年前、日中の先人たちは、歴史的な決断をし、世界を変えた。あの当時、世界は東西冷戦の真っ最中であり、対立と分断のまっただ中にあった。まず米国と中国が、対ソ共同戦線の構築という戦略的な必要からではあったが、敵対的な関係を終わらせ関係改善に動いた。日本と中国は、単なる戦略的な計算を超えて、真の平和と友好の関係を築くことを決断した。それが一九七二年の日中共同声明を貫く精神であり、それは一九七八年に平和友好条約という、最も正式かつ厳粛な国と国との約束の中に書き込まれた。この共同声明と平和友好条約が、一九七二年以降の日中関係の基本的な枠組みを決めた。

共同声明を発出し、平和友好条約を締結した日中の先人たちは、直接干戈を交えた世代の人たちでもあった。自分自身の経験から、日中は何があっても二度と戦争をしてはならず、平和と友好の関係を築かなければならないし、それが両国にとり最善の道であるという強い信念があった。「不戦」と「平和」こそが、「友好」という言葉に込められた先人たちの信念だったし、それが、一九七二年以来の日中関係の基本的枠組みの精神的基盤を成している。このことは常に想起される必要がある。

その後の日中関係は、台湾問題、歴史認識問題そして尖閣がらみの問題により折りにふれ緊張したが、増大する経済関係と、日中関係の基本的枠組みを堅持することにより乗り越えてきた。ところが二〇〇八年、中国は国粋的ナショナリズムに押されて自己主張の強い対外強硬路線に舵を切った。二〇一二年の、いわゆる尖閣国有化問題を契機にして日中は直接、軍事的に対峙することになった。日中関係に安全保障の大きな柱が立ったのだ。

中国と米欧との関係も悪化し、ロシアのウクライナ侵攻を経て、西側対中ロの冷戦がささやかれるまでになった。日中関係も、その中に放り込まれた。中国との関係において、われわれは歴史的な転換点に立っている。中国との関係をどうするかは、昔も今も日本の平和と繁栄に直結する重要課題であった。中国が世界大国となった今日、全地球的視野から日中関係を眺め、あるべき関係を考える必要がある。

対話の強化を

その出発点は「不戦」と「平和」に対する日中の先人たちの覚悟にある。地球温暖化や感染症など、二一世紀の地球と人類社会が存亡を賭けて戦わなければならない危機に直面しているときに、われわれに「協力」以外の選択肢はない。日中の間に、競争しながら共存する競争的共存関係以外の選択肢はないということだ。この判断は、日中国交正常化の前に、当時の橋本恕中国課長が私的政策ペーパーに書き記していたもので、今日でも正しい。

われわれがしっかりと押さえておくべきは、中国は現在の国際秩序そのものを変えるつもりはないし、変える力もないという現実である。しかも中国自身、一九四九年以来、今日に至るも全てが試行錯誤の連続なのだ。「中国の特色ある社会主義」の中身でさえも変容中であり、中国は変わらないという前提で政策を立てれば、それは間違う。

最も必要なことは、対話の強化であり、深化である。対話がなければ相互理解も進まず、相互信頼も深まらず、合意への敷居は高くなる。日中平和友好条約は、すべての紛争を平和的に解決することを求めており、対話の拒否は少なくともその精神から逸脱する。日中は、国連憲章の原則と精神及び確立された国際法の遵守を共に謳っている。まず日中平和友好条約の履行から始めるべきだ。

その条件整備の一環として、現行国際秩序を支える理念と原則について、中国と中身をすり合わせる時期に来た。お互いに理念と原則を尊重していると言っているが、解釈に違いがある。ここをすり合わせることで、現行国際秩序の補強と改善のために協働する空間ができる。

この五〇年で、経済の相互依存関係はさらに深まり、国民同士の関係も深まった。若者世代は共通の若者文化を持ち簡単に意思疎通できるようになり、二国間の関係をより客観的に眺めることが出来るようになった。中国の訪日観光客は中国社会の対日観を着実に変えている。日中の長い歴史の中で、初めて普通の国民が主役を演じる日中関係を構築することが可能となった。相互交流を通じる国民同士の信頼感の増大こそがその鍵となる。

日中関係五〇年、求められた理念のリセット

神戸大学名誉教授
王柯

「正常化」当初の期待を検証する

一九七二年九月二九日の日中『共同声明』は、「**相互に善隣友好関係を発展させることは、両国国民の利益に合致するところであり、また、アジアにおける緊張緩和と世界の平和に貢献するもの**」と謳って「国交正常化」を行った。それから半世紀、両国国民の利益になったものはなにか、アジアの緊張緩和と世界平和は実現したのか、と当初期待した結果を検証する時期が遂にやって来た。

中国政府と違い、二枚舌を持っていない日本は「大きく前進した」などと取り繕う必要はない。おそらくほとんどの日本人は当初謳った「善隣友好」の物差しで日中関係を量れば、敗北感を抱くためだ。

五〇年前と最も異なるのは、今は両国とも善隣友好を望む人はいなくなったことだ。中国社会については、これは政府による民族主義的洗脳の結果である。必要なときだけ「日中友好」を叫び、思い通りにならないと「歴史」を持ち出して官民一体で日本を手厳しく非難する。中国政府の思いのままに翻弄されてきたため、日本国民は次第に善隣友好を諦めた。中国政府が飴と笞で日本を操れると考えた理由は、この手法が幾度となく奏功したためだ。

日本が中国に軽く見られる原因は、外交と国際政治の関係を中国ほど巧みに使い分けていないためである。外交は主権国家間の公的関係を調整することであり、国際政治はより長い目で見たときの国益のために戦略的な行動が求められるもので、前者は手段、後者は目的とも言える。

鄧小平は資本主義国の支援で経済発展を遂げた上で初めて対抗できると考え、対外開放の「韜光養晦」（隠れて時期を待つ）戦略を取った。一方で日本の対中外交、対中政策を主導したのはむしろ「理念と正義の観念、イデオロギーを持ち込まない」という古典外交の思想と感じる。

代表的な事例は、一九八九年の天安門事件への対応である。六月四日、鄧小平は軍を出動させて民主化運動を鎮圧。ブッシュ米大統領は二〇日に特使を派遣して中国の内政に干渉しない態度を鄧に伝えた。日本政府は中国への経済制裁に

反対し、またいち早く解除した。『共同声明』で誓った「国際連合憲章の原則」も忘れ、虐殺者と握手する〝正義なき外交〟は、結局中国の民衆は許すことはないし、自らも報いを受けることになる。

中国の現体制と、対中外交

今日の米中関係・日中関係は正義を追求せず、普遍的価値とリンクしない外交の結実と言っても過言ではない。

中国は一方的に経済発展を遂げたが、日本の対中ＯＤＡがそれに多大な貢献をしたことを知る人はほとんどいない。日本の反応をますます気にしなくなった中国政府は、この事実を国民にずっと隠している。経済力を身につけると「韜晦」も卒業、今度は日本のＥＥＺにミサイルを発射し、国交樹立当時の「武力による威嚇に訴えない」という約束も消えた。

米国の対中外交に携わってきたＭ・ピルズベリー博士（中国語名は白邦瑞）は著書『China 2049　秘密裏に遂行される「世界覇権１００年戦略」』で、鄧小平が国際政治の戦略として出した「韜晦」の本質を見誤った、と米中外交の失敗を深く反省する。日本の対中外交も忖度の「学問」に惑わされず、中国政府の本質を見極めた上で理念のリセットを行うべきだ。

「善隣友好」は中国の現政治体制下では不可能。中国にとって独裁政権を維持するために民族主義は捨てられない道具であり、そのために必ず国際政治を国内政治にリンクさせる。社会不安定期は一層そうである。Ｈ・アーレントが『全体主義の起原』で分析したように、社会の変動期に居場所が見つからない人々（モッブ）は、独裁的指導者を好み、主導的地位にある階級の基準と同様の態度を取り、そして民族主義に熱心である。北朝鮮式の拍手文化が半ば強制されている中国では、己の存在価値をアピールする手段の民族主義は、社会の底辺にいる人々と若者の中でますます広がる。

彼らへのご褒美のように、中国政府はややもすれば「中国人民の感情を害した」と持ちだす。「人民中国」の仮面を剥がせば、民族主義の悪循環が止められる。そのために、帝国主義と専制政治の温床にもなる秘密外交をやめ、中国が「大切」にする人民への両国関係の情報の完全公開を求める。その第一歩は、ＥＥＺへのミサイル発射に関する中国政府の説明を、日本および国際社会に公表することである。

断面から世界史を俯瞰する画期的な『1937年の世界史』出版にあたって

世界から見る 第二次世界大戦前夜

東洋史家 宮脇淳子

「昭和十二年」から世界史を俯瞰

西暦一九三七年は昭和十二年である。日本史における昭和十二年は、七月七日に「支那事変」の始まりと言われる盧溝橋事件が起こった運命の年である。

七月十一日、日中両軍は停戦協定を結んだが、七月二十九日通州事件、八月十三日第二次上海事変と事態は進み、九月二日には、宣戦布告を行なわないまま、日本政府はそれまでの「北支事変」を「支那事変」と改称した。十二月十三日の南京占領は、戦後になって日本軍が大虐殺をしたとされる「南京事件」と呼ばれるようになる。「支那事変」は戦後は「日中戦争」と呼び名を変えられる。

平成三十年（二〇一八年）五月に私が会長となって創立した学会を、なぜ「昭和12年学会」と名づけたかというと、この日本にとっての運命の年を切り口に、日本史と世界史という縦割りの区分を取り払うだけでなく、既成のさまざまな学問、たとえば歴史学、政治学、法学、経済学、軍事学、社会学、心理学、哲学などの専門分野の枠組みを超えて、イデオロギーにとらわれない公平・公正な研究によって真実を追究したいと考えたからである。

毎年秋に開催する研究発表大会および年数回の公開研究会では、さまざまな分野の研究者が学問の垣根を越えた発表を行ない、この趣旨に賛同した一般会員も増えている。

藤原良雄社長は学会創立時からの支援者で、第一回研究発表大会の前に『昭和12年とは何か』（倉山満、藤岡信勝、宮脇、共著）が藤原書店から刊行された。

その時からすでに本書の企画が始まっていたが、この度、第四回研究発表大会に合わせて刊行の運びとなったことは誠に喜ばしく、執筆者の方々と藤原書店に心より御礼申し上げる。

題名が「昭和十二年」ではなく「一九三七年」であるのは、各論のほとんどが日本以外の世界各地のできごとを論じているからである。立脚点によって、あるいは言語によって世界が異なって見えるのは、現在も同様である。

　一九三七年が日本同様、運命の年であった国と、転換点はその前あるいは後だった国あるいは地域の両方があるけれども、われわれは、そのあとの歴史を知っているために、神のような視点に立たされる。あのときそういうことをしなければ、こんなことにはならなかったのだ、と八十五年前の世界を鳥瞰するのは、歴史家として大変スリリングな経験である。

　過去の真実を知ることが、今日の世界を理解するのにいかに役立つか、本書を読めばおわかりいただけると思う。以下、

宮脇淳子氏

各論の内容について簡単に紹介する。

本書の概要

倉山氏は、同年の世界と日本の政治状況を余すところなく明晰に解説するので、このまま**「歴史総合」の教科書**に採用されてしかるべきと思える。ただし、内容が濃いので、教師用副読本にふさわしい。
　宮脇は、**満洲国**が実は支那事変とは無関係に**内政を充実させつつあった**こと、日本とロシアと中国の間で翻弄されたモンゴルの徳王にとっては一九三六年のほうが重要であることを述べる。
　樋泉氏は、梅蘭芳という京劇役者の動静と、その都度の公演題目の内容を分析することによって、一九三七年の**中国社会の空気感とメディアの役割**を描き出す。
　福井氏は、**ソ連史を画する大粛清の内実**を明らかにし、処刑者数を示す。東支鉄道が満洲国に売却されたために帰国したロシア人従業員と家族三万人以上が、日本のスパイとして処刑されたという史実は衝撃的である。
　グレンコ氏は、**ポーランドとウクライナとルーマニアの歴史**を極めて要領よく紹介する。今日のロシア・ウクライナ紛争を理解するためには、この年まで遡る必要があることを痛感させられる。
　小野氏は、これまで日本にはほとんど知られておらず、先行研究にも抜け落ちていた当該年の**ハンガリーの内政と外交を歴史の流れに位置づける**ことにより、われわれのヨーロッパ史に対する理解を深める。
　宮田氏は、ドイツとの宥和政策を取ったため評価の低い、**英国チェンバレン首相の経済・外交・安全保障政策**を詳細に論じ、大英帝国各地の実情についてもわ

かりやすく解説する。

ド・ラクビビエ氏は、フランスの国内情勢を説明したあと、**見かけ上はまだ世界一流の大国だったフランスの気力の弱体化**と支那事変の際の**フランス租界の実情**を述べる。

柏原氏は、**ナチ化の進むドイツ政府**と、当時のドイツの**インテリジェンス**、**その具体的オペレーション**について描き出す。

峯崎氏は、**教会迫害を強めるナチスに対して公に批難の声を上げたバチカン**と、**日独防共協定に参加したイタリア**という、ドイツとの関係で正反対の道を選んだそれぞれの**国際問題と背景**を語る。ムッソリーニはスペイン内戦にも介入するのである。

内藤氏は、その**スペイン内戦には独伊とソ連の代理戦争という側面がある**こと、ソ連が日独を打倒の対象としたため、日本もスペイン情勢と無関係でいられなくなり、満洲国とフランコ政権が相互承認を行ない、**スペイン内戦がメキシコに波及する**等、その論説は地球を一周する。

江崎氏は、**アメリカ共産党の巧みな反日活動**を詳細に論じる。七月に盧溝橋事件が起こったまさに同年同月号に日本の「侵略」について論じた雑誌が刊行された。当時の日本外務省は米国の反日宣伝工作を分析していたのに、今の日本ではまったく研究が進んでいない。

最後の**内藤氏のパレスティナ紛争の解説**は、局地的な問題ではあるが、このような史実の積み重ねこそが公平・公正な歴史研究につながると言えるだろう。

本書だけで一九三七年の世界史が完成するわけではないが、これまで存在しなかった新しい試みであることを自負するものである。（「序」より抜粋／構成・編集部）

「レギュラシオン」派を代表する経済学者による21世紀の経済学批判!

経済学の認識論

――理論は歴史の娘である――

山田鋭夫

本書は、二〇世紀末から二一世紀現代にかけての主流派マクロ経済学の変容と退化を、経済学そのものと経済学者集団のあり方との両面から批判的に明らかにし、経済学者たちの対話の場の必要性を訴えることが中心的主題となっている。

再帰的反省とは何か

原題には réflexivité(英語の reflexivity)の語が登場するが、これをボワイエは、ピエール・ブルデュー『リフレクシヴ・ソシオロジーへの招待』(水島和則訳、藤原書店)のそれに多くを負っているという。Réflexivité は通例「再帰性」とか「反省性」と訳されることが多いが、本書では、やや同義反復の感もあるがあえて「再帰的反省」とした。さしあたり「研究対象に対する研究主体の立場を客観的に反省すること」と理解されたい。

再帰的反省は右の書物に限らずブルデュー社会学のきわだった方法視点をなしており、たんに研究対象を客観分析するだけでなく、その**客観分析を行う研究主体をも自己回帰的に反省すること**を意味する。ブルデューには『社会学の社会学』(田原音和監訳、藤原書店)という書物もあり、客観的分析結果たる科学をその研究主体の立場や思想に反省的に立ち返って科学しなおすこと抜きには、つまり「**科学を科学する」こと抜きには、科学は科学たりえない**と彼は考える。それをまねて言えば、**ボワイエの意図は「経済学の経済学」にある**のだとしたいところだが、さすがにこれは適切な表現ではないので別の言葉を使えば、「**経済学の認識論」(原書の副題)を問題にすること、それが本書の意図である**。「客観化を行う主体を客観化する」ことを経済学において成し遂げようというわけである。

では一体、具体的に何を再帰的に反省するのか。それは何よりもまず、ケインズ以降のマクロ経済学のあり方である。ボワイエ自身、フランスの経済官庁で、ケインズ的伝統のもとマクロ経済モデルと計量経済学の専門家として出発し

R・ボワイエ氏（1943-）

ながらも、一九七〇年代の経済的激変のなかで従来の自らのモデルが失効したことを否が応でも自覚させられ、そこからやがて歴史的制度的マクロ経済学（レギュラシオン理論）を開拓していった経歴をもつ。そういった自分史を胸中におさめつつ、あらためて世間一般のマクロ経済学（いわゆる標準的経済学）の一〇〇年間を振りかえる。

　マーシャルらの新《ネオ》古典派的ミクロ経済学のなかから、一九三〇年代の恐慌と失業の時代、ケインズによってマクロ経済学の基礎が据えられ、それがやがて計量経済学の発展を促して、マクロ経済学は戦後先進諸国における経済政策の策定に大きな貢献を果たした。しかし一九七〇年代のスタグフレーションとともにケインズ経済学の限界が露呈しはじめると、マクロ経済学を他の社会諸科学へと開いて歴史や制度のうえに基礎づけなおし、もってレギュラシオン理論の形成へと向かったのがボワイエであった。

　しかしこれと反対に、標準的なマクロ経済学は「ミクロ的基礎づけ」なる合言葉のもと、ミクロ経済学に吸収されていよいよ「純粋経済」的世界へと閉じこもり、こうして実物的景気循環論など、新しい《ニュー》古典派マクロ経済学が隆盛を迎えた。「歴史的制度的基礎づけ」か「ミクロ的基礎づけ」か。主流をなすことになった、ミクロ的に基礎づけられたマクロ経済学なるものは、しかし、二〇〇八年のグローバル金融危機を理解も予測もできないことによって陳腐化と危機に陥った。ボワイエはマクロ経済学の辿ってきた道をこう振りかえる。

理論は歴史の娘である

　理論は歴史の娘である！　本書に限らずボワイエがしばしば発する言葉である。理論は歴史の娘であって、合理性なるものの娘ではない。一般均衡の娘でもない。ボワイエがこう叫ばざるをえない背景には、新しい古典派経済学があまりに非現実的な仮定をおき、あまりに非現実的な結論を引き出していることへの強烈な批判意識がある。

　新しい分析課題を前にしてマクロ経済学はこれまで、その「理論的基礎との整合性」と「観察事実との適合性」という、二重の要請のもとで展開を遂げてきた。

整合性と適合性は自然科学におけるほど厳密ではなかったかもしれないが、ともかくもマクロ経済学はこの二つの基準を満たしているかぎり「科学」を名のることができた。ところがしかし、新しい古典派マクロ経済学の登場とともに、両者の乖離と疎遠化はますますもって拡大の一途をたどることになった。

一方には、豊富に利用できるようになったデータを活用してその計量分析を深化させる試みがあり、それはいわば帰納的方法を重視する学的志向をとる。そしてこれは、VAR分析やランダム化比較試験といった新しい計量分析法の開拓につながっていった。こうした方向性は新しい古典派とは別のところで展開されたものであるが、そこにあっては、たしかに「観察事実との適合性」への大いなる貢献がなされたのであるが、しかし「理論的基礎との整合性」は後景に退きがちであった。

他方では、これと反対に「理論的基礎との整合性」を重視し、つまりは合理性や均衡の原理へと回帰する道が選ばれた。端的にいってワルラス一般均衡論との整合性を追求する道であり、その際には「合理的期待」の仮説が大いに活躍した。合理性や均衡という公理的基礎から出発する演繹的論理の道である。いうまでもなくこれは新しい古典派マクロ経済学がとった方法論であり、アメリカ・ニューケインジアンの多くもこれに合流したことによって、近年のマクロ経済学の主流となった。これによって理論的精密化は進められたのであろうが、しかし決定的難点として「観察事実との適合性」は放棄された。（「訳者解説」より抜粋／構成・編集部）

（やまだ・としお／名古屋大学名誉教授）

加賀百万石の前田家は、明治、大正、昭和戦前どのように生きてきたか。初の評伝！

加賀百万石の侯爵
陸軍大将・前田利為とは何者か？

村上紀史郎

「加賀百万石の殿様」

京王井の頭線・駒場東大前駅を東京大学の正門と反対側の改札口を出て、駒場小学校の先の角を右折し、五、六分歩くと左側に目黒区立駒場公園がある。広さは約一万三〇〇〇坪で園内には旧前田侯爵邸の洋館と和館、日本近代文学館が建っている。洋館は地上二階（一部三階）地下一階、建坪約八八〇坪。加賀前田家一六代当主、前田利為《としなり》侯爵が一九二九年に建てたものだ。前田利為は戦前に「加賀百万石の殿様」として注目され、新聞にしばしば登場して一般によく知られている存在だった。

前田利為は、歴代の前田家の当主の中でただ一人の養子。一五代当主前田利《とし》嗣《つぐ》の一人娘渼子《なみこ》と結婚することを条件に一五歳で旧七日市藩（現・群馬県富岡市七日市）前田家から入籍した。政治家を志すが、利嗣の妹・慰子《やすこ》の夫、有栖川宮威仁《たけひと》親王の助言により、陸軍士官学校に入学することとなった。**同期に東條英機がいる。**陸士卒業後、定員五〇名の難関、陸軍大学校に最年少で合格。三番で卒業して恩賜の軍刀を授かった。**首席**は梅津美治郎《よしじろう》、次席は永田鉄山である。東條は利為に四年遅れて陸大に入る。

驚くべき教養と交友関係

彼は、陸軍軍人のほかに侯爵と加賀前田家の当主（旧加賀藩主）としての顔があり、**単なる軍人とは比較にならない視野と教養と人間関係を持っている。**

前田利為は、家督を継いだ一五歳から帝王学を授けられている。教育係は金沢生まれの逸材織田小覚。織田は前田家の寮に泊まり込み、文字通り寝食を共にして漢学・国学・歴史・人文の教育にあたった。織田が不得手なところは、北條時《とき》敬《ゆき》（数学者、東北帝国大学総長、学習院院長）、平沼騏一郎（検事。のち首相）、河村善益《よします》（裁判官。のち関西大学学長、貴族院議員）、永山近彰《ちかかげ》（歴史家）など当代一流の人物が担当。武門の嗜みとして剣道を無刀流の三代目石川龍三に、禅を河村善益から学び、乗馬も熱心に取り組んだ。

　前田家の評議員には早川千吉郎（三井家同族会理事）、小倉正恒（住友合資総理事）、櫻井錠二(化学者、学士院院長)、清水澄《とおる》（憲法学者、帝国美術院院長）、林銑十郎・阿部信行（ともに陸軍大将、首相）など旧藩の関係者を委嘱。彼らと定期的に会合を開いて経済・法律・科学・軍部の情報を取り入れることを欠かさなかった。

　また、前田家は皇族、近衛家、徳川家、鍋島家、黒田家など華族の中でもトップクラスとつながっているし、旧越中富山藩主前田利同《としあつ》伯爵の妹苞子《もとこ》が、三井総領家の八郎右衛門高棟《たかみね》夫人となっているので三井家とも縁戚である。

前田利為（1885-1942）

軍人として、侯爵として

　こうした親戚や友人・知人から入ってくる知識・情報は、一介の軍人が得られるものではなく、軍人の持つ視野をはるかに超えている。前田利為は、陸軍軍人として上官の近視眼的で狭量な意見には従わず、時には侯爵として陸軍の階級を超えて行動することもあった。陸軍の経歴をみると、「侯爵の行動」が気に入らなかったのか、参謀本部のエリートコースを歩いているようで、本流の部署に就くことはなかった。そして、利為を嫌う東條の策動により、弘前の第八師団長を最後に予備役に編入されるのである。

　前田利為については、前田家が出版した『前田利為』と『前田利為（軍人編）』の二冊の大著以外、あまり紹介した本がないので、私は前田育徳会が所蔵する利為の日記や前田家の日誌などの一次史料を読み込んだ。そこから見えてきたのは、前田利為の軍人・華族・旧藩主としての業績と多方面に広がる交友関係であった。歴史に「イフ」がないのを十分承知のうえで、「もし彼が陸軍の首脳として活躍していたら、日米戦争の行方は違っていたのではないか」と思わずにいられなかった。

（本文より／構成・編集部）

（むらかみ・きみお／エディター、ライター）

加賀百万石の侯爵
陸軍大将・前田利為
1885-1942
写真多数
村上紀史郎
四六上製　五二八頁　五二八〇円

『戦争とフォーディズム』を出版して

国際日本文化研究センター共同研究員　竹村民郎

戦争を知らない世代

戦間期（一九一九―三九）の日本を考える場合、満洲事変・日中戦争は「暗い谷間」の時代として脳裏に刻まれている。そして、戦争を知らない世代の若者は、日本を一二月八日の破局へと引きずっていった諸政策を、すべて軍閥の誇大妄想的膨張主義のせいだと大ざっぱに片付けてしまう。戦争を知らない世代は、軍閥や財界のお偉方が戦争準備の過程で抱いていたかも知れない合理的な戦略や計画をさぐろうとする気などは、全くない。

しかし、戦争の敗北を全て将軍や財閥の人たちの狂気沙汰のせいにするのは誤っている。では**太平洋戦争はなぜ敗北に到ったのか**。それを明確に理解しない限り、私たちは近未来に何度でも戦間期と同じ間違いをするに違いない。今回私が思い切って本書を刊行したのは、そのことと深く関わっているのである。

将来の戦争の姿を予見

近未来の文明社会において、**国家秩序を究極的に規定するものは軍事力**である。第一次世界大戦の戦場に防禦、運動、攻撃の三つの要素に秀れた航空機、戦車が登場したことは、兵器革新とフォーディズムの深い関係を示すものであろう。クラウゼヴィッツの『戦争論』がしばらくカムフラージュしていたこの厳然たる関係への認識は、**クラウゼヴィッツ批判から生れたエーリヒ・ルーデンドルフの『総力戦』**（一九三五年）という戦争理論の著作のなかによみがえってきた。

新世紀の国家間戦争の姿を予見した同書は、どのようにドイツと日本の戦争準備に影響を与えたのであろうか。例えば彼は第一次大戦における最高軍司令部作戦部員での経験から「**軍需産業の生産力の増進と効率化**」「**軍事訓練、兵器中心の兵力増強**」および「**経済の統制**」を政治や産業界に求めている。ここで詳述する余裕はないが、ルーデンドルフは『総力戦』の冒頭で、**総力戦における経済の役割**を評価している。

我が国では、軍部のエリート将校を中心に第一次世界大戦中から総力戦体制のイメージは知られており、総力戦体制の必要性が教訓として汲みとられていたから、『總力戦』はドイツ語での出版から時を待たずに邦訳された。そして当時緊急に構築が求められていた総力戦体制、および国防国家を論ずる一つの拠り所として陸軍に利用されていった。くわえて陸軍もしくは政府による組織的な受容とまではいかなかったが、一部の陸軍将校が構想していた総力戦思想に大きな影響を与えた。**『總力戦』は、第一次世界大戦でドイツはなぜ敗北し、いかにして近未来の戦争に対して準備を行い、勝利を収めることができるのか**という実務家としての問題意識から世に問われた。

竹村民郎 著『戦争とフォーディズム』
藤原書店刊、2022年5月出版

軍機械化とフォーディズム

満洲事変に関わった将軍の中でも、永田鉄山や石原莞爾は総力戦とフォーディズムの関係を真剣に模索した。例えば石原は「熱河作戦」の指導で、航空機・戦車・軍用トラック・無線電信等を用いた複合機械化部隊を編成し、我が陸軍最初の「機動戦」を企てた。また一九二六年、**永田鉄山**は新設の陸軍整備局初代動員課長に抜擢されたが、このことは彼が陸軍きっての総力戦構築のプランナーであったことを物語る。永田は「**世界大戦は近代の戦争の本質が国民戦であり、科学戦であり、経済戦であり、将に又宣伝戦である事**」を熟知した**陸軍随一のエリート**将校であった。

戦間期軍事の機械化や産業合理化に対応した実践的思想であるフォーディズムは、まず一九一八年、**軍用自動車補助法制定**のあたりからひろがった。民間にまでそれが普及するのは一九三〇年代前半である。法律の制定に奔走したのは永田鉄山である。こうした事実から理解されるように、永田鉄山は軍用自動車補助法の重要性を強調し、軍用トラックの国産化に努めた。

総力戦体制とテクノロジーの関係を考える場合、その最大の失敗は理化学研究所の仁科芳雄らによる原爆開発計画の破綻である。なぜ彼等は失敗したか。一言で批評すれば戦争指導者たちは最後まで、戦争と軍事の合理化に対応したフォーディズムの関係を見誤ったのだ。

我々日本国民は、「国境」問題にいかに向き合うべきか?

東アジア国境紛争の歴史と論理

石井 明

太平洋戦争後の「国境の変更」

国境は外に向かって広がることもあれば、縮むこともある。戦争を含む力の行使によって、あるいは交渉によって変更されるのだ。世界の多くの国が国境の変更を経験してきており、日本も例外ではない。

一九三〇年代末、日本は日中戦争の解決の見通しが立たないなか、南進政策を進め、南シナ海まで進出した。一九三八年には南沙諸島(新南群島)の主島、長島(現在は台湾が実効支配していて、太平島と称している)を、日本統治下台湾南部の高雄州高雄市に編入している。日本の国境は南シナ海まで広がった。

しかし、太平洋戦争に敗れ、ポツダム宣言(一九四五年七月二十六日)を突き付けられる。そこには**日本の主権は、本州、北海道、九州及び四国並びに我らの決定する諸小島に局限せらるべし**、と記されていた。日本はこの宣言を受け入れ、無条件降伏した。

「我らの決定する諸小島」とはどこをさすのか。一九四六年一月二十九日付の連合国軍総司令部(GHQ)の日本帝国政府に対する訓令第六七七号は、**琉球(南西)列島に関しては、北緯三〇度で**線引きし、それより以北の島嶼に関しては、日本の範囲に含まれるが、以南の島嶼は日本の範囲から除かれる、と規定している。この訓令により、北緯三〇度線のやや北方の**屋久島が国境の島**となったと、当時の日本人は認識した。

沖縄返還時に残された「尖閣」問題

奄美住民の祖国復帰要求の高まりをうけ、**一九五三年八月八日、米国は、日本に奄美群島を返還する意向**を伝えた。それに対し、**台湾立法院**は、同年十一月二十七日、奄美群島は、琉球諸島の一部であり、サンフランシスコ平和条約の規定に合致せず、かつポツダム宣言にも違反するとして、**返還に反対**するとの決議を採択した。当時、台湾では、琉球は中華民国に属するという主張が強かった。十二月二十四日、奄美群島返還に関する日米協定が結ばれたが、同日、台湾外交部は奄美群島の日本返還に抗議する声明を出している（返還の実現は翌二十五日。米国はクリスマス・プレゼントと称した）。

奄美群島に続き、沖縄でも祖国復帰運動が強まる。**米国が、沖縄の施政権返還を約束したのは一九六九年十一月二十一日の佐藤・ニクソン共同声明**においてであった（実際に返還されたのは一九七二年五月十五日）。

しかし、沖縄返還の背後には、その後の日中関係に大きな影響を及ぼす問題が残されていた。本書の執筆者の一人、**矢吹晋**は、『尖閣衝突は沖縄返還に始まる――日米中三角関係の頂点としての尖閣』（花伝社、二〇一三年）のなかで、**日本、中国、台湾の尖閣諸島をめぐる領有権争いが沖縄返還交渉の過程で始まった**ことを明らかにしている。中国・台湾と日本の見解の相違は、**尖閣諸島**（釣魚島）**が台湾の付属島嶼か、それとも琉球**（沖縄）**の付属島嶼か**、という点にあった。台湾は、沖縄の返還は容認したが、尖閣諸島の返還には強く反対した。

矢吹は、ニクソン政権は最終的には、尖閣諸島を含む沖縄を日本に返還したが、同時に台湾側に対しては、「尖閣の主権問題は日台間で係争中であり」、「主権の最終状態」は「未定」である旨を約束していた、と指摘している。**尖閣諸島の施政権は日本に返還するが、主権は未定という米国のポジションは今も変わっていない**。

一方、**中国**も一九七一年十二月三十日の外交部声明で、**尖閣諸島**（釣魚島）**の主権は中国に属しており、台湾の解放時に回収する方針**を明らかにした。

この問題は、日中国交正常化交渉（一九七二年）、日中平和友好条約締結交渉の最終段階（一九七八年）で取り上げられたが、**当時の日中両国の指導者は、事実上の棚上げにより、紛争化を避けた**。これは賢明な判断だったと思う。

その後、本書でも指摘されている通り、日中関係は尖閣諸島問題をめぐり、緊張が高まり、現在では、尖閣諸島の周辺海域で、海上保安庁の巡視船と中国海警局の公船が日常的ににらみ合う状況が続いている。

東アジアの国境問題の歴史から

本書の執筆者は、こうした状況に危機感をいだき、不測の事態がおき、衝突に発展するのは避けなければならない、という共通の認識をもって、二〇一五年、アジア島嶼研究会（通称、島研）を結成した。毎月、国境問題についての研究会を開いてきたが（コロナ禍下ではオンラインで）、その際、日中に限らず、広く東アジアの抱える国境問題について、議論してきた。さらに、適宜、領土・国境問題に関わった政治家、元外交官、関係団体の責任者、た政治家、来日した中国・台湾の研究者をお招きし、お話を伺ってきた。

東アジア諸国が関わった国境問題の歴史を振り返るとともに、各国がどのような論理を組み立てて、国境問題に立ち向かってきたかを中心に検討した結果をまとめたのが本書であり、解決できた事例についても、なぜ解決できたのか、その理由を探った論考も含めてある。

（本書「はじめに」より／構成・編集部）

（いしい・あきら／東京大学名誉教授）

東アジア国境紛争の歴史と論理

石井明・朱建栄 編

Ａ５上製　四〇八頁　五二八〇円

■目次

■連載・「地域医療百年」から医療を考える　18

当事者・共感力

方波見医院・北海道　方波見康雄

水俣病・水俣病事件について、要約させていただく。一九五〇年代に入って間もなく、九州の八代《やつしろ》海（不知火《しらぬい》海）沿岸の水俣地域の小さな貧しい漁村や集落で、魚を食べ続けた猫が狂い死にする事件が相次いで起き、いつしか村中の猫が死に絶えた。魚を獲物とした鳥たちも空から墜落死、海をすみかとする貝類や海藻、魚や小動物もつぎつぎと死んでいった。魚を肥料にして畑に植え付けた花や野菜も枯れ果てるようになった。

食物連鎖を断ち切り、生態系を乱し、自然界のすべての生きものを巻き込む水俣病は、こうした相次ぐ奇怪な出来事を伴い、沿岸の集落や漁村に住む人びとにも、人類史上まれに見る悲劇をもたらしたのである。

原因は、化学工業メーカー・新日本窒素肥料株式会社水俣工場が海に流し続けた工業廃液に含まれた有機水銀の一種、メチル水銀。この廃液は脳神経の中枢を徹底的に破壊する毒液であった。

その暴力は、妊娠・誕生という母親と胎児の人生の喜びをも奪った。水俣病研究に尽くした原田正純医師（元熊本学園大教授、二〇一二年死去）は、こう述べている。

「母親の胎盤が胎児を毒物から守るという進化の歴史の中で培われた生命の調整システムを、胎児性水俣病が崩したのである」（著書『宝子たち　胎児性水俣病に学んだ五〇年』から）。

水俣から遠く離れた北海道の臨床医である私が、こうした悲劇の経緯を知ったのは、原田医師の著作『水俣病』（岩波新書）と写真集『水俣病』（桑原史成著、三一書房）、石牟礼道子の大作『苦海浄土』からであった。そして大きな衝撃を受けながら思い立ったのは、もし私が「当事者」であったならば、この惨劇とどう向き合ったかという、私自身の共感力の再点検の試みだ。

ここでいう「当事者」とは、私が水俣のどなたかの「かかりつけ医」であり、冒頭紹介の異常事態を日常的に見聞・目撃している住民の一人であり、地元の工場が「有機水銀」という危険物を扱っていることを承知している立場に居るということである。　（続く）

リレー連載　近代日本を作った100人　102

大村益次郎——近代的学知の受容と実践

竹本知行

東京は九段坂上に鎮座する靖國神社、その大鳥居の内に巨大な大村益次郎の銅像が屹立する。その姿は、江戸城富士見櫓から上野寛永寺に立てこもる彰義隊を凝視する上野戦争時の大村の姿を表しているという。

大村が明治維新史にその名を刻み、銅像となって顕彰されているのは、やはり明治新政府の樹立に際しての「軍功」によるものが大きい。また、彼がそのような活躍の場を得たことも、幕末の長州における四境戦争の作戦・用兵能力に対する評価に起因しているのは事実であろう。

しかし、一般に、世上の評判がその人の業績の価値を正確に表していることは稀であり、自己と他者の評価が一致することもあまりない。死後の評価となればその乖離はいっそう大きくなる。実際、「軍事」と結びついた大村の評価は、戦前と戦後でほぼ逆転していると言って良い。それは敗戦を挟んだ学問空間における「大きな歴史観」の大転換をそのまま反映したものとなっている観がある。

大村が近代日本の建設において担った役割とはいかなるものだったか。

近代的学知の伝達者

幕末・維新の時代、「軍事」に関わる人間は戦場に立つだけでなく、学知の伝達者・媒介者の役割も担った。当時の軍事的学知には、狭義の軍事学にとどまらず、自然科学や社会科学、さらには人文科学の幅広い内容が含まれた。医師から蘭学者・兵学者、そして維新政権の軍事官僚へと身を移した大村はそのような時代性をまとった存在でもあった。

大村が医業を捨て蘭学研究・教育に専心することになったのは、三十歳を過ぎてからである。中でも兵学に関する仕事に従事したのは、幕末の対外的危機状況が背景にある。「開国」が政治問題化していた時期に諸学の総合ともいうべき兵学研究に勤しんだことは、大村に政治意識を目覚めさせたのみならず、西洋軍制の背後にある「国民国家」などの西洋社会のありようについて理解させることとなった。

近代軍隊の設計者

大村の最晩年、文字通り命を賭して取り組んだのは、**明治新政府の軍事の基本**を立てることであり、大村自身も、統一された国軍を新たに建設することを自らの使命として強く自覚していた。その意味において、彼が人生の最終章で積極的に担った**新軍隊の制度設計**の仕事こそ、彼にとって真に評価されるべき天職（ベルーフ）だったのかもしれない。

戊辰戦争後の大村の仕事を見るとき、**降伏諸藩への彼の特別の目線**に気づかされる。例えば、大村は盟友の木戸孝允と協力して、降伏の後困窮著しい会津の旧臣に金千両を新政府から下付するよう取り計らったほか、藩士の生活基盤確保のために北海道への移住を促進するなど、**会津人の救済**には配慮を惜しまなかった。大村と木戸は、国家統一のための戦争が終わった後は、全国の民が恩讐を越えて、新国家建設に向かわなければならないという政治意識を共有していたのである。

他方、大村の軍制改革は、士族の軍務専行主義を否定し、広く「国民」全体に基盤を置く徴兵制度を採用する強い志向性を帯びていた。しかし、混乱いまだ収束しない明治の揺籃期、大村の急進的な改革が引き起こす士族からの猛烈な反発も必然であった。これがために大村は明治二年の遭難事件で命を落とすことになったのである。大村は未完の軍制改革の先にどのような日本の姿を見ていたのだろうか。

大村益次郎の生涯を一個のドラマとして観たとき、筆者には、彼が演じた役割とは、**伝統と近代の相克**という幕末・維新期の日本の歴史相そのものだったように思えてくるのである。

（たけもと・ともゆき／安田女子大学准教授）

▲大村益次郎（1825-69）
幕末・維新期の軍事官僚、洋学者、医師。周防国吉敷郡鋳銭司村（現・山口県山口市鋳銭司）に村医の子として生まれる。咸宜園で漢学を学び適塾で蘭学を修めた後、郷里で医業を開く。後、宇和島藩雇となり、兵学の研究・教育に勤しみ、1856年宇和島藩士として幕府の講武所・蕃書調所に出仕した。1860年、請われて長州藩に出仕し、同藩の軍制改革に尽力するとともに、四境戦争の戦略を立案し成果を収める。1868年、明治新政府に出仕、上野戦争など戊辰戦争の作戦立案を主導し新政府の勝利に貢献した。明治政府の新軍隊の制度設計においては、藩兵を解体し徴兵制を導入する方針を立て、諸改革を断行するも、1869年9月、反対派のテロに遭い、11月5日、志半ばにして卒去した。

連載　歴史から中国を観る　33

漢訳仏典が生んだ新しい漢字

宮脇淳子

日本は、古代に漢字を輸入したときから長くシナ文化圏にあったが、近代になってシナのほうが「日本文化圏」に入るという逆転現象が起こった。

日清戦争に敗北した清朝はようやく近代化の必要性を認め、海外に留学生を派遣して官吏に登用し、科《か》挙《きょ》も廃止した。清国留学生がもっとも多くやって来たのが日本で、幕末以来三十年の間、日本人が欧米の語彙をもとにして創った和製漢語を大量に持ち帰り、それが現代中国語の基礎になった。

「人民」も「共和国」も「社会主義」も、「改革」「解放」「同志」もすべて和製漢語で、「入口」「出口」「広場」などは日本語をそのまま採用した。

科挙の教科書だった「四書五経《ししょごきょう》」にない近代的な概念は、日本語から逆輸入するしかなかったのである。

シナの長い歴史において、似たような出来事がある。それが仏典の漢訳である。

仏典はふつう意訳をしたが、翻訳不可能なものは音訳した。併用する場合もあって、梵語《ぼんご》ナラカは、意訳は「地獄」だが、「奈落《ならく》」という音訳も用いた。

それまで漢地に存在しなかった新しい概念を言い表すために、「縁起《えんぎ》」「輪《りん》廻《ね》」「世界」などの新しい熟語をつくった。

音訳しようにも適切な音を漢語で表せない場合は、新たな漢字を創作した。「梵《ぼん》」「塔」「魔」「僧」「薩《さつ》」「鉢《はち》」「伽《が》」「袈裟《けさ》」などは、仏教経典の翻訳のために創られた新字である。

仏教は中華思想も相対化した。仏典において中国とは、釈尊《しゃくそん》が法を説いた土地のことだからである。

法顕《ほっけん》は、インドの中天竺《ちゅうてんじく》を指して「ここ以南を中国と呼ぶ」と言い、自国のことは「秦《しん》」と呼んだり「漢」と呼んだり「辺地」と述べたりしているし、玄奘《げんじょう》は、『慈恩《じおん》伝』の中で、自国を「支那国」と呼んでいる。

「秦」が梵語で「チーナ」と書かれ、これが「支那」と写されたわけである。

船山徹『仏典はどう漢訳されたのか——スートラが経典になるとき』（岩波書店）参照。（みやわき・じゅんこ／東洋史学者）

連載　**今、日本は** 41

日韓海底トンネルの闇

ルポライター　**鎌田　慧**

旧統一教会と政党、とくに自民党安倍派との接点（接触）が濃厚。政調会長の萩生田光一氏など、信者たちに選挙運動の応援をさせていた、との事実が明るみにだされている。第二次岸田内閣では萩生田氏をふくむ七閣僚が接触していたとして、閣外に去った。が、安倍派の萩生田氏を政調会長に横滑りさせて、内閣改造。それでも新内閣では政務官などの汚染がぞくぞくと発覚して、新聞、テレビをにぎわせている。

そこへ岸田首相自身の後援会長が、旧統一教会系団体の議長だった、との『週刊文春』（九月一日号）のスクープ。『朝日新聞』も翌日、三段抜きで後追い報道。岸田首相の総裁選に大きく貢献した「熊本岸田会」の会長・中山峰男・崇城大学学長が、一一年前に発足した「日韓トンネル推進熊本県民会議」の、当初からの議長だった。

この団体は統一教会の教祖・文鮮明が提唱した「**国際ハイウェイプロジェクト**」の第一弾として、**佐賀県唐津市から韓国にむけて、いま五〇〇メートルほどのトンネルを掘っている**、という。はじめて耳にする大事業だが、九州北部から韓国南部まで、全長二〇〇キロ、**総工費一〇兆円**におよぶ、と聞けば、虚大事業と考えざるをえない。二〇一六年には、韓鶴子現会長がトンネル工事を視察した。高速道路で世界を結んで統一世界の実現を目指す、というのだが、どれほどの科学的な調査にもとづいているのだろうか。

国際霊感商法対策弁護士連絡会の渡辺博弁護士は、『週刊文春』で、こう語っている。「統一教会は『日韓トンネルを造るために』との名目で多額の献金を集めてきました……計画自体は荒唐無稽なものですが、教団は地元の名士や議員を巻き込むことで、信者たちに教団の影響力をアピールしてきたのです」

一国の首相の地方後援会の代表が、統一教会系の虚大事業の地方代表者、であるなら責任は大きい。岸田首相が、統一教会によって破産させられた男の恨みの弾丸を受けて死亡した、前首相を国葬にする。奇妙な、暗い世界だ。

■連載・花満径 78

神武天皇と禹

中西 進

日本最初の王として、神武天皇を据える装置に、まず吉野という神仙世界が必要だった。そもそも歴史以前の天皇を、あれほど長寿とするのは、一人一人が不老不死の神仙の存在だという考え方によるものだった(拙著『「謎に迫る」古代史講座』二〇〇二)からだ。

その証拠に、不死といいながら宝算があるのもおかしいが、神武は『日本書紀』では垂仁について第二位の百二十七歳、『古事記』でも崇神・垂仁についで百三十七歳の第三位(景行と同年)である。神仙の人として申分ない。

この世の絶対者としてクマ→カミの発音の違いは多少にすぎないが、存在の違いは大きい。神武はこの偉大さにおいてクマ野からヨシ野へと越境を果たし、世の治者となったのだから。

ところが、神武天皇にはもう一つ、中国初代の王禹との関係があるのではないか。じつは中国の古典『淮南子《えなんじ》』(脩務《しゅうむ》訓《くん》)にあげる四侯の一人として「禹生於石」(禹は石に生じ)、すなわち禹が石から生まれたとある。

ただ禹は四侯の内でもなく、ここは禹の子啓の誤りだという説が強い。のみならず既述(花満径72)のように「啓母石」という石があって、これは「夫の禹の正体が熊であることを知った妻が恥じて石となった、そこで禹が『わが子を帰せ』というと石が割れて啓が生まれた」という伝説をもつ(『漢書 武帝紀』顔師古注)。

とにかく、禹か禹の子か、いずれかが石から誕生したというのである。

ところが一方、神武天皇の和名は「神《かむ》日本《やまと》磐余《いわれ》彦《ひこの》天皇《すめらみこと》」という。「いわ(は)れ」とは「石生《いはあ》れ」であろう。磐余《いわれ》は奈良の有名な地名で、地殻変動による岩石の破裂でもあった所か。だがこの地は神武とは特別の関係がない。

だからこの神武の和風諡号は彼の石からの出生伝説をとどめるものではなかろうか。中国初代の王の出生に擬えた諡号だと、わたしは思う。

神武は中国初代の王とひとしく石を母胎として生誕した聖王として、日本に君臨したのである。

(なかにし・すすむ/日文研名誉教授)

Le Monde

■連載・『ル・モンド』から世界を読む〔第Ⅱ期〕73

三人に一人、「移民系」

加藤晴久

フランスは移民受け入れ大国である。一九世紀末以来、イタリア人、ポーランド人、スペイン人、ポルトガル人、アラブ人、ブラックアフリカ人、アジア人を受け入れてきた。その結果、国立統計経済研究所（INSEE）と国立人口研究所（INED）の調査によると、「六〇歳以下の三人に一人は移民系」（七月七日付記事のタイトル）。

「移民」（immigré(e)）とは外国で生まれ、外国籍のままフランスで暮らす人である。この「移民度」は世代と共に薄れていく。移民の子どもたち**（フランスは出生地主義なのでフランスで生まれた移民の子・孫はフランス国籍）**の二人に一人の父親あるいは母親は移民でない。移民の孫たちになると、一〇人中九人の四人の祖父母のうち、移民は一人ないし二人である。これは勿論、相手の出自を意識することなくカップルを組むフランス人の一般的心性がもたらす推移である。

ただし、第二次調査の結果によるとやや複雑な様相が見えてくる。フランスの**人口の〇・九％にあたる五八〇万人の移民の内、半数はアフリカ出身、三分の一がヨーロッパ出身。**しかも、ブラックアフリカ出身とアジア出身は増加しつつあるが、ヨーロッパ出身者は減りつつある。

故郷を離れ移民するのは勿論、よりよい生活を願ってのことである。子どもや孫の社会的上昇を願っている。その手段は学歴資本である。両親が移民の家庭の子どもは「土着の」家庭の子どもよりずっと高学歴である。この傾向は孫の世代になると更に強まる。

このような統計的調査の結果を見ると、**フランスの移民受け入れは成功している**ように見えるし、それは事実である。政界や官界、実業界、文学界、スポーツ界で活躍しているマグレブやブラックアフリカ系の男女は少なくない。現在の国民教育相はセネガル移民二世のアメリカ社会史専門の歴史学者である。

しかし現実は生やさしくない。同日付の別の記事のタイトルは「**高まりつつある差別感情**」。**肌の色や宗教（イスラム）による差別は根強い。**

（かとう・はるひさ／東京大学名誉教授）

八月新刊

「歴史総合」副読本として必携の書！

高校生のための「歴史総合」入門

世界の中の日本・近代史（全3巻）

I 日本に「近代」到来

浅海伸夫

『昭和時代』（全5巻）、『検証 戦争責任』（全2巻）を手がけたベテランジャーナリストが、世界―日本関係が急速に深化した明治～大正期の歴史を、「世界の中の日本」の視点から、立体的かつダイナミックに描く！

●「読売新聞オンライン」大好評連載を大幅加筆修正

A5判 三八四頁 三三〇〇円

「アイヌから見たアイヌの歴史」を提唱！

「新しいアイヌ学」のすすめ

知里幸恵の夢をもとめて

小野有五

本書は、四半世紀に亘る自身のアイヌとの関わりを通した実践記録であり、自然地理学を専門とする著者が、氷河期から今日までの研究を通じて、「アイヌの人たち」の真実の歴史を描く問題作。

知里幸恵 没後百年 記念出版！

カラー口絵4頁

A5判 四四八頁 三六三〇円

〝天候〟を愛し、それに振り回される「感性」の歴史

雨、太陽、風

天候にたいする感性の歴史

A・コルバン編

小倉孝誠監訳

足立和彦・小倉孝誠・高橋愛・野田農訳

カラー口絵16頁

雨、陽光、風、雪、霧、雷雨、暴風雨……などの気象現象への感情や政治的・芸術的価値づけは、いつごろ出現したのか。その誕生と変化、そして天気予報に左右される現代社会までを、〝感性の歴史学〟の第一人者のもと、文学、地理学、社会学、民族学の執筆陣が多角的に問う。

四六上製 二八八頁 二九七〇円

日本を代表する経済学者の集大成！

日本とアジア

経済発展と国づくり

市村真一

アジア各国の研究者とも協力しながら、開発途上国への質問票による実証研究等、豊富な現地調査をもとに詳細に分析した、国際的経済学者のライフワーク。

A5上製 四四〇頁 六八二〇円

サロンを主宰し、文筆を通して社会を見つめた女性

新しい女 新版

一九世紀パリ文化界の女王

マリー・ダグー伯爵夫人

D・デザンティ 持田明子訳

リストの愛人、ヴァーグナー義母、社交界の輝ける星、文筆家ダニエル・ステルンでもあったマリー・ダグー。約五百人（ユゴー、プルードン他）との交流等、百花繚乱の文化・政治・思想界群像。〈新版序〉持田明子

口絵16頁

四六判 四一六頁 二九七〇円

読者の声

ウェルビーイングの経済■

▼開発経済論で院生のときのあてて答えるやり方をなつかしく思い出しました。
　ボワイエ、内田義彦を軸として、サンデルやＯＥＣＤ、センといった倫理や人間のトータルな発達を支える社会経済システムの有効性を見た画期的な一冊。
（長野　高校非常勤講師（地歴、公民科）　**古畑浩**　50歳）

黒田勝雄写真集　**最後の湯田マタギ■**

▼数日前に書店で発見して「最後のマタギ」と家でつぶやきながら買うことを決めた。大ざっぱに全ページを見て「やっぱり買って良かった」と思いました。千葉と岩手、宮城は大昔から行き来があった資料もあるし、生活風習も似てると考えています。現在も千葉県内のいわゆる田舎には写真のような風景や「バアチャン」が生き残ってます（笑）。財布には痛い値段ですが間違いなく文化遺産の貴重な本だと感じています。
（千葉　県立高校講師　**飯岡剛**　60歳）

看取りの人生■

▼読書は自分を高め、学びを得、心の糧となります。著者の喜び、悲しみに共感することにより、成長致します。こちらの本を命ある限り繰り返し拝読致します。生きる喜びをいただきました。ありがとうございました。
（東京　訪問介護ヘルパー　**椎名佐智子**　61歳）

苦海浄土　全三部■

▼水俣病が公害として認定されるまでのこと、地域から受けていた差別や当時の国や県の施策による産業振興下での少人数とみなされた人々への無視等、今まで全く知らなかった出来事に衝動を受け、実際に水俣へ行き、本の内容をより理解できました。
（東京　会社員　**野田正太郎**　47歳）

※みなさまのご感想・お便りをお待ちしています。お気軽に小社「読者の声」係まで、お送り下さい。掲載の方には粗品を進呈いたします。

書評日誌（六・二九〜八・一）

（書）書評　（紹）紹介　（記）関連記事　（イ）インタビュー　（テ）テレビ　（ラ）ラジオ

六・二九　（紹）東京新聞「後藤新平の会」（「タウンボックス」／「後藤新平の会シンポジウム」／小松田健一）

七・一　（紹）読売新聞「後藤新平の会」（「後藤新平の功績振り返る」／「5日　杉並でシンポ」）

七月七・一四日合併号　（書）サンデー毎日「人薬」（「サブカル本の真骨頂」／「解決を急がずに関心を持って話を聞く」／武田砂鉄）

七・二二号　（書）週刊新潮「ウェルビーイングの経済」（「『ゆたかな生』を生きるための新しい『新しい資本主義』とは」／田中秀臣）

七・二三　（記）日本経済新聞「『共食』の社会史」（「春秋」）

七・二三　（書）日本経済新聞「旅館おかみの誕生」（「作られたおもてなし模範像」／森まゆみ）

七・二九号　（書）週刊ポスト「旅館おかみの誕生」（「この人に訊け！」／「旅行を通じて今という時代をとらえた新しい民俗学」／井上章一）

八・一　（記）たかつきＤＡＹＳ（広報たかつき）「生きている不思議を見つめて」

十月新刊予定

＊タイトルは仮題

渋沢栄一の孫と、アイヌ詩人の対話

一九〇歳の対話

未来へのメッセージ

鮫島純子
宇梶静江

渋沢栄一の孫として東京に生まれ、女子学習院で学んだ鮫島純子と、北海道のアイヌ集落に生まれ、差別に苦しみつつ二〇歳で中学に入学した宇梶静江。ともに結婚と子育てを経験しつつ、鮫島はエッセイストとして、宇梶は古布絵作家、詩人として、表現の場を獲得。あわせて一九〇歳になる二人の未来へのメッセージ。

「空気感染」対策に尽力した真の先駆者

ナイチンゲール

「空気感染」対策の母

向野賢治

「近代看護の母」としてあまりにも有名なフロレンス・ナイチンゲール（1820-1910）。彼女が三十代にして派遣されたクリミア戦争の現場で、傷病兵たちの劣悪な環境を改善し、劇的に治療成果を高めたポイントとは何だったのか。新型コロナウイルス対策として「換気」が重視される今、「空気感染対策の母」としてのナイチンゲールの実像に迫る画期作。

歴史と詩を語る貴重な講演を収録

金時鐘コレクション 全12巻

11 歴史の証言者として

「記憶せよ、和合せよ」ほか 講演集II

在日朝鮮人の歴史をふまえて日本語と自身の関係を問い、尹東柱の詩作品の翻訳を通して現代詩の可能性を追求。そして長い沈黙をへて語り始めた重い経験、済州島四・三事件、吹田事件。一九九〇年代半ばから現在までの主要な講演を収録。

〈解説〉姜信子

［第8回配本］
口絵2頁

トッド思想への最良の手引き

エマニュエル・トッドの冒険

石崎晴己

現代国際社会の問題を度々予言してきたトッドの『新ヨーロッパ大全』『帝国以後』等の話題作の邦訳を多数手がけた著者が、新作『我々はどこにいるのか？』を読み解きながら、その思想と探究の全過程を暴く力作。

ジャポニスム発信の先駆者の実像

美術商・林忠正 1853-1906

19世紀末パリと日本人

高頭麻子・木々康子編

一九世紀末の三〇年間パリに生き、ジャポニスムの発信に貢献した美術商・林忠正（1853-1906）。仏語未公刊書簡の訳、および林家所蔵資料を駆使して、林忠正の生涯と同時代の日仏美術交流に新しい光を当てる。

9月の新刊

タイトルは仮題、定価は予価。

経済学の認識論 ＊
理論は歴史の娘である
ロベール・ボワイエ　山田鋭夫訳
四六上製　二〇八頁　三〇八〇円

別冊『環』㉗
1937年の世界史 ＊
倉山満・宮脇淳子編
菊大判　二〇八頁　三〇八〇円

加賀百万石の侯爵
陸軍大将・前田利為 1885-1942 ＊
村上紀史郎
四六上製　五二八頁　五二八〇円

東アジア国境紛争の歴史と論理 ＊
石井明・朱建栄編
A5上製　四〇八頁　五二八〇円

社会思想史研究 46号
特集＝感染症の思想史
社会思想史学会編
A5判　二八〇頁　二九七〇円

10月以降新刊予定

一九〇歳の対話 ＊
未来へのメッセージ
鮫島純子・宇梶静江

ナイチンゲール ＊
「空気感染」対策の母
向野賢治

金時鐘コレクション（全12巻）　内容見本呈
11 **歴史の証言者として** ＊
「記憶せよ、和合せよ」ほか　講演集II
〈解説〉姜信子〈解題〉細見和之　［第8回配本］

美術商・林忠正 1853-1906 ＊
19世紀末パリと日本人
高頭麻子・木々康子編

エマニュエル・トッドの冒険 ＊
石崎晴己

女がみた一八四八年革命（全2分冊）
ダニエル・ステルン
杉村和子・志賀亮一訳

好評既刊書

高校生のための「歴史総合」入門
——世界の中の日本・近代史（全3巻）
1 日本に「近代」到来 ＊　発刊
浅海伸夫
A5判　三八四頁　三三〇〇円

「新しいアイヌ学」のすすめ ＊
知里幸恵の夢をもとめて
小野有五
A5判　四四八頁　カラー口絵4頁　三六三〇円

雨、太陽、風 ＊　カラー口絵16頁
天候にたいする感性の歴史
A・コルバン編　小倉孝誠監訳
足立和彦・小倉孝誠・高橋愛・野田農訳
四六上製　二八八頁　二九七〇円

新しい女 新版 ＊
一九世紀パリ文化界の女王
マリー・ダグー伯爵夫人
D・デザンティ　持田明子訳
四六判　四一六頁　口絵16頁　二九七〇円

日本とアジア ＊
経済発展と国づくり
市村真一
A5上製　四四〇頁　六八二〇円

モナ・リザの左目
非対称化する人類
花山水清
四六上製　三一二頁　二四二〇円

復帰五〇年の記憶
沖縄からの声
川満信一編
B6変判　二九六頁　二四二〇円

「ハイテク専制」国家・中国
内側からの警告
王力雄・王柯
四六変判　二四八頁　二四二〇円

＊の商品は今号に紹介記事を掲載しております。併せてご覧戴ければ幸いです。

書店様へ

▼8月発刊『**高校生のための「歴史総合」入門**』（全3巻）が、早速8／30（火）『読売』教育面にて大きく紹介！さらにご展開を。▼8／27（土）『中日・東京』にて『**戦争とフォーディズム**』紹介。▼8／27（土）『図書新聞』にて、アブラフィア『**地中海と人間**』書評（山辺規子さん）。▼8／13（土）『日経』夕刊「文化往来」にて『**パリ日記**』著者山口昌子さんインタビュー。▼『**旅館おかみの誕生**』が、『週刊文春』7／7号（酒井順子さん）、『週刊ポスト』7／29号（井上章一さん）、7／23（土）『日経』（森まゆみさん）に続き、書評全国配信（山崎まゆみさん）。▼『**人薬**』が、『サンデー毎日』7／17・24合併号（武田砂鉄さん）に続き、『週刊朝日』8／13号（朝山実さん）、8／13（土）『中日・東京』書評（山竹伸二さん）、さらに紹介記事が全国配信。▼ゴルバチョフ旧ソビエト大統領死去。ロシア研究の泰斗アーチー・ブラウンの名著『**ゴルバチョフ・ファクター**』（二〇〇八年刊）この機に是非ご展開を。（営業部）

祝・受賞！

濱田美枝子・岩田真治『祈り――上皇后・美智子さまと歌人・五島美代子』が、二〇二二年度　第18回　日本詩歌句随筆評論大賞／随筆部門／優秀賞（NPO法人　日本詩歌句協会）を受賞いたしました！

地球永住計画　講演　～賢者に訊く～
花山水清×関野吉晴
モナ・リザの左目
非対称化する人類
【日時】9月8日（木）19時開会
【場所】武蔵野プレイス　4階　フォーラム
＊事務局 chikyueiju@gmail.com

9／3(土)～10／2(日)　月曜休館
展覧会
木下晋　明日へ
【場所】ギャラリーみつけ（新潟県見附市）
【関連書】『いのちを刻む――鉛筆画の鬼才、木下晋自伝』（城島徹 編著）

宇梶静江主演映画完成間近！

詩人・古布絵作家・アイヌ文化伝承者
宇梶静江・主演　金大偉監督作品
映画「**大地よ** アイヌとして生きる」
ナレーション・宇梶剛士
いよいよ10月下旬完成予定！北海道を皮切りに、各地で上映会を予定しています。

出版随想

▼今年の夏の暑さも厳しかったが、その厳しさも一段落をつけようとしている。しかし、ヨーロッパでは、干ばつや山火事などが多発し、地球は悲鳴をあげている。

▼強者による弱者支配や弾圧は、古今東西いまなお続いている現象である。その中でも“差別”“排除”の論理と構造は、簡単には変わらない。最近でも、アイヌの人骨の返還訴訟が取沙汰されていた。某国立有力大学が、実験、研究と称して、墓からアイヌの骨を掘り出し「保管」してきたというもの。その訴訟が起きてから少しずつ返還されてきているようだが、国家は、権力を使って、「学問研究」としてこういう横暴が許されてきたし、今なお続いているといってもいい。

▼「学問」とは、一体何であろう。「学問」とか「科学」とかいう言葉の前に、かつて学歴のない一般民衆は足すくみひるんでしまった。しかし、今や一歩引いて、この学問は、何のために、誰のためにあるか、を考える時代になってきた。その学問が、民を抑圧するためのものか、民を啓発し、幸いを自覚させてくれるものか、を考えるようになってきた。われわれの知識は、生きた知識でなければ有用でない。無用の長物という言もある。

▼この数年、アイヌの自覚をもつ方々とお付き合いしてきて、彼らの物の見方が、生活《くらし》に根差したものであることを発見した。われわれ学校で洋からの学問知識を身につけてきた者にとってまさに驚天動地の世界である。このことをアイヌ人初の学者になって、死に物狂いで説いたのが、知里幸恵の弟、真志保である。晩年、真志保はアイヌ（語）研究の和人学者を徹底批判して若くしてこの世を去った。真志保に次のような言葉がある。

「アイヌ語もろくにわからぬ連中がマスコミの波に乗ってアイヌ研究を随筆化し、そのでたらめさにたえかねて私などがたまに真実をあばくと、やれ偏狭だの思い上がっているのだと袋だたきの目にあうのが現状だ。」
（「『愛国心』私はこう思う」より
『毎日新聞』'60・11・18）

恐らく真志保は、真の学問とは何か、を終生真剣に考えた人だと思う。真の「アイヌ学」誕生のために、知里真志保から学ばせて貰いたい。（亮）

●〈藤原書店ブッククラブ〉ご案内●
▼会員特典は、①本誌『機』を発行の都度ご送付／②（小社への直接注文に限り）小社商品購入時に10％のポイント還元／③送料のサービス。その他小社催しへのご優待等。詳細は小社営業部まで問い合せ下さい。
▼年会費二〇〇〇円。ご希望の方はその旨お書添えの上、左記口座までご送金下さい。
振替・00160-4-17013　藤原書店